Benen
Horenkamp
Knauer
Ruwe
Salih

Lernsituationen Büromanagement

2

Lehr-Lern-Arrangements für das 2. Ausbildungsjahr

Merkur
Verlag Rinteln

Wirtschaftswissenschaftliche Bücherei für Schule und Praxis
Begründet von Handelsschul-Direktor Dipl.-Hdl. Friedrich Hutkap †

Verfasser:

Dr. Dieter Benen
Vanessa Horenkamp
Sabine Knauer
Annette Ruwe
Ralf Salih

Coverbild	(Mitte):	© Maksim Smeljov - Fotolia.com
	(links):	© arsdigital - Fotolia.com
	(rechts):	© XtravaganT - Fotolia.com
	(Struktur):	© marigold_88 - Fotolia.com
S. 45		© www.ergo-online.de
S. 207		© PetraD - www.colourbox.de

* * * * *

5. Auflage 2026

Gesamtherstellung:
Merkur Verlag Rinteln Hutkap GmbH & Co. KG, 31735 Rinteln

E-Mail: info@merkur-verlag.de
lehrer-service@merkur-verlag.de
Internet: www.merkur-verlag.de

Merkur-Nr. 1672-05
ISBN 978-3-8120-1218-8

Vorwort

Das Arbeitsheft **„Lernsituationen Büromanagement 2"** ist der zweite Teil einer dreibändigen Heftreihe (Merkurbücher 1671, 1672 und 1673) für den Ausbildungsberuf **„Kaufmann/Kauffrau für Büromanagement"**. Jedes Einzelheft erschließt die Lernfelder eines Ausbildungsjahres.

Die Arbeitshefte folgen dem Ansatz der **Lernfeldkonzeption** und fördern das berufsorientierte ganzheitliche und selbstbestimmte Lernen.

Die **Lernfelder** des Rahmenlehrplans werden **in Form von Lernsituationen konkretisiert**. Die Hefte vertiefen auf diese Weise den Gedanken der **Kompetenzorientierung** (situationsbezogen – problemorientiert – kompetenzfördernd), dokumentieren aufgrund ihres Workbook-Charakters den Kompetenzerwerb und entlasten die Lehrkraft hinsichtlich Unterrichtsvorbereitung, Kopieraufwand und didaktischer Jahresplanung.

Die Lernsituationen unterstützen zudem die **Teamfähigkeit** sowie die Fähigkeit zur **Präsentation** und **Diskussion** der Schülerinnen und Schüler. Sie fördern also Kompetenzen, die weit über die reine Fachkompetenz hinausgehen.

Schulbuch Kap. x.x

Da die Arbeitshefte **mit den Schulbüchern „Büromanagement"** (Merkurbücher, 0671, 0672 und 0673) **abgestimmt** sind, verspricht die Kombination die besten Lehr- und Lernerfolge. Zu Beginn jeder Situation verweisen Kapitelangaben auf die im Schulbuch enthaltenen Fachinformationen, auf die bei Bedarf zugegriffen werden kann.

Bei der Erarbeitung der Lernsituationen wird das **Modellunternehmen „Heinrich KG"** zugrunde gelegt. Die Heinrich KG ist ein fiktives Unternehmen. Um mit dem Datenkranz des Unternehmens im schulischen Alltag besser arbeiten zu können, werden quantitative Reduzierungen speziell im Bereich der Belegschaft und des Sortiments vorgenommen. Diese relevanten unternehmensspezifischen Daten sind den Situationen zu Beginn des Heftes vorangestellt und sollten bei der Bearbeitung der einzelnen Lernsituationen adäquat berücksichtigt werden.

Wichtig ist, dass sowohl die **Komplexität** als auch die **Qualität der betrieblichen Daten** der Heinrich KG **realistisch** sind. Mit den stimmig und ökonomisch glaubwürdig modellierten Daten können alle Qualifikationen und Kompetenzen, die im Rahmen der Ausbildung von kaufmännischen Auszubildenden gefordert werden, berufsbezogen und handlungsorientiert erarbeitet und erlernt werden.

Die offene Gestaltung der Lernsituationen lässt an vielen Stellen eine themen- bzw. **lernfeldübergreifende Verknüpfung** zu. So wird vor allem die Fähigkeit der Auszubildenden, Sachverhalte unter verschiedenen Aspekten zu beurteilen und situationsadäquat umzusetzen, intensiv geschult.

Aus Gründen der besseren Lesbarkeit wird in den meisten Fällen das generische Maskulinum verwendet.

Bielefeld, Solingen und Cuxhaven im Frühjahr 2026

Die Verfasser

Inhaltsverzeichnis

Informationen zur Heinrich KG

Lernfeld 5: Kunden akquirieren und binden

Lernfeld 6: Werteströme erfassen und beurteilen

Lernfeld 7: Gesprächssituationen gestalten

Lernfeld 8: Personalwirtschaftliche Aufgaben wahrnehmen

Informationen zur Heinrich KG

1 Unternehmensbeschreibung

Name Geschäftssitz Registergericht	Heinrich KG – Büromöbel und Zubehör Rahlstedter Str. 144, 22143 Hamburg Amtsgericht Hamburg HRA 1101 Steuernummer: 27/430/0027 Die Heinrich KG ist Mitglied des Arbeitgeberverbandes. Der gültige Tarifvertrag findet Anwendung.
Gesellschafter (siehe Anlage 1)	Komplementärin: Gerda Heinrich Kommanditist: Peter Heinrich Kommanditistin: Monika Heinrich
Eigenkapital	9 Mio. Euro
Telefon – Telefax **Homepage** **E-Mail**	☎ 040 67245-0 Fax 040 67245 87 www.heinrich-hamburg.de info@heinrich-kg.de
Bankverbindung	Hamburger Sparkasse IBAN: DE07 2005 0550 1120 2399 08 BIC: HASPDEHHXXX Postbank Hamburg IBAN: DE61 2001 0020 0064 0697 54 BIC: PBNKDEFF200
Mitarbeiter/-innen	263 Beschäftigte, davon 12 Auszubildende. Ein Betriebsrat und eine Jugend- und Auszubildendenvertretung sind eingerichtet.
Auszug aus dem Absatzprogramm	**Produktionsprogramm** ➤ Schreibtische ➤ Rollcontainer ➤ Konferenztische ➤ Aktenschränke/-regale ➤ Bürostühle ➤ Konferenzstühle Produktgruppe 1 Echtholz in den Ausführungen Buche, Ahorn und Eiche Produktgruppe 2 Kunststoffbeschichtet in verschiedenen Farben **Dienstleistungen** ➤ Montage der gelieferten Möbel ➤ Entsorgung von Altmöbeln **Handelswaren** ➤ Aktenvernichter ➤ Schreibtischlampen ➤ Flipcharts ➤ Telefonschwenkarme ➤ Pinnwände ➤ PC-/TV-/Hifi-Möbel
Fertigungsart	Einzel- und Serienfertigung
Stoffe Rohstoffe Hilfsstoffe Betriebsstoffe Fremdbauteile	 Holzplatten, Aluminiumrohre, Edelstahlbleche, Kunststoff- und Glasteile Schrauben, Nägel, Kleinteile, Farben, Kitt, Stoffe Strom, Wasser, Heizöl, Gas, Schmierstoffe Türschlösser, Türknöpfe, Griffe aus Holz und Kunststoff
Bilanzsumme	22 Mio. Euro
Umsatz	170 Mio. Euro
Geschäftsjahr	1. Januar bis 31. Dezember

2 Auszug aus dem Handelsregister

Anlage 1

Amtsgericht	7876■4321	787654321■	787654■210	787654321 787654■21	Blatt I **HRA 1101**
Nr. der Eintragung	a) Firma b) Ort der Niederlassung (Sitz der Gesellschaft) c) Gegenstand des Unternehmens (bei juristischen Personen)	Geschäftsinhaber Persönlich haftende Gesellschafter Geschäftsführer Abwickler	Prokura	Rechtsverhältnisse	a) Tag der Eintragung und Unterschrift b) Bemerkungen
1	2	3	4	5	6
1	**a) Heinrich KG** **b) Hamburg**	**Gerda Heinrich** **Hamburg**	**Prokura zusammen mit einem anderen Prokuristen: Bärbel Oswald, Hamburg Leo Helbig, Hamburg**	**Kommanditgesellschaft Kommanditistin Monika Heinrich, Berlin, 800.000,00 EUR** **Kommanditist Peter Heinrich, Frankfurt a. M., 600.000,00 EUR**	**2. März [20..]** *Winterhausen*

3 Auszug aus dem Gesellschaftsvertrag

§ 4 Geschäftsführung und Vertretung sind gemäß § 164 HGB geregelt.

§ 6 Die Komplementärin erhält für die Geschäftsführungstätigkeit vorab eine monatliche Vergütung von 6.000,00 EUR.

Der nach Abzug der Vorabvergütung verbleibende Reingewinn wird wie folgt verteilt:

- Komplementärin Gerda Heinrich erhält 50 %,
- Kommanditistin Monika Heinrich erhält 30 %,
- Kommanditist Peter Heinrich erhält 20 %.

Einen Verlust tragen die Gesellschafter je zu einem Drittel.

4 Allgemeine Geschäftsbedingungen (Auszug)

1. Geltung der Verkaufsbedingungen

1.1 Sämtliche Lieferungen, Leistungen und Angebote der Heinrich KG – nachfolgend *Verkäuferin* genannt – erfolgen ausschließlich auf Grund dieser Allgemeinen Geschäftsbedingungen.

1.2 Alle Vereinbarungen, die zwischen der Verkäuferin und dem Kunden zwecks Ausführung dieses Vertrages getroffen werden, sind schriftlich niederzulegen.

2. Angebot und Vertragsschluss

2.1 In Prospekten, Anzeigen usw. enthaltene Angebote der Verkäuferin sind freibleibend und unverbindlich. An speziell ausgearbeitete Angebote hält sich die Verkäuferin 14 Kalendertage gebunden. Annahmeerklärungen und sämtliche Bestellungen bedürfen zur Rechtswirksamkeit der Bestätigung durch die Verkäuferin in Schriftform. Lehnt die Verkäuferin nicht binnen zwei Wochen nach Auftragseingang die Annahme ab, so gilt die Bestätigung als erteilt.

2.2 Zeichnungen, Abbildungen, Maße, oder sonstige Leistungsdaten sind nur verbindlich, wenn dies ausdrücklich schriftlich vereinbart wird.

3. Preise und Preisänderungen

3.1 Soweit nicht anders angegeben, hält sich die Verkäuferin an die in ihren Angeboten enthaltenen Preise 14 Tage ab Abgabedatum gebunden. Maßgebend sind ansonsten die in der Auftragsbestätigung der Verkäuferin genannten Preise, die die jeweilige gesetzliche Umsatzsteuer enthalten. Zusätzliche Lieferungen und Leistungen, insbesondere eine in Auftrag gegebene Montage, werden gesondert berechnet.

3.2 Alle Preise verstehen sich - falls nicht anders vereinbart - einschließlich normaler Verpackung, als Abholpreise.

3.3 Soweit zwischen Vertragsabschluss und vereinbartem und/oder tatsächlichem Lieferdatum mehr als sechs Monate liegen, gelten die zur Zeit der Lieferung oder Bereitstellung gültigen Preise der Verkäuferin; übersteigen die letztgenannten Preise die zunächst vereinbarten um mehr als 8 %, so ist der Käufer berechtigt, vom Vertrag zurückzutreten.

4. Liefer- und Leistungszeit

4.1 Liefertermine oder -fristen, die verbindlich oder unverbindlich vereinbart werden können, bedürfen der Schriftform.

4.2 Bei Vorliegen von durch die Verkäuferin zu vertretenden Lieferverzögerungen wird die Dauer der vom Käufer gesetzlich zu setzenden Nachfrist auf drei Wochen festgelegt, die mit Eingang der Nachfristsetzung bei der Verkäuferin beginnt.

4.6 Die Verkäuferin ist zu Teillieferungen und Teilleistungen berechtigt, es sei denn die Teillieferung oder Teilleistung ist für den Käufer nicht von Interesse.

5. Gefahrübergang

5.1 Die Gefahr geht auf den Käufer über, sobald die Sendung an die den Transport ausführende Person übergeben worden ist oder zwecks Versendung das Lager der Verkäuferin verlassen hat. Wird der Versand auf Wunsch des Käufers verzögert, geht die Gefahr mit der Meldung der Versandbereitschaft auf ihn über.

6. Rechte des Käufers wegen Mängel oder Garantie

6.1 Hat die Kaufsache nicht die vereinbarte Beschaffenheit oder eignet sie sich nicht für die nach dem Vertrag vorausgesetzte oder die Verwendung allgemein, oder hat sie nicht die Eigenschaften, die der Käufer nach den öffentlichen Äußerungen der Verkäuferin erwarten kann, leistet die Verkäuferin grundsätzlich Nacherfüllung durch Nachlieferung einer mangelfreien Sache. Mehrfache Nachlieferung ist zulässig. Schlägt zweifache Nacherfüllung fehl, kann der Käufer nach seiner Wahl den Kaufpreis angemessen herabsetzen oder vom Vertrag zurücktreten. Unwesentliche Abweichungen von Farbe, Abmessungen und/oder anderen Qualitäts- und Leistungsmerkmalen der Kaufsache begründen keinerlei Ansprüche des Käufers, insbesondere nicht auf Haftung für Sach- und Rechtsmängel.

6.6 Die Verjährungsfrist für die vorstehenden Ansprüche beträgt grundsätzlich zwei Jahre ab Ablieferung der Ware. Ist der Käufer Unternehmer, beträgt die Frist ein Jahr. Das gleiche gilt auch für Verbraucher, wenn es sich bei der Ware um eine gebrauchte Sache handelt.

7. Eigentumsvorbehalt

7.1 Die Kaufsache bleibt bis zur Erfüllung aller Forderungen einschließlich Nebenforderungen (z. B. Wechselkosten, Finanzierungskosten, Zinsen usw.), die der Verkäuferin gegen den Käufer zustehen - gleich aus welchem Rechtsgrund -, ihr Eigentum. Verarbeitung oder Umbildung erfolgen stets für die Verkäuferin als Herstellerin, jedoch ohne Verpflichtung für sie. Erlischt das (Mit-)Eigentum der Verkäuferin durch Verbindung, so wird bereits jetzt vereinbart, dass das (Mit-) Eigentum des Käufers an der einheitlichen Sache wertanteilmäßig (Rechnungswert) auf die Verkäuferin übergeht. Der Käufer verwahrt das (Mit-)Eigentum der Verkäuferin unentgeltlich. Ware, an der der Verkäuferin (Mit-)Eigentum zusteht, wird im Folgenden als Vorbehaltsware bezeichnet.

7.2 Der Käufer ist berechtigt, die Vorbehaltsware im ordnungsgemäßen Geschäftsverkehr zu verarbeiten und zu veräußern, solange er nicht in Verzug ist. Verpfändungen oder Sicherungsübereignungen sind unzulässig. Die aus dem Weiterverkauf oder einem sonstigen Rechtsgrund (Versicherung, unerlaubte Handlung) bezüglich der Vorbehaltsware entstehenden Forderungen (einschließlich sämtlicher Saldoforderungen aus Kontokorrent) tritt der Käufer bereits jetzt sicherungshalber in vollem Umfang an die Verkäuferin ab. Die Verkäuferin ermächtigt den Käufer widerruflich, die an die Verkäuferin abgetretenen Forderungen für dessen Rechnung im eigenen Namen einzuziehen. Diese Einziehungsermächtigung kann nur widerrufen werden, wenn der Käufer seinen Zahlungsverpflichtungen nicht ordnungsgemäß nachkommt.

7.3 Bei Zugriffen Dritter auf die Vorbehaltsware, insbesondere Pfändungen, wird der Käufer auf das Eigentum der Verkäuferin hinweisen und diesen unverzüglich benachrichtigen, damit die Verkäuferin ihre Eigentumsrechte durchsetzen kann. Soweit der Dritte nicht in der Lage ist, der Verkäuferin die in diesem Zusammenhang entstehenden gerichtlichen oder außergerichtlichen Kosten zu erstatten, haftet hierfür der Käufer.

8. Zahlung

8.1 Soweit nicht anders vereinbart, sind die Rechnungen der Verkäuferin sofort und ohne Abzug zahlbar. Die Verkäuferin ist berechtigt, auch bei anders lautenden Bestimmungen des Käufers Zahlungen zunächst auf dessen ältere Schulden anzurechnen. Sie wird den Käufer über die Art der erfolgten Verrechnung informieren. Sind bereits Kosten und Zinsen entstanden, so ist die Verkäuferin auch berechtigt, die Zahlung zunächst auf die Kosten, dann auf die Zinsen und zuletzt auf die Hauptforderung anzurechnen.

8.2 Eine Zahlung gilt erst dann als erfolgt, wenn die Verkäuferin über den Betrag verfügen kann. Im Falle der Annahme von Schecks gilt die Zahlung erst dann als erfolgt, wenn der Scheck eingelöst wird.

8.4 Gerät der Käufer in Verzug, so ist die Verkäuferin berechtigt, von dem betreffenden Zeitpunkt an Zinsen in Höhe von 8 % über dem Basiszinssatz als pauschalen Schadenersatz zu verlangen. Ist der Käufer Unternehmer, erhöht sich der Zinsanspruch auf 12,5 % Zinsen über dem Basiszins.

8.7 Der Käufer ist zur Aufrechnung, Zurückbehaltung oder Minderung, auch wenn Mängelrügen oder Gegenansprüche geltend gemacht werden, nur berechtigt, wenn die Gegenansprüche rechtskräftig festgestellt worden oder unstreitig sind. Zur Zurückbehaltung aus demselben Vertragsverhältnis ist der Käufer wegen Mängelansprüchen jedoch nur dann berechtigt, wenn er offensichtliche Mängel fristgemäß angezeigt hat.

9. Verwendung von Kundendaten

Die Verkäuferin ist berechtigt, die ihr zur Verfügung gestellten personenbezogenen Daten, soweit sie die Geschäftsbeziehung mit dem Käufer betreffen, gemäß den Bestimmungen des [...]Datenschutzes zu verarbeiten und elektronisch zu speichern. Die Daten werden nicht an Dritte weitergegeben, es sei denn, dass der Kunde ausdrücklich sein Einverständnis erteilt.

10. Haftung

Schadensersatzansprüche des Käufers sind unabhängig von der Art der Pflichtverletzung, einschließlich unerlaubter Handlungen, ausgeschlossen, soweit nicht vorsätzliches oder grob fahrlässiges Handeln vorliegt. Bei leicht fahrlässiger Pflichtverletzung beschränkt sich die Haftung der Verkäuferin auf den nach der Art der Ware vorhersehbaren, vertragstypischen, unmittelbaren Durchschnittsschaden.

11. Pauschaler Schadenersatz

Ein Anspruch der Verkäuferin auf Schadenersatz gegen den Käufer aus dem Gesichtspunkt der vertraglichen Pflichtverletzung, insbesondere auf entgangenen Gewinn, beträgt mindestens 15 % des Nettokaufpreises. Das Recht des Käufers zum Nachweis des Nichteintritts eines Schadens bzw. eines geringeren Schadens bleibt hiervon unberührt. Der Verkäuferin bleibt ihrerseits das Recht zum Nachweis eines höheren Schadens vorbehalten.

12. Anwendbares Recht, Gerichtsstand, Teilnichtigkeit

12.1 Für diese Geschäftsbedingungen und die gesamten Rechtsbeziehungen zwischen Verkäuferin und Kunde gilt das Recht der Bundesrepublik Deutschland. Die Bestimmungen des UN-Kaufrechts finden keine Anwendung.

12.2 Soweit der Kunde Kaufmann, juristische Person des öffentlichen Rechts oder öffentlich-rechtliches Sondervermögen ist, ist Hamburg ausschließlicher Gerichtsstand für alle sich aus dem Vertragsverhältnis unmittelbar oder mittelbar ergebenden Streitigkeiten.

12.3 Sollte eine Bestimmung in diesen Geschäftsbedingungen oder eine Bestimmung im Rahmen sonstiger Vereinbarungen unwirksam sein oder werden, so wird hiervon die Wirksamkeit aller sonstigen Bestimmungen oder Vereinbarungen nicht berührt.

5 Auszug: Kunden- und Lieferantenkonten

Heinrich KG
Büromöbel und Zubehör

Konto-Nr.	Kunden
24001	**Gertrud Brandt KG** Möbelhaus Südstraße 7 20083 Hamburg
24002	**Junges Wohnen GmbH** Möbelgroßhandlung Katrepeler Str. 45 28215 Bremen
24003	**Möblix GmbH** Im- und Export Schönhauser Allee 187 10437 Berlin
24004	**Westmoor KG** Möbelhaus Deichhausweg 28 32825 Blomberg
24005	**Büroausstatter Winter OHG** Unter den Linden 8 80637 München
24006	**Brandes GmbH & Co. KG** Möbelgroßhandlung Falkenstraße 5 04229 Leipzig
24007	**Innovation AG** Leipziger Straße 120 01127 Dresden
24008	**Weyermann & Söhne KG** Möbelgroßhandlung Falkenseestraße 15 73252 Lennigen
24099	**Sonstige Kunden**

Konto-Nr.	Lieferanten
44001	**Bernhard Müller OHG** Kunststoffwerke Lindenbergstraße 4 86807 Buchloe
44002	**Lenz KG** Lampenfabrik Industriestraße 19 90441 Nürnberg
44003	**Naturholz AG** Schäfflerbachstraße 26 86003 Augsburg
44004	**Holz- & Spanplattenfabrik Bresges GmbH** Duvenstraße 98 41199 Mönchengladbach
44005	**Schraubenspezialist Müller e. K.** Bahnhofstr. 44 b 38700 Braunlage
44006	**Holzschutz-, Lack- und Leimwerke AG** Boxhagener Str. 56 10245 Berlin
44007	**Blitz-Spedition GmbH** Alter Wandrahm 17 – 19 25462 Rellingen
44008	**Franz Meyer e. K.** Großhandel für Papier- und Bürobedarf Hamburger Straße 111 22083 Hamburg
44009	**Langen GmbH & Co. KG** Bürobedarfsfachhandel Bremer Straße 111 28816 Bremen
44099	**Sonstige Lieferanten**

6 Organigramm der Heinrich KG

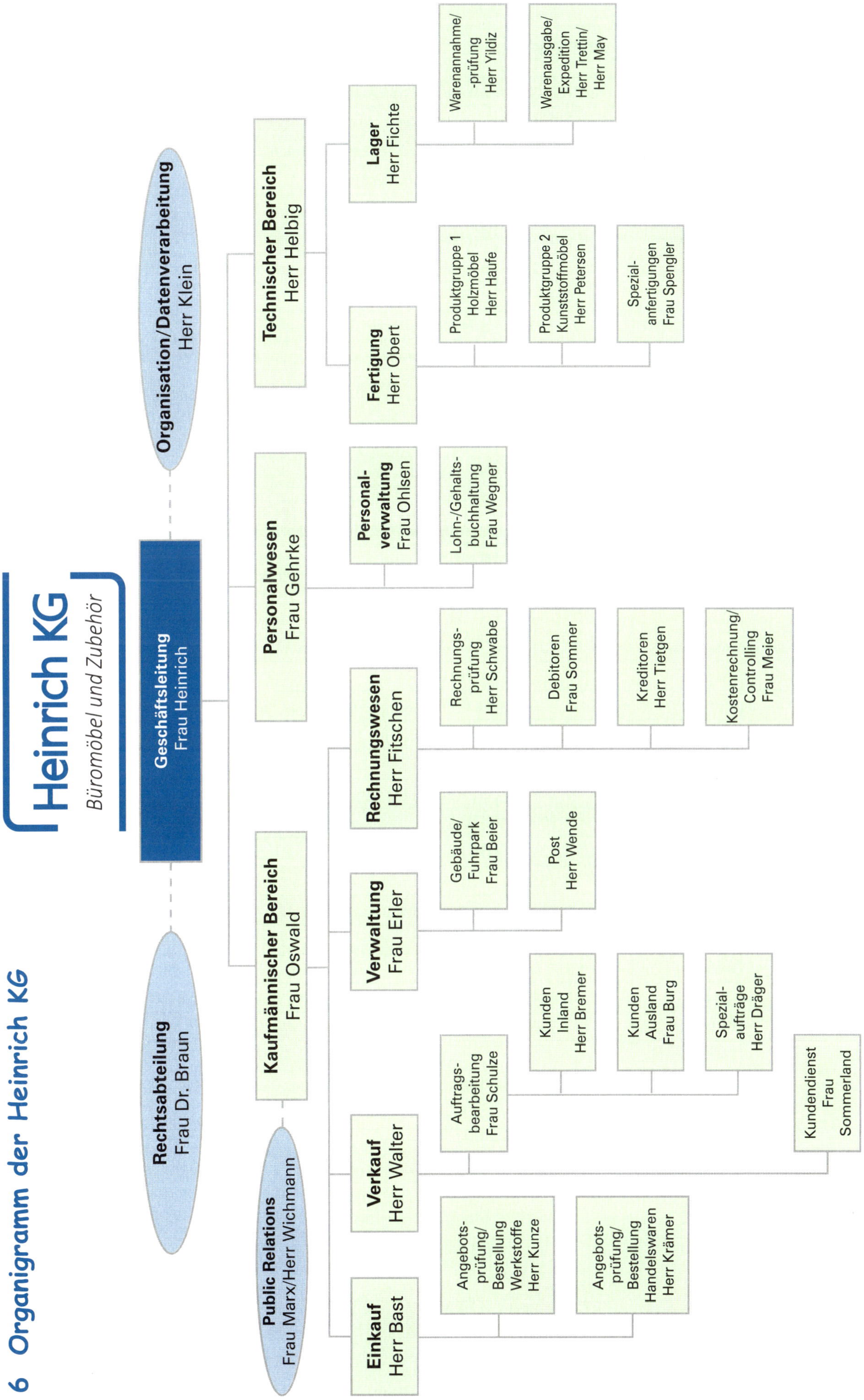

7 Personalbestand (Auszug)

Name	Vorname	beschäftigt seit	zur Zeit beschäftigt als	geboren am
Heinrich	Gerda	01.03.2009	Geschäftsführerin	29.08.1966
Oswald	Bärbel	15.04.2009	BLn Kaufmännischer Bereich	08.03.1975
Gehrke	Kornelia	15.03.2009	BLn Personalwesen	06.05.1970
Helbig	Leo	01.04.2009	BL Technischer Bereich	18.06.1977
Dr. Braun	Brunhilde	01.06.2012	Stabstelle Recht[1]	03.05.1974
Klein	Benno	01.03.2010	Stabstelle Organisation/Datenverarbeitung[2]	10.08.1973
Marx	Carla	01.10.2010	Stabstelle Public Relations[3]	20.06.1972
Wichmann	Ernst	01.07.2011	Stabstelle Public Relations[4]	30.05.1968
Ohlsen	Franziska	15.10.2012	ALn Personalwesen – Personalverwaltung	24.02.1974
Wegner	Olga	01.06.2009	ALn Personalwesen – Lohn-/Gehaltsbuchhaltung	28.10.1977
Bast	Arno	01.10.2014	AL Einkauf	01.03.1962
Walter	Björn	01.05.2013	AL Verkauf	05.09.1982
Kunze	Kurt	01.06.2010	GL Einkauf – Werkstoffe	15.01.1990
Krämer	Theo	01.09.2011	GL Einkauf – Handelswaren	12.06.1989
Schulze	Julia	01.01.2012	GLn Verkauf – Auftragsbearbeitung	20.05.1982
Bremer	Lutz	01.04.2009	GL Auftragsbearbeitung – Kunden Inland	10.04.1982
Burg	Lea	01.07.2012	GLn Auftragsbearbeitung – Kunden Ausland	10.08.1985
Dräger	Max	01.07.2009	GL Auftragsbearbeitung – Spezialaufträge	18.10.1972
Sommerland	Manuela	01.02.2012	GLn Verkauf – Kundendienst	17.05.1991
Erler	Wiebke	01.05.2015	ALn Verwaltung	05.06.1995
Beier	Pia	01.09.2010	GLn Verwaltung – Gebäude/Fuhrpark	10.02.1986
Wende	Rolf	01.09.2016	GL Verwaltung – Post	12.04.1994
Fitschen	Karl	01.10.2009	AL Rechnungswesen	18.12.1970
Schwabe	Konstantin	01.04.2012	GL Rechnungswesen – Rechnungsprüfung	03.11.1979
Sommer	Sonja	01.03.2011	GLn Rechnungswesen – Debitoren	12.06.1984
Tietgen	Max	01.10.2012	GL Rechnungswesen – Kreditoren	24.12.1982
Meier	Svenja	01.10.2017	GLn Rechnungswesen – KoRe/Controlling	15.05.1995
Obert	Michael	01.01.2015	AL Fertigung	06.03.1971
Fichte	Ralf	01.06.2011	AL Lager	03.03.1972
Haufe	Heinz	01.03.2009	GL Fertigung – Holzmöbel	20.10.1975
Petersen	Dieter	01.01.2011	GL Fertigung – Kunststoffmöbel	30.08.1976
Spengler	Wilma	01.03.2009	GLn Fertigung – Spezialanfertigungen	06.07.1970
May	Deniz	01.03.2013	GL Lager – Warenausgabe/-versand	05.08.1989
Trettin	Jörg	01.02.2011	GL Lager – Warenausgabe/-versand	13.04.1991
Yildiz	Fahri	01.09.2016	GL Lager – Warenannahme/-prüfung	25.08.1988

Legende:

BL/n = Bereichsleiter/-in
AL/n = Abteilungsleiter/-in
GL/n = Gruppenleiter/-in

1 Assistentin – Geschäftsleitung
2 Assistent – Geschäftsleitung
3 Assistentin – Kaufmännische BL
4 Assistent – Kaufmännische BL

8 Produktionsprogramm – Produktliste, -beschreibung; LVP (Auszug)

Produkt Art.-Nr.	Produktbeschreibung	Maße in cm	Material	LVP, netto
Denver A-1001000	Schreibtisch; Oberfläche der Tischplatte unbehandelt	Standard: 140 x 120 Höhe: nach Wunsch 68–80	Buche, natur	245,00 €
Starlight A-1001100 A-1002100	Solitärschreibtisch in Nierenform aus Massivholz; Oberfläche der Tischplatte versiegelt	Standard: 200 x 100 Höhe: 72 Sondermaße auf Wunsch	Ahorn; Buche, natur	925,00 €
Future A-1004110	Schreibtisch; Rahmen aus Stahlrohr, pulverbeschichtet; Glastischplatte	Standard: 180 x 80 bis 100 Höhe: regulierbar von 68–76	pulverbeschichtetes Stahlrohr; Glasplatte	460,00 €
Tiamo A-1101000 A-1102000	Rollcontainer mit drei Schubladen; Holzgriffe; zentrales Sicherheitsschloss; Oberfläche versiegelt	Standard: 43 x 80 Höhe: 58 Sondermaße auf Wunsch	passend zu allen Schreibtischen, aus Ahorn oder Buche	485,00 €
Lilibe A-1101100 A-1102100	Rollcontainer, Schublade und Karteikarteneinsatz; Holzgriffe; zentrales Sicherheitsschloss; Oberfläche versiegelt	Standard: 43 x 60 Höhe: 58 Sondermaße auf Wunsch	passend zu allen Schreibtischen, aus Ahorn oder Buche	420,00 €
Logo A-1205111 A-1205112 A-1205113	Konferenztisch; Rahmen pulverbeschichtet; Spanplatte in blau, lichtgrau oder grafit mit Melamin beschichtet	Standard: 180 x 90 Höhe: regulierbar von 68–76 Sondermaße auf Wunsch	Spanplatten	375,00 €
Basic G A-1201100	Konferenztisch aus Massivholz; versiegelt; erweiterbar zu Arbeitsinseln	Standard: 160 x 80 Höhe: regulierbar von 68–75 Sondermaße auf Wunsch	Buche, natur	480,00 €
Noris A-1202170	Konferenztisch aus Massivholz; geölt	Standard: 180 x 80 Höhe: regulierbar von 68–75 Sondermaße auf Wunsch	Ahorn, natur	600,00 €
Solito A-1302170 A-1301170	Regalsystem aus Massivholz; drei eingebaute Schubladen; Sockelhöhenverstellung; geölt	90 x 30 Höhe: 200	Ahorn oder Buche, natur	1.101,00 €
Mixt A-1305121	Regal aus beschichteten Spanplatten; wahlweise in blau, lichtgrau oder grafit	120 x 42 Höhe: 180	beschichtete Spanplatten	280,00 €
Visit A-1406111 A-1406112 A-1406113	Konferenzstuhl; Rahmen pulverbeschichtet; mit Armlehnen; Sitz und Rücken umpolstert; Stoffbezug wahlweise in blau, lichtgrau oder grafit; stapelbar	Breite 57 Höhe: 83 Tiefe: 59 Lehne: 36	hochwertiger Stoffbezug	48,00 €
Meeting A-1401130	Konferenz- und Seminarstuhl verchromt; ohne Armlehnen; Formschale aus massiver Buche; verkettbar und stapelbar; Gleiter	Breite: 50,5 Höhe: 86,5 Tiefe: 59 Lehne: 45	Formschale aus Buche, natur	80,00 €
Smile A-1507006	Bürostuhl mit Armlehnen; ergonomischer Muldensitz; Kopfstütze und Rückenlehne verstellbar; Synchronmechanik; Sicherheitsrollen; schwarz	Breite: 48 Höhe: 45–60 Tiefe: 46 Lehne: 83	Echtleder	525,00 €
Verdan A-1507155	Bürostuhl mit Ring-Armlehnen; Bandscheibensitz; verstellbare Rückenlehne mit Formschaumpolsterung, grau gefärbt	Breite: 48 Höhe: 45–60 Tiefe: 46 Lehne: 83	Textilleder	78,00 €

9 Handelswaren – Warenliste, -beschreibung; LVP (Auszug)

Ware	Warenbeschreibung	Maße in cm	LVP, netto
Eco B-2009154 B-2009151 B-2009155	Aktenvernichter aus gefärbtem Kunststoff. ➤ Schnittleistung DIN A4 70 g/m²: 10 Blatt; 1 CD oder 1 Kreditkarte ➤ Auffangvolumen 12 Liter; Streifenschnitt ➤ Farben: wahlweise in rot, blau oder grau	Breite: 19,4 Tiefe: 33,2 Höhe: 31,3	89,00 €
Profi B-2001140	Aktenvernichter mit Holzunterschrank aus lasierter Buche. ➤ Lichtschranke für automatische Start-Stopp-Funktion ➤ Auffangvolumen 38 Liter; Partikelschnitt: 3,8 x 36 mm ➤ Schneidewalzen unempfindlich gegen Büro- und Heftklammern ➤ Schnittleistung DIN A4 70 g/m²: 15 Blatt	Breite: 41,5 Tiefe: 31,2 Höhe: 58,5	699,00 €
Intimus B-2001141	Besonders leiser Aktenvernichter aus lasierter Buche mit Vollstahl-Schneidwellen aus Spezialstahl – unempfindlich gegenüber Büro- und Heftklammern, CDs, DVDs, Kreditkarten, Mikrofilme, Overheadfolien, Karton und Papier. ➤ Start-/Stop-Funktion über Lichtschranke ➤ Leuchtanzeige für Betriebsbereitschaft, Papierstau, Korb voll ➤ Schneidleistung: gleichzeitig 20 Blatt DIN A4 (70 g/m²) ➤ Auffangvolumen 65 Liter; Partikelschnitt: 0,8 x 15 mm	Breite: 49 Tiefe: 38 Höhe: 83	975,00 €
Luna B-2103137	Schreibtischlampe aus Metall, verchromt; Schnurzwischenschalter; Opalglas weiß; ohne Leuchtmittel	Fuß: Ø 20 Armlänge: 40 Breite: 25 Höhe: 35	68,00 €
Optima B-2103138	Schreibtischleuchte aus Metall, verchromt; grüner langer Leuchtenkopf; effiziente Leuchtstofflampe; gleichmäßige Ausleuchtung	Fuß: Ø 20,4 Armlänge: 52,2 Kopf: 69,2	90,00 €
Praktiker B-2103126	Schreibtischlampe aus Metall, beschichtet; Niedervolt-Halogenleuchte; schwarz; Halogenleuchtmittel inklusive	Fuß: Ø 18,2 Ausladung: 52 Höhe: 60	32,00 €
Moflip B-2208160	Flipchart aus Aluminium, poliert; mobile Tafel; funktionales System; geradliniges Design	Höhe: 130,5 Breite: 80 Gewicht: 27 kg	1.375,00 €
Feflip B-2208167	Flipchart aus Aluminium, poliert; weiße Rückplatte mit Papierhalter und Stiftablage; höhenverstellbar	Höhe: 130,5 Breite: 84 Gewicht: 21 kg	700,00 €
Biflip B-2203125	Flipchart aus Metall, beschichtet; Dreibeinstativ, höhenverstellbar; Wechselblockhaltern für Flipchart-Blocks; magnethaftende Tafeloberfläche; Stiftablage; grau	Höhe: bis 195 Breite: 98 Gewicht: 8 kg	80,00 €
Swing B-2303112	Telefonschwenkarm aus pulverbeschichtetem Metall in lichtgrau; 360° Aktionsradius, Tragplatte mit stufenlos höhenverstellbaren Haftwürfeln zum sicheren Halt; 4 kg Tragkraft	18,2 x 26,8 Tragplatte Armlänge: 30,2	57,00 €
Telearm B-2303127	Telefonschwenkarm aus beschichtetem Metall; für kleine Telefonstationen; Fax; Kombigeräte; Schwenkbereich 360°; Tragkraft 5 kg; Metallklemmfuß für Tischplatte; weiß	22,2 x 25,7 Tragplatte Armlänge: 29,8	43,50 €
Pinma B-2408167	Pinnwand aus Aluminium, poliert; Wandfläche weiß und zusätzlich magnetisch; beschreib- und trocken abwischbar	130 x 92 Wandfläche	72,50 €
Pintex B-2408161	Pinnwand; Filztafel in blau oder grau; Aluminium, poliert; hoch oder quer montierbar; inklusive Befestigungssatz	180 x 120 Filztafelfläche	125,00 €
Rimini B-2502100 B-2501100	TV-Lowboard; zwei Einlegeböden; Softkanten; wahlweise aus Ahorn oder Buche massiv; Oberfläche versiegelt	Höhe 88 Breite: 31 Tiefe: 18	175,00 €
Wolga B-2501170	TV Lowboard; zwei Schiebetüren; Fach mit verstellbarem Boden; Tragkraft Oberboden maximal 60 kg; Buche, geölt	Höhe 50 Breite: 160 Tiefe: 50	340,00 €

Lernfeld 5: Kunden akquirieren und binden

Schulbuch Kap. 2.2

1 Sich für ein Verfahren zur Datenerhebung entscheiden

Situation:

Heinrich KG
Büromöbel und Zubehör

Arno Bast, Leiter der Einkaufsabteilung der Heinrich KG, kommt nach der Mittagspause mit einem nachdenklichen Gesichtsausdruck zu seinem Arbeitsplatz zurück. Ständig murmelt er etwas von *„ob das ein Erfolg werden kann"* und *„ein gewisses Risiko ist mit Sicherheit dabei"*. Schließlich wendet er sich dem Auszubildenden Leon Laus zu, zeigt auf ein Papier, das vor ihm auf dem Schreibtisch liegt und gibt es Leon mit den Worten:

„Für heute Nachmittag hat unsere Geschäftsführerin Gerda Heinrich alle Bereichsleiter sowie die zugehörenden Abteilungsleiter zu einer internen Besprechung in ihr Büro eingeladen. In der Besprechung soll es um eine Sortimentserweiterung und die Ausrichtung auf einen völlig neuen Kundenkreis gehen. Frau Oswald hat den Beschäftigten in der Abteilung Einkauf eine Kopie der aktuellen Mitteilung übergeben und darum gebeten, ihr ihre Anregungen vor dem Treffen mit Frau Heinrich mitzuteilen."

Arbeitsaufträge:

1. Lesen Sie zunächst die nachstehende Mitteilung von Frau Heinrich durch!

Mitteilung der Geschäftsführung

Heinrich KG
Büromöbel und Zubehör

Einladung zur internen Besprechung

Thema: „Aktuelle Probleme der Heinrich KG"

Zeitpunkt und Ort: Heute, 15:00 Uhr, Büro der Geschäftsführung

Mit Besorgnis habe ich die Umsatzzahlen der letzten Monate verfolgt. Besonders die Produktgruppe Konferenztische sowie unsere Regalsysteme weisen einen deutlich rückläufigen Trend auf; einige Artikel sind inzwischen bereits als „Ladenhüter" zu bezeichnen. Der Grund dafür dürfte u.a. in der verstärkten Wettbewerbssituation liegen. Während die Absatzseite relativ stabil geblieben ist, sind unlängst neue Anbieter auf den Markt gekommen, die uns das Leben schwer machen. Eine weitere Verschärfung ist zu befürchten, wenn im kommenden Monat – nur drei Straßen weiter – die Franz-Josef Kock Büroausstattung OHG ihre Geschäftstätigkeit aufnimmt.

Im Interesse aller Beschäftigten sind wir gefordert, die Situation zu analysieren und eine sinnvolle Lösung zu finden. Da Preisreduzierungen bei den genannten Produkten nur in geringem Maße möglich sind, habe ich mich im Vorfeld der Sitzung mit der Frage beschäftigt, ob unser Sortiment sinnvoll erweitert werden kann, um so ein zusätzliches Standbein zu schaffen. Dabei bin ich auf eine Zielgruppe gestoßen, die bisher von uns nicht angesprochen wird: Sportvereine und Träger kommunaler Sport- und Eishallen.

In allen größeren Stadien gibt es einen Sitzplatzbereich, der besonders im Profibereich stetig ausgeweitet worden ist. Ähnlich verhält es sich mit den Sport- und Eishallen, die in vielen Gegenden in die Jahre gekommen sind und von Grund auf renoviert werden. Aus eigener Erfahrung und den Klagen aus meinem Bekanntenkreis weiß ich, dass viele Besucher von Sportveranstaltungen alles andere als glücklich über die momentan vorhandene Bestuhlung sind. Diese bietet einfach zu wenig Komfort und ist häufig nicht nach ergonomischen, sondern ausschließlich finanziellen Gesichtspunkten angeschafft worden. In Gesprächen mit einigen Sportvereinen habe ich erfahren, dass die Bereitschaft vorhanden ist, für eine überzeugende Verbesserung der Bestuhlung Gelder einzusetzen. Deshalb bin ich davon überzeugt, dass wir mit der Produktion von ergonomisch geformten Sitzen sowohl im Indoor- als auch im Outdoor-Bereich ein gutes Geschäftsfeld eröffnen können.

Die oben genannten Ideen möchte ich in der Sitzung vertiefen. Bitte unterbreiten Sie mir hier auch eigene Vorschläge und ggf. Ideen aus den Abteilungen, wie wir die angespannte Lage bewältigen können.

Mit freundlichen Grüßen

Gerda Heinrich

2. Listen Sie auf, welche Fragen vor einer endgültigen Entscheidung noch zu klären sind!

➤ ____

____

➤ ____

____

➤ ____

____

➤ ____

____

➤ ____

____

➤ ____

____

➤ ____

____

➤ ____

____

➤ ____

____

Fortsetzung der Situation:

Im Verlauf der Sitzung gelang es Frau Gerda Heinrich, die anwesenden Mitarbeiterinnen und Mitarbeiter von ihren Ideen zu überzeugen. Bevor die Heinrich KG in die konkretere Planung für die neue Produktgruppe einsteigt, soll geklärt werden, wie groß eigentlich das Marktpotenzial ist.

Heinrich KG
Büromöbel und Zubehör

3. Lesen Sie zunächst den Auszug aus dem Handbuch des erfolgreichen Verkaufs (Material 1) und wägen Sie dann die Vor- und Nachteile der Primär- und Sekundärforschung gegeneinander ab. Nutzen Sie hierfür die Vorlage (Material 2).

4. Geben Sie abschließend eine begründete Entscheidung dazu ab, welches Verfahren die Heinrich KG zur Datenerhebung nutzen soll!

Die Heinrich KG sollte folgendes Verfahren zur Datenerhebung nutzen: ______________________

Begründung:

____

____

____

____

____

____

____

____

Material 1: Auszug aus dem Handbuch des erfolgreichen Verkaufs

Jede **Sortimentserweiterung** ist stets mit einem gewissen Risiko verbunden. Um dieses Risiko kalkulierbar und gering zu halten, benötigt ein Unternehmen umfangreiche Informationen über den Markt.

Ist diese Informationsgewinnung eher zufällig und unsystematisch, spricht man von einer **Markterkundung;** bei einer planmäßigen und systematischen Vorgehensweise spricht man von **Marktforschung.**

Ein Unternehmen sollte stets verschiedene Bereiche analysieren. Wichtig ist neben der Analyse der eigenen Situation auch eine Betrachtung des Nachfrageverhaltens am Markt. Außerdem gilt es, die Angebotsseite zu analysieren und das Konkurrenzverhalten zu bewerten. Festgelegt werden müssen im Rahmen der Marktforschung zudem der Umfang der Datenerhebungen, die Qualität sowie die Art und Weise der Informationsbeschaffung. Über allem schwebt dabei stets die Betrachtung der Kosten.

Mittels einer **punktuellen Marktanalyse** (einmalige Untersuchung des Marktes) oder durch eine **periodische Marktbeobachtung** (fortlaufende Untersuchung des Marktes über einen längeren Zeitraum) versucht man, Rückschlüsse auf die Absatzchancen zu ziehen. Das Ergebnis des Verfahrens ist die **Marktprognose,** die Aussagen über die zukünftige Marktentwicklung enthält.

Bei den Informationsquellen der Marktforschung unterscheidet man zwischen **Primärforschung** und **Sekundärforschung.**

Bei der Primärforschung werden verschiedene Marktdaten ausdrücklich für ein momentanes Untersuchungsproblem erhoben. Diese Erhebung kann ein Unternehmen entweder selber durchführen oder dazu die Dienste eines Marktforschungsinstituts in Anspruch nehmen. Die Datenerhebung erfolgt dabei einmalig (punktuell) im Rahmen einer Befragung, einer Beobachtung oder eines Experiments. Wird dagegen ein bestimmter Personenkreis regelmäßig und über einen längeren Zeitraum befragt, so spricht man von einem Panel.

Eine Sekundärforschung liegt vor, wenn sich eine Auswertung auf bereits vorhandenes Datenmaterial stützt. Die als relevant erachteten Daten können aus betriebsinternen Quellen (Umsatz- und Reklamationsstatistiken, Messeberichten, ...) oder betriebsexternen Quellen (amtliche Statistiken, renommierte Fachzeitschriften, aktuelle Veröffentlichungen in den Medien, frühere Primärforschungen von Marktforschungsunternehmen, ...) stammen.

Material 2: Vorlage „Vorteile und Nachteile der Primär- und Sekundärforschung"

Primärforschung	
Vorteile	**Nachteile**
➤ ____________________	➤ ____________________
____________________	____________________
____________________	____________________
____________________	____________________
➤ ____________________	➤ ____________________
____________________	____________________
____________________	____________________
____________________	____________________

Sekundärforschung	
Vorteile	**Nachteile**
➤ ____________________	➤ ____________________
____________________	____________________
____________________	____________________
____________________	____________________
➤ ____________________	➤ ____________________
____________________	____________________
____________________	____________________
____________________	____________________

Hinweis:

Die **Ausgangssituation „Neue Produkte/Produktgruppen: Indoor-/Outdoor-Bestuhlung"** wird in den Lernsituationen 10 („Werbemittel auswählen und gestalten"), 11 („Einen Werbebrief gestalten und als Serienbrief versenden"), 13 („Die Rentabilität neuer Produktgruppen berechnen") und 14 („Den Werbeerfolg kontrollieren") fortgeführt.

2 Die eigene Marktsituation mithilfe eines Blasendiagramms darstellen

Schulbuch Kap. 2.2

Situation:

Die Geschäftsführerin der Heinrich KG, Gerda Heinrich, möchte die eigenen Produktgruppen mit denen der wichtigsten Mitbewerber vergleichen, um frühzeitig die Produktpalette für das kommende Geschäftsjahr zu planen.

Heinrich KG
Büromöbel und Zubehör

Dazu ist die übersichtliche Darstellung von Marktanteil, Marktwachstum und Umsatzgröße der jeweiligen Produktgruppen in einem Portfolio hilfreich.

Frau Heinrich überreicht der Sachbearbeiterin Silke Schade eine Auswertung, die von der Verkaufsabteilung erstellt wurde, mit der Bitte, auf der Basis dieser Werte mit MS Excel ein Blasendiagramm zu erstellen.

Arbeitsaufträge:

1. Öffnen Sie in MS Excel eine neue Arbeitsmappe und benennen Sie in dieser Mappe ein Tabellenblatt mit „Blasendiagramm“.

   Speichern Sie die Arbeitsmappe unter „Marktanalyse der eigenen Produktgruppen“.

2. Erfassen Sie nun das im Folgenden abgebildete Tabellenblatt positionsgerecht mit allen Formatierungen im Tabellenblatt „Blasendiagramm“.

	A	B	C	D
1	**Marktanalyse der eigenen Produktgruppen**			
2				
3	**Produktgruppe**	**Marktanteil**	**Wachstum**	**Umsatz**
4	Aktenregale	40%	3%	3.484.000 €
5	Bürosessel	45%	25%	2.370.130 €
6	Bürostühle	25%	-5%	1.557.030 €
7	Outdoor-Stühle	17%	15%	1.551.000 €
8	PC-Tische	28%	18%	1.522.500 €
9	Aktenschränke	11%	-6%	1.270.000 €
10	Container	10%	2%	1.262.300 €
11	Indoor-Stühle	25%	8%	1.042.000 €
12	Garderoben	20%	3%	957.050 €
13	Bürowagen	6%	8%	624.240 €
14	Kombi-Tische	50%	0%	564.300 €
15	Schreibtische	17%	-2%	410.400 €
16	Stehpulte	40%	15%	210.000 €
17				
18		↑	↑	↑
19		**X-Werte**	**Y-Werte**	**Blasengröße**

3. Markieren Sie für den ersten Datenpunkt den Zellbereich B4:D4 *(X-Wert, Y-Wert, Wert für die Blasengröße).*
4. Klicken Sie im Register EINFÜGEN, *Empfohlene Diagramme, Blase (Alle Diagramme/Punkt XY)*, auf die Schaltfläche *OK.*
5. Wählen Sie bei Bedarf einen anderen Entwurf zum Diagrammuntertyp Blase aus.
6. Klicken Sie im Register ENTWURF, Gruppe *Daten*, auf *Daten auswählen.*

7. Um der ersten Datenreihe einen aussagekräftigen Namen zu geben, markieren Sie diese im Dialogfenster *Datenquelle auswählen* und klicken dann auf die Schaltfläche *Bearbeiten.*

   Übernehmen Sie durch Anklicken der Zelle A4 den Namen aus dem Tabellenblatt. Bestätigen Sie mit OK.

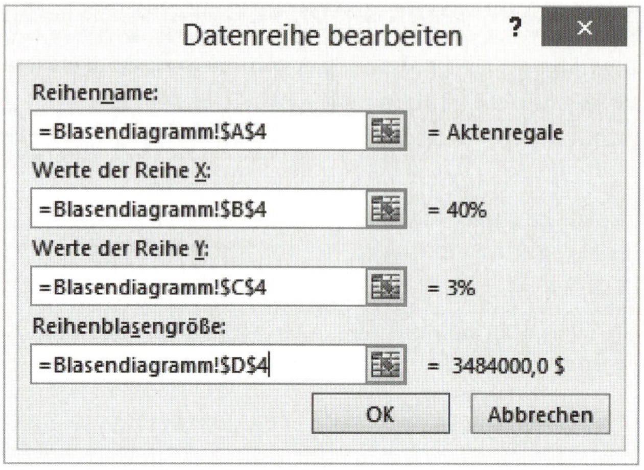

8. Betätigen Sie die Schaltfläche *Hinzufügen,* um die nächste Datenreihe ins Diagramm aufzunehmen. Anschließend:
   - Namen der zweiten Datenreihe festlegen,
   - X-Wert der Datenreihe mit Zellbezug eintragen,
   - Y-Wert der Datenreihe mit Zellbezug eintragen,
   - Wert, der die Größe der Blase bestimmt, mit Zellbezug eintragen.
9. Legen Sie entsprechend die weiteren Datenreihen für das Blasendiagramm fest.
10. Um die Übersichtlichkeit des Diagramms zu erhöhen, legen Sie fest, dass sich die Achsen jeweils beim Wert *–10 %* schneiden:
    - Markieren Sie die vertikale Wertachse und klicken Sie im Register LAYOUT, Gruppe *Aktuelle Auswahl,* auf die Schaltfläche *Auswahl formatieren.*
    - Aktivieren Sie in der Kategorie *Achsenoptionen* das Optionsfeld *Achsenwert* und tragen Sie im Feld den Wert *–10,0* ein.
    - Klicken Sie in der Kategorie *Achsenoptionen* bei *Minimum* auf Kontrollfeld *Fest* und geben Sie als Wert *–0,1* ein.
    - Blenden Sie das Dialogfenster über die Schaltfläche *Schließen* aus.
    - Führen Sie für die horizontale Wertachse die letzten Arbeitsschritte erneut durch.
11. Weisen Sie dem Diagramm ein anderes Diagrammlayout zu (Register ENTWURF, *Schnelllayout*) und formatieren Sie sämtliche Beschriftungen fett.
12. Tragen Sie als Titel für die vertikale Wertachse *Wachstum* und als Titel für die horizontale Wertachse *Marktanteil* ein und übernehmen Sie den Eintrag aus der Zelle A2 als dynamischen Diagrammtitel.

3 Die eigene Marktsituation mithilfe der ABC-Analyse untersuchen

Schulbuch Kap. 2.2

Situation:

Heinrich KG
Büromöbel und Zubehör

Frau Bea Böttcher, Sachbearbeiterin im Verkauf der Heinrich KG, weist die Auszubildende Lea Leßmann darauf hin, dass die Effizienz eines betrieblichen Informationssystems vor allem von der Flexibilität der Datenauswertung abhängt. Speziell im Controlling kommt es darauf an, Daten auf verschiedene Arten darzustellen, zu kombinieren und zu analysieren. Im Allgemeinen werden dazu vorhandene Daten zusammengetragen und neu aufbereitet.

Sie beauftragt Lea damit, eine ABC-Analyse ausgewählter Produkte bzw. Produktgruppen unter dem Aspekt durchzuführen, welche umsatzstark sind und welche weniger Umsatz generieren. Danach soll das Ergebnis grafisch dargestellt und ausgewertet werden. Als Klasseneinteilung legt Frau Böttcher 75 % für die Klasse A, 20 % für die Klasse B und 5 % für die Klasse C fest.

Arbeitsaufträge:

1. Öffnen Sie in MS Excel eine neue Arbeitsmappe und benennen Sie in dieser Mappe ein Tabellenblatt mit „Rangliste“. Speichern Sie die Arbeitsmappe unter dem Dateinamen „ABC-Analyse Produktgruppen durchführen.xlsx“. Erfassen Sie den Tabellenbereich A4:C18 – positionsgerecht mit allen Formatierungen – aus der Vorlage 1 im Tabellenblatt „Rangliste“. Kontrollieren Sie den in der Zelle C18 eingetragenen Wert mithilfe der Funktion SUMME.

Vorlage 1

	A	B	C
3			
4	**Produkte**	**Stückzahl**	**Umsatz**
5	Bürosessel	9.674	2.370.130 €
6	Bürostühle	5.500	1.557.030 €
7	Bürowagen	3.468	624.240 €
8	Schreibtische	1.216	410.400 €
9	Stehpulte	840	210.000 €
10	PC-Tische	4.350	1.522.500 €
11	Kombi-Tische	1.045	564.300 €
12	Aktenschränke	2.750	1.270.000 €
13	Container	3.298	1.262.300 €
14	Indoor-Stühle	95.000	1.042.000 €
15	Aktenregale	4.720	3.484.000 €
16	Garderoben	1.385	957.050 €
17	Outdoor-Stühle	115.000	1.551.000 €
18	**Gesamt**		**16.824.950 €**

D	E	F	G	H
	Rang	**Produkte**	**Stückzahl**	**Umsatz**
	1	Aktenregale	4.720	3.484.000 €
	2	Bürosessel	9.674	2.370.130 €
	3	Bürostühle	5.500	1.557.030 €
	4	Outdoor-Stühle	115.000	1.551.000 €
	5	PC-Tische	4.350	1.522.500 €
	6	Aktenschränke	2.750	1.270.000 €
	7	Container	3.298	1.262.300 €
	8	Indoor-Stühle	95.000	1.042.000 €
	9	Garderoben	1.385	957.050 €
	10	Bürowagen	3.468	624.240 €
	11	Kombi-Tische	1.045	564.300 €
	12	Schreibtische	1.216	410.400 €
	13	Stehpulte	840	210.000 €
	Gesamt			**16.824.950 €**

2. Sorgen Sie dafür, dass im Tabellenblatt „Rangliste“ der Tabellenbereich E4:H18 mit der oben stehenden Vorlage 1 übereinstimmt. Nutzen Sie die Möglichkeit, Tabellenbereiche zu kopieren, die Funktion Rang und die Sortierfunktion von Excel, um ausgewählte Daten in aufsteigender Reihenfolge zu sortieren.

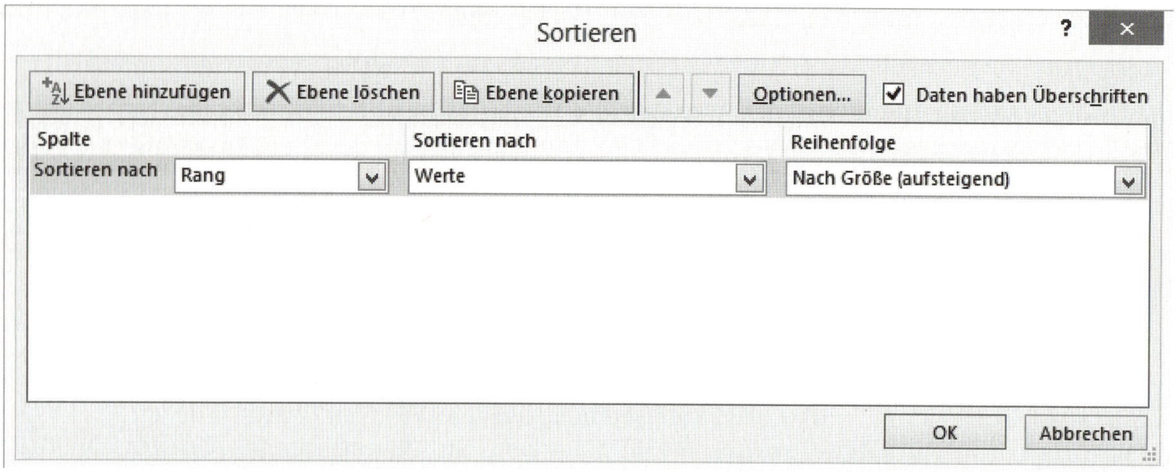

3. Benennen Sie ein zweites Tabellenblatt mit „ABC-Analyse durchführen“ und kopieren Sie danach alle relevanten Daten, die im Tabellenblatt „Rangliste“ zur Verfügung stehen, an den jeweils laut Vorlage 2 vorgegebenen Platz.

Vorlage 2

	A	B	C	D	E	F
1						
5						
6	**Rang**	**Produkte**	**Umsatz**	**Umsatz**	**Kumulierter Umsatz**	**ABC-Analyse**
7	1	Aktenregale	3.484.000 €			
8	2	Bürosessel	2.370.130 €			
9	3	Bürostühle	1.557.030 €			
10	4	Outdoor-Stühle	1.551.000 €			
11	5	PC-Tische	1.522.500 €			
12	6	Aktenschränke	1.270.000 €			
13	7	Container	1.262.300 €			
14	8	Indoor-Stühle	1.042.000 €			
15	9	Garderoben	957.050 €			
16	10	Bürowagen	624.240 €			
17	11	Kombi-Tische	564.300 €			
18	12	Schreibtische	410.400 €			
19	13	Stehpulte	210.000 €			
20	**Gesamt**		**16.824.950 €**			

	H	I	J
6	**Anteil**	**Kumulierter Anteil**	**Klasse**
7	75%	0%	**A**
8	20%	75%	**B**
9	5%	95%	**C**
10		100%	

4. Nehmen Sie im Tabellenblatt „ABC-Analyse durchführen“ im Tabellenbereich H6:J10 die von Frau Böttcher vorgegebene Klasseneinteilung vor.
5. Ermitteln Sie in den Zellen D7 bis D19 den Anteil des Produkts bzw. der Produktgruppe am Gesamtumsatz in Prozent. Kontrollieren Sie in der Zelle D20 die ermittelten Prozentanteile mithilfe der Funktion SUMME.
6. Kumulieren Sie in den Zellen E7 bis E19 die Prozentwerte aus den Zellen D7 bis D19.
7. Verwenden Sie die Funktion SVERWEIS zur Klassifizierung in den Zellen F7 bis F19.
8. Stellen Sie das Ergebnis der ABC-Analyse in Form eines Liniendiagramms dar.

Hinweise zur Diagrammerstellung

- Markieren Sie im Tabellenblatt *ABC-Analyse durchführen* den Bereich B7:B19.
- Halten Sie die STRG-Taste gedrückt und markieren Sie zusätzlich den Bereich E7:E19.
- Klicken Sie im Register EINFÜGEN in der Gruppe *Diagramme* auf die Schalt-

  fläche und wählen Sie in der eingeblendeten Liste den Diagrammtyp *Linie mit Datenpunkten.* Das Diagramm wird auf dem aktuellen Tabellenblatt eingefügt.

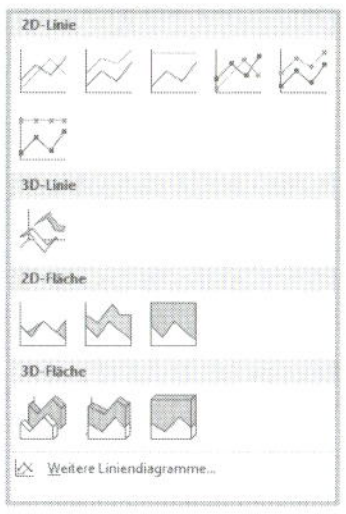

- Klicken Sie auf das Diagramm bzw. auf das Register ENTWURF und anschließend auf die Schaltfläche *Schnelllayout*.
- Wählen Sie das Layout 10 aus und beschriften Sie die Achsen- sowie den Diagrammtitel (ABC-Analyse ausgewählter Produkte bzw. Produktgruppen), indem Sie im Diagramm per Doppelklick auf die entsprechenden Titel klicken.
- Klicken Sie auf Datenreihe 1 im Diagramm und anschließend auf die „Entf-Taste" auf Ihrer Tastatur, um den Text zu entfernen.
- Bei Bedarf können das Diagramm sowie die Diagrammbeschriftung noch formatiert (optisch verändert oder aufbereitet) werden.
- Verschieben Sie das Diagramm auf ein eigenes Diagrammblatt:
  - Klicken Sie im Register ENTWURF in der Gruppe *Ort* auf die Schaltfläche *Diagramm verschieben.*
  - Aktivieren Sie im geöffneten Dialogfenster das Optionsfeld *Neues Blatt* und bestätigen Sie mit *OK.*
- Geben Sie dem Tabellenblatt den Namen „ABC-Analyse grafisch auswerten".
- Sie können das Diagramm nun noch individuell nachbearbeiten bzw. formatieren.
- Speichern Sie die Datei unter „ABC-Produktgruppenanalyse durchführen.xlsx."

Schulbuch Kap. 2.3

4 Die Kundenstruktur mithilfe der ABC-Analyse untersuchen

Situation:

Im vergangenen Geschäftsjahr konnte die Heinrich KG ihren Umsatz für eigene Erzeugnisse und Handelswaren auf insgesamt 67.297.500,00 € steigern. Björn Walter, Abteilungsleiter im Verkauf, möchte mit einer ABC-Analyse die Kunden der Heinrich KG in A-, B- und C-Kunden einteilen. Als Kriterium für die Klassifizierung soll die Umsatzhöhe mit dem einzelnen Kunden im vergangenen Geschäftsjahr herangezogen werden.

Heinrich KG
Büromöbel und Zubehör

Für die Bildung der ABC-Klassen gilt:

- A-Kunden sind die umsatzstärkste Gruppe; mit ihnen werden rund 75 % des gesamten Umsatzes generiert.
- B-Kunden erbringen geringere Umsätze; mit dieser Gruppe werden annähernd 20 % des Gesamtumsatzes erwirtschaftet.
- C-Kunden sind die umsatzschwächste Gruppe; mit diesen Kunden werden die restlichen 5 % des Umsatzes realisiert.

Herr Walter bittet den Auszubildenden Martin Menge, eine ABC-Analyse der Kunden vorzunehmen.

Arbeitsaufträge:

1. Führen Sie – unter Beachtung der o.g. Informationen und den nachstehenden Daten aus einer Datenbank des Rechnungswesens – mithilfe von MS Excel eine ABC-Analyse der Kunden durch!

Bleibtreu GmbH	2.822.400,00 €	Möblix GmbH	22.180.000,00 €
Brandes GmbH & Co. KG	4.704.000,00 €	Unhold GmbH[1]	134.400,00 €
Gertrud Brandt KG	336.000,00 €	Westmoor KG	3.360.000,00 €
Innovation AG	28.220.000,00 €	Weyermann & Söhne KG	1.209.600,00 €
Junges Wohnen GmbH	2.553.600,00 €	Winter OHG	1.680.000,00 €
Lorenz Behr e.K.[1]	97.500,00 €		

Vorschlag zur Vorgehensweise:

a) Öffnen Sie eine neue Arbeitsmappe in MS Excel und speichern Sie diese unter dem Dateinamen „ABC-Analyse-Kunden". Übernehmen Sie die Daten aus der Datenbank in ein Tabellenblatt, dem Sie den Namen „ABC" geben.

b) Sortieren Sie die erfassten Daten, absteigend, nach dem Kriterium „Umsatzhöhe".

c) Ermitteln Sie in einer geeigneten Zelle den gesamten Umsatz der Kunden im vergangenen Geschäftsjahr.

d) Berechnen Sie den Anteil jedes Kunden am Gesamtumsatz in Prozent aufgrund der nach dem Kriterium „Umsatzhöhe" sortierten Daten.

e) Berechnen Sie den Anteil jedes Kunden an der Gesamtkundenzahl in Prozent.

f) Kumulieren Sie die Prozentwerte aus den beiden vorstehenden Schritten.

g) Teilen Sie die Kunden mithilfe einer WENN-Funktion in Gruppen ein.

h) Erstellen Sie in einem separaten Tabellenblatt mit dem Namen „ABC-Diagramm" ein Liniendiagramm, das die Ergebnisse zusammenfasst:
   - x-Achse (Rubrikenachse) = kumulierter Anteil an der Kundenzahl,
   - y-Achse (Größenachse) = kumulierter Anteil am Gesamtumsatz.

1 Lorenz Behr e.K. und die Unhold GmbH sind Neukunden der Heinrich KG.

2. Schlagen Sie für jede der drei Kundengruppen geeignete Maßnahmen zur Betreuung bzw. Kundenbindung vor!

A-Kunden:
B-Kunden:
C-Kunden:

3. Die ABC-Analyse ist ein Verfahren zur Priorisierung von Aufgaben und Aktivitäten. Listen Sie fünf besondere Vorteile dieses Analyseverfahrens auf!

➤ ______________________________

➤ ______________________________

➤ ______________________________

➤ ______________________________

➤ ______________________________

4. Erläutern Sie, wo die Grenzen der erstellten ABC-Analyse liegen und welche Faktoren Ihrer Meinung nach zusätzlich bei der Einteilung der Kunden zu berücksichtigen sind!

Schulbuch Kap. 2.6

5 Die konjunkturelle Lage deuten

Situation:

Heinrich KG
Büromöbel und Zubehör

Am heutigen Vormittag hat Frau Gerda Heinrich, Geschäftsführerin der Heinrich KG, alle Abteilungsleiterinnen und Abteilungsleiter in den großen Besprechungsraum eingeladen. Einziger Tagesordnungspunkt ist die Beurteilung der aktuellen konjunkturellen Lage sowie deren Auswirkung auf die Heinrich KG.

Dafür legen die einzelnen Abteilungen folgende Fakten auf den Tisch:

Herr Walter, Leiter des Verkaufs, gibt eine positive Prognose für die kommenden Monate aus. Gerade nach der letzten Fachmesse sind die Auftragseingänge stark angestiegen und die Auftragsbücher prall gefüllt. Vom Leiter des Rechnungswesens, Herrn Fitschen, kommt die Information, dass die Zinsen bei den Kreditinstituten zurzeit recht niedrig sind, aber eine leicht steigende Tendenz festzustellen ist. Die „Personalchefin“ Frau Gehrke weiß davon zu berichten, dass aktuell viele Initiativbewerbungen bei der Heinrich KG eingehen und die Arbeitslosenquote bundesweit zurückgeht. Einzig Herr Obert sieht für seinen Bereich der Fertigung Probleme auf die Heinrich KG zukommen, da die steigenden Aufträge zu Produktionsengpässen führen könnten.

Arbeitsaufträge:

1. Benennen Sie die Konjunkturphase, die in der Ausgangssituation beschrieben wird!

Konjunkturphase:	

2. Nennen Sie geeignete Maßnahmen, die die Heinrich KG in Erwartung dieser Konjunkturphase ergreifen sollte!

➤

➤

➤

➤

3. Skizzieren Sie Chancen und Risiken für die Heinrich KG!

Chancen	
Risiken	

4. Benennen Sie die drei anderen Phasen der Konjunktur!

➤ ______________________________

➤ ______________________________

➤ ______________________________

5. Gehen Sie für jede der drei Phasen auf die Bereiche *„Arbeitslosigkeit“, „Auftragslage der Unternehmen“, „Zinsniveau“, „Lohn- und Preisentwicklung“* sowie *„Einschätzung der Lage“* ein. Nutzen Sie hierzu die Vorlage (Material 1).

Material 1: Vorlage für die drei weiteren Phasen des Konjunkturzyklus

	Phase: ______ ______	Phase: ______ ______	Phase: ______ ______
Arbeitslosigkeit			
Auftragslage der Unternehmen			
Zinsniveau			
Lohn-/Preis-entwicklung			
Einschätzung der Lage			

Schulbuch Kap. 2.7

6 Eine Befragung durchführen

Situation:

Heinrich KG
Büromöbel und Zubehör

Um Entscheidungen und Planungsprozesse durch einen höheren Informationsgrad sicherer zu machen, betreibt die Heinrich KG kontinuierlich Marktforschung. Informationen werden dabei mithilfe der Primärforschung und/oder der Sekundärforschung beschafft. Es gibt vielfältige Anwendungsbereiche, von denen diese vier die wichtigsten sind:

- Analyse der allgemeinen Marktentwicklung,
- Kunden-Analyse,
- Wettbewerber-Analyse,
- Analyse der eigenen Marktposition.

Die Heinrich KG möchte gerne mehr Informationen über die Zufriedenheit und Bedürfnisse ihrer Kunden gewinnen. Ein wichtiges Instrument zur Messung der Kundenzufriedenheit ist die Kundenbefragung. Carla Marx, bei der Heinrich KG zuständig für die Marktforschung, ist sich jedoch nicht sicher, in welcher Form die geplante Kundenbefragung durchgeführt werden soll.

Arbeitsaufträge:

1. Im Bereich der Primärforschung ist die Befragung eine wichtige Methode zur Gewinnung von Informationen. Verschiedene Methoden der Befragung haben ihre spezifischen Vor- und Nachteile.

   Skizzieren Sie je zwei Vor- und Nachteile zum:

   - Einsatz von Interviewern zur mündlichen Befragung,
   - Einsatz einer telefonischen Befragung,
   - Einsatz einer schriftlichen Befragung!

   Nutzen Sie hierzu Material 1 und 2!

2. Bei der schriftlichen Befragung können geschlossene oder offene Fragen eingesetzt werden. Erläutern Sie den Unterschied zwischen einer geschlossenen und einer offenen Fragestellung und geben Sie jeweils ein Beispiel!

Frageform	**Erläuterung**	**Beispiel**
Geschlossene Frage		
Offene Frage		

3. Die Heinrich KG hat sich dazu entschlossen, eine schriftliche Kundenbefragung durchzuführen. Entwickeln und gestalten Sie mit einem digitalen Tool (z. B. MS Word, Canva) einen Fragebogen, den die Heinrich KG beständig einsetzen kann, um gezielt Informationen über die Kundenzufriedenheit sowie über Erwartungen, Wünsche und Bedürfnisse der Kunden zu gewinnen.

> **Hinweis:**
> Befolgen Sie dieselben Regeln wie grundsätzlich bei der Kundenansprache. Verwenden Sie das Unternehmensdesign, halten Sie sich kurz und knapp. In MS Word können Sie z. B. die Möglichkeiten zur Formulargestaltung (Entwicklertools – Steuerelemente) nutzen.

4. Doris Dusch, Sachbearbeiterin im Verkauf, schlägt vor, Kundenbefragungen online durchzuführen. Listen Sie fünf Vorteile einer Online-Kundenbefragung gegenüber der traditionellen Form – postalische Zusendung des Fragebogens – auf! Nutzen Sie als Informationshilfe Material 1.

➤ ____________________

➤ ____________________

➤ ____________________

➤ ____________________

➤ ____________________

Material 1: Auszug aus dem Handbuch des erfolgreichen Verkaufs

Die Befragung

Nachdem im Rahmen der Vorbereitung zur Marktanalyse der Personenkreis festgelegt wurde, der zur Befragung herangezogen werden soll, ist über die Form der Befragung zu entscheiden. Die Befragung kann schriftlich oder mündlich durchgeführt werden.

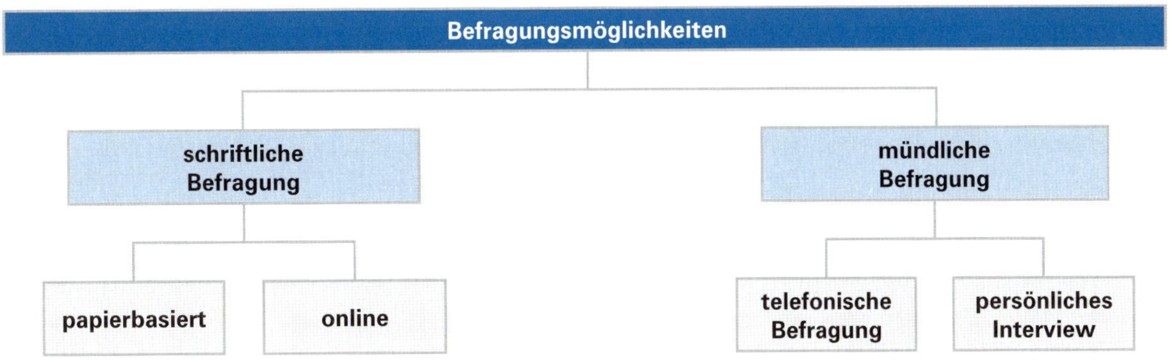

➤ Schriftliche Befragung (Papier- und Onlineversion)

Für die schriftliche Befragung sprechen die niedrigen Kosten. Honorare für Interviewer sind nicht zu zahlen. Andere Gründe sprechen wiederum gegen eine schriftliche Befragung: Es kann nicht damit gerechnet werden, dass von den versandten Fragebogen alle wieder zurückgeschickt werden. Mitunter ist nur eine Rücklaufquote von 10 % der abgeschickten Fragebogen zu verzeichnen. Mithilfe von Preisausschreiben kann die Rücklaufquote verbessert werden. Es kann nicht ausgeschlossen werden, dass die zu befragende Person von Dritten beeinflusst wurde.

Bestimmte Personengruppen tun sich mit einer schriftlichen Beantwortung schwer, sei es, weil sie im Schreiben ungeübt sind oder den Sinn der Fragen missverstehen könnten.

Anders sieht es ggf. in der Onlineversion aus. Der Teilnehmer einer **Online-Befragung** hingegen füllt einen digitalen Fragebogen (z.B. mit MS Forms) aus, oder er lädt einen Fragebogen aus dem Internet herunter und schickt ihn per E-Mail zurück, oder er bekommt diesen Fragebogen per E-Mail zugeschickt und sendet ihn auf dem gleichen Weg zurück.

Die Kontaktaufnahme mit einer zu befragenden Person erfolgt in der Regel über einen **Link** (Wort oder Bild o.Ä., das durch Anklicken eine andere Internetseite aufruft), der über einen **Werbe-Banner** (Werbeblock auf einer Internetseite zur Finanzierung dieser Seite) auf einer Internetseite angeklickt wird. Dort wird auf diesen Fragebogen hingewiesen. Durch Anklicken findet die zu befragende Person dann den Fragebogen. Eine andere Möglichkeit besteht darin, dass der Besucher einer Internetseite durch ein **Popup-Fenster** (automatisch aufspringendes [Teil-]Fenster beim Aufruf einer Internetseite) auf einen Fragebogen hingewiesen wird, den er dann durch einen Link in diesem Fenster aufrufen kann.

Bei der Aufforderung über E-Mail kann die zu befragende Person entweder über einen eingebauten Link online den Fragebogen erreichen und ausfüllen, oder auch, wie beim Besuch einer Internetseite, den Fragebogen herunterladen und per E-Mail zurückschicken.

Wie bei den anderen Befragungsarten auch, stellt sich die Frage nach der Repräsentativität der Befragten und nach der Art der Befragung.

Die Online-Befragung unterscheidet sich dabei nicht grundsätzlich von den anderen schriftlichen Befragungen. Allerdings verringert sich bei einer digitalen Befragung die Qualität der Auswahl, weil eine systematische Auswahl der befragten Personen nahezu unmöglich ist.

Einen erheblichen Vorteil bringt die Online-Befragung bei der Gestaltung der Fragebogen, weil alle technischen Möglichkeiten des Internet wie Text-, Bild-, Audio- oder Videodarstellungen eingesetzt werden können. Darüber hinaus ist es möglich, eine hohe Interaktion (Wechselbeziehung) zwischen dem Fragenden und dem Befragten herzustellen: wenn bestimmte **Filter-Fragen** negativ beantwortet werden, können dann nicht mehr interessierende Folgeteile des Fragebogens unterdrückt werden u. Ä. Darüber hinaus ist offensichtlich, dass die Auswertung der Fragebogen schneller als bisher erfolgen kann, von der Schnelligkeit der Fragebogenaktion ganz zu schweigen.

➤ **Mündliche Befragung**

Aus den genannten Gründen wird trotz des finanziellen Mehraufwandes die mündliche Befragung bevorzugt, obwohl auch hier Mängel auftreten können, die noch zu erörtern sind. Die mündliche Befragung kann sowohl telefonisch als auch persönlich durchgeführt werden. Für die **telefonische Befragung** spricht die kurzfristige Erhebung von Informationen, so z.B. nach Meinungen über aktuelle politische Ereignisse.

Einwendungen gegen diese Befragungsweise betreffen die fehlende Repräsentanz der Befragten und die Reserviertheit der befragten Personen gegenüber unbekannten Anrufern. Die Folge davon ist oftmals eine Antwortverweigerung.

Eine weit verbreitete Form der mündlichen Befragung ist das **persönliche Interview.** In diesem Fall treten sich der zu Befragende und der Interviewer persönlich gegenüber. Die Anonymität – im telefonischen Interview als Nachteil beschrieben – fällt hier weg. Dafür treten andere Probleme auf: Sympathien oder Antipathien zwischen den beteiligten Personengruppen können das Befragungsergebnis beeinflussen. Oder: Der Interviewer füllt den Fragebogen nicht vorschriftsmäßig aus.

Material 2: Vorlage „Befragungsmöglichkeiten – Vorteile und Nachteile“

Befragungsmöglichkeiten

Interview	**Vorteile**	
	Nachteile	
Telefonische Befragung	**Vorteile**	
	Nachteile	
Schriftliche Befragung (Papier- und Onlinefragebogen)	**Vorteile**	
	Nachteile	

Schulbuch Kap. 3.5

7 Preisstrategien festlegen und Marktverhalten deuten

Situation:

Heinrich KG
Büromöbel und Zubehör

Im Mittelpunkt der heutigen Bereichsleitersitzung steht die Produktgruppe „Schreibtische“. Rückmeldungen der Außendienstmitarbeiter haben in letzter Zeit vermehrt einen Hinweis darauf enthalten, dass es einen neuen Mitbewerber auf dem an sich überschaubaren Anbietermarkt für hochwertige Schreibtische gibt, die Helios Büro GmbH. Dieses Unternehmen hat es sich anscheinend zum Ziel gesetzt, mit niedrigen Preisen möglichst viele Kunden zu gewinnen.

Frau Gerda Heinrich nimmt die Berichte der Außendienstmitarbeiter ernst und zum Anlass, über die Preisstrategie bei der Produktgruppe „Schreibtische“ nachzudenken. Schließlich hat sich die Heinrich KG gerade mit dieser Produktgruppe einen Namen bei den Kunden erworben. Mittelfristiges Ziel der Heinrich KG ist es deshalb, die aktuellen Marktanteile und Rohgewinne bei dieser Produktgruppe zu stabilisieren.

Bisher hat die Heinrich KG die Preisstrategie verfolgt, sich in der Produktgruppe „Schreibtische“ am Branchenpreis zu orientieren. Die offensichtlichen Kampfpreise der Helios Büro GmbH könnten aber eine andere Preisstrategie notwendig machen.

Arbeitsaufträge:

1. Erkundigen Sie sich über die verschiedenen Preisstrategien!
2. Unterbreiten Sie unter Berücksichtigung der Ausgangssituation und von Material 1 einen begründeten Vorschlag, ob es für die Heinrich KG in Zukunft sinnvoller ist, bei ihren Preisen zu bleiben oder aber ihre Schreibtische zu den Preisen der Helios Büro GmbH anzubieten! Nutzen Sie für Ihre Berechnungen und zur Ergebnissicherung die folgenden Arbeitsvorlagen:

Arbeitsvorlage 1

Bisherige Marktanteile und Rohgewinne der Heinrich KG bei der Produktgruppe „Schreibtische“:

Produkt-Nr.	Produktbezeichnung	Rohgewinne (€)	Marktanteile (%)
A-1001000	Denver		
A-1001100	Starlight		
A-1004110	Future		
Summe			

Nebenrechnung:

Arbeitsvorlage 2

Ermittlung der künftigen Absatzmengen und Rohgewinne für die Heinrich KG, falls die drei Schreibtische künftig zu den Preisen der Helios Büro GmbH angeboten werden und die bisherigen Marktanteile erhalten bleiben sollen:

Produktbezeichnung	Preissenkung (%)	Neue Absatzmenge	Rohgewinne (€)
Denver			
Starlight			
Future			
Summe			

Nebenrechnungen:

Arbeitsvorlage 3

Ermittlung der neuen Marktanteile, falls die Heinrich KG keine Preissenkung vornimmt, sich die Gesamtnachfrage aber dennoch erhöht:

Produktbezeichnung	Alte Absatzmenge	Neuer Marktanteil (%)
Denver		
Starlight		
Future		

Nebenrechnungen:

Vorschlag zur Festlegung der Preisstrategie
Die Heinrich KG sollte ☐ bei ihren Preisen bleiben, ☐ ihre Preise an die Preise der Helios Büro GmbH anpassen, weil ___________

Material 1: Informationen zur Produktgruppe Schreibtische

➤ **Übersicht über die Produktgruppe „Schreibtische" bei der Heinrich KG:**

Produkt-Nr.	Produkt-bezeichnung	Listenverkaufs-preis	Herstellkosten	Absatzmengen pro Jahr	Nachfrage gesamt
A-1001000	Denver	245,00 €	170,00 €	900	8.000
A-1001100	Starlight	925,00 €	610,00 €	540	3.900
A-1004110	Future	460,00 €	330,00 €	600	3.750

➤ **Preise der Helios Büro GmbH für vergleichbare Schreibtische:**

Produkt	Listenverkaufspreis
Vergleichbar Schreibtisch „Denver"	208,00 €
Vergleichbar Schreibtisch „Starlight"	720,00 €
Vergleichbar Schreibtisch „Future"	352,00 €

➤ **Nachfrageverhalten nach Schreibtischen bei Preisänderungen:**

Untersuchungen haben ergeben, dass sich die Nachfrage nach Schreibtischen der drei untersuchten Qualitäten bei einer Preissenkung wie folgt verändert:

➤ Preissenkung um bis zu 10 % = Nachfragesteigerung um 5 %

➤ Preissenkung um 11 % bis zu 20 % = Nachfragesteigerung um 10 %

➤ Preissenkung um 21 % bis zu 30 % = Nachfragesteigerung um 20 %

3. Nennen Sie Maßnahmen, die die Heinrich KG ergreifen sollte, um die von Ihnen vorgeschlagene Preisstrategie Erfolg versprechend umzusetzen!

➤ ______________________________

➤ ______________________________

➤ ______________________________

➤ ______________________________

4. Insbesondere bei den Standardprodukten ist die Heinrich KG einem enormen Konkurrenzdruck ausgesetzt. Dies hat bei einzelnen Produktgruppen zu Umsatzeinbrüchen von bis zu 40 % geführt. Starke Preissenkungen, wie sie aktuell mehrere Wettbewerber vorgenommen haben, werden von der Geschäftsleitung der Heinrich KG jedoch kategorisch abgelehnt.

4.1 Nennen und erläutern Sie zwei angemessene Maßnahmen, um kurzfristig wirkende Kostensenkungen zu realisieren!

Maßnahme 1	
Maßnahme 2	

4.2 Svenja Meier, bei der Heinrich KG zuständig für das Controlling, rät der Geschäftsleitung dazu, eher auf 15 % des Absatzes zu verzichten, als den Preis um 15 % zu senken. Frau Meier will ihren Rat anhand folgender Markt- und Controlling-Daten zu dem Produkt „Klapptisch" belegen:

- Der Nettoverkaufspreis beträgt 220,00 € pro Stück.
- Der durchschnittliche Absatz je Quartal beträgt 1.200 Stück.
- Die Fixkosten pro Quartal betragen 114.000,00 €.
- Die variablen Kosten pro Stück betragen 110,00 €.
- Durch die Preissenkung kann der Absatz gehalten werden.
- Durch die Absatzsenkung kann der Preis gehalten werden.

Weisen Sie rechnerisch nach, dass Frau Meiers Aussage in Bezug auf das Produkt „Klapptisch" betriebswirtschaftlich richtig ist, indem Sie den Gewinn oder Verlust pro Quartal in Euro

4.2.1 bei einer Preissenkung von 15 % berechnen!

4.2.2 bei einer Absatzsenkung von 15 % berechnen!

Fortsetzung der Situation: Marktverhalten deuten

Herr Walter, Leiter des Verkaufs, beschreibt, dass die positive Prognose für die kommenden Monate sowie die stark angestiegenen Auftragseingänge auch dem besonders innovativen und ergonomisch geformten Bürostuhl „Healthy“ zu verdanken ist. Dieser Stuhltyp ist bereits vergleichbar im letzten Jahr von zwei Konkurrenten produziert worden – ein Jahr später zieht die Heinrich KG nach. Ab dem nächsten Monat wird der Stuhl auch vertrieben. Der Bürostuhl „Healthy“ lässt sich nicht nur per App steuern, sondern konfiguriert auch direkt die richtigen Einstellungen für eine gesunde Sitzhaltung – angepasst an jeden Benutzer – und er warnt sogar bei Missachtung.

Im Vergleich zum Konferenzstuhl „Visit“, der von zahlreichen anderen Herstellern vergleichbar angeboten und von vielen Kunden nachgefragt wird, ist der innovative Bürostuhl „Healthy“ ein Produkt, das ausschließlich von der Heinrich KG und zwei weiteren Herstellern angeboten wird. Der Stuhl wird bereits sehr häufig nachgefragt und vorbestellt.

5. Informieren Sie sich mithilfe Ihres Buchs sowie dem Internet über verschiedene Marktformen. Unterscheiden Sie diese und ordnen Sie anschließend den beiden Stühlen die richtige Marktform zu!

Marktform	Unterscheidungsmerkmale

Zuordnung der Bürostühle:

	Stuhl „Visit“	Stuhl „Healthy“
Marktform		

6. Die für die Art des Stuhls „Healthy" geltenden Nachfrage- und Angebotszahlen auf dem Markt konnten ermittelt werden. Die folgende Grafik zeigt diese:

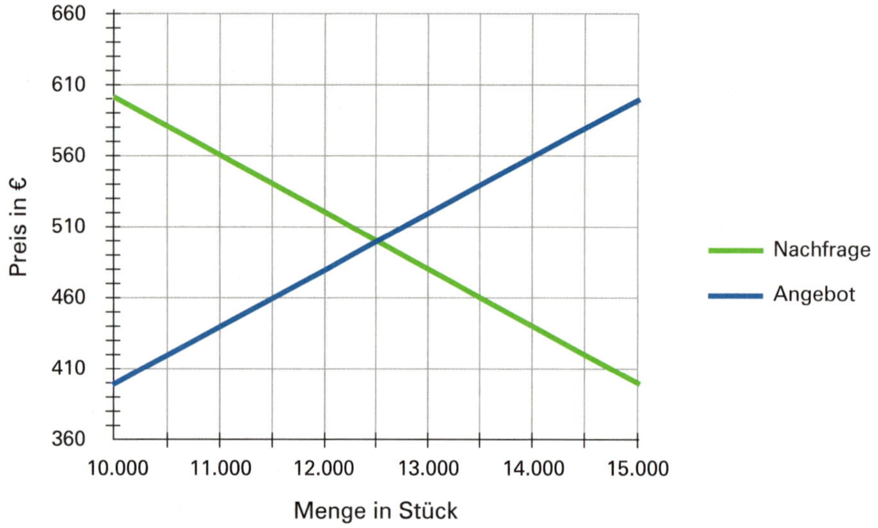

6.1 Lesen Sie aus der Grafik den Gleichgewichtspreis sowie die Gleichgewichtsmenge ab!

Gleichgewichtspreis	
Gleichgewichtsmenge	

6.2 Ermitteln Sie, bei welchem Preis in € der größte Umsatz erzielt wird, und bestimmen Sie dessen Höhe!

6.3 Bestimmen Sie den Nachfrage- bzw. Angebotsüberhang bei einem Preis von 560,00 € bzw. 460,00 €. Ordnen Sie auch zu, ob jeweils ein Käufer- oder ein Verkäufermarkt vorliegt.

Variante 1: Preisfestsetzung auf 560,00 €			
☐ Nachfrageüberhang in Höhe von	__________	Stück	☐ Käufermarkt
☐ Angebotsüberhang in Höhe von	__________	Stück	☐ Verkäufermarkt

Variante 2: Preisfestsetzung auf 460,00 €			
☐ Nachfrageüberhang in Höhe von	__________	Stück	☐ Käufermarkt
☐ Angebotsüberhang in Höhe von	__________	Stück	☐ Verkäufermarkt

8 Einen Werbeplan erstellen

Schulbuch Kap. 4.3

Situation:

Marita Mars ist – im Rahmen ihrer Berufsausbildung – gegenwärtig in der Abteilung Verkauf eingesetzt. Der Abteilungsleiter hat die Auszubildende in eine Projektgruppe eingebunden, die ein Marketingkonzept entwickelt, um eine neuartige Variante des Regalsystems „Solito" unter dem Namen „Solito 5000" zu verkaufen.

Heinrich KG
Büromöbel und Zubehör

Um die Fertigungsrate schrittweise zu erhöhen, soll diese Variante zunächst nur über Handelsbetriebe in der Metropolregion Hamburg angeboten werden. Für eine Werbekampagne ist ein Werbeplan zu erstellen.

Arbeitsaufträge:

1. Formulieren Sie in Ergänzung zu den folgenden W-Fragen drei weitere W-Fragen zur Vervollständigung des Werbeplans.
   - **W**arum soll geworben werden *(Werbeziel)?*
   - **W**as soll beworben werden *(Werbegegenstand)?*
   - **W**elcher Inhalt soll transportiert werden *(Werbebotschaft)?*
   - **W**elche Zielgruppe soll umworben werden *(Streukreis)?*

   ① ____

   ____

   ② ____

   ____

   ③ ____

   ____

2. Vervollständigen Sie den folgenden Lückentext, indem Sie jeweils entscheiden, ob von Werbe**trägern** oder Werbe**mitteln** die Rede ist.

Mithilfe der Werbe____________ werden die Werbebotschaften an die Abnehmer herangetragen. Grundsätzlich können hierzu Schrift, Bilder, Ton oder auch die Ware selber eingesetzt werden.

Typische Werbe____________ sind z. B. Anzeigen und Inserate in Zeitungen oder im Internet, Spots in TV, Radio oder Kino, Werbebriefe, Schaufensterwerbung oder die Bandenwerbung in Sportstätten.

Ein Werbe____________ ist dagegen ein Medium, das die eigentliche Botschaft mithilfe der Werbe____________ zum potenziellen Käufer trägt. Die Güte eines Werbe____________ wird dabei üblicherweise mithilfe des Tausend-Kontakt-Preises gemessen, der den Preis für je 1.000 erreichte potenzielle Interessenten angibt.

Typische Werbe____________ sind Zeitungen, Zeitschriften, Bücher, Rundfunk, TV, Plakatwände und Schaufenster, das Internet oder die Verkehrsmittelwerbung an Omnibussen, Straßenbahnen und Taxen.

3. 3.1 Erstellen Sie den folgenden Werbeplan einschließlich Werbeetatplanung für die Monate April, Mai und Juni in MS Excel. Für diesen Zeitraum steht Ihnen ein Werbeetat von ca. 250.000,00 € zur Verfügung!

	A	B	C	D	E	F	G	H	I	J	K
1											
2									Werbedispositionen		
3	Nr.	Werbemittel und -träger	Reichweite in Tsd	Umfang/ Dauer	Anzahl der Werbe-maßnahmen	Kosten für 1.000 Kontakte	Kosten für Gestaltung/ Druckvorlagen/ Produktion (Spot)	Kosten für die Werbekampagne insg.	April	Mai	Juni
4	1.	Anzeigen									
5		Tageszeitung	210	¼ Seite		8,40 €	2.000,00 €				
6		Anzeigenblatt	180	½ Seite		6,10 €	2.350,00 €				
7	2.	Prospekt									
8		Fachzeitschrift 1	25	2 Seiten		3,80 €	2.560,00 €				
9		Fachzeitschrift 2	20	3 Seiten		5,10 €	3.375,00 €				
10	3.	Sender									
11		Regional TV 1	3600	30 Sekunden		11,74 €	1.390,00 €				
12		Regional TV 2	2800	30 Sekunden		9,55 €	1.250,00 €				

3.2 Entscheiden Sie, wie die genaue Umsetzung der Werbekampagne erfolgen könnte, und stellen Sie Ihr Ergebnis im Plenum zur Diskussion!

Fortsetzung der Situation:

Nachdem die Rückmeldungen in der Metropolregion Hamburg sehr positiv waren, verständigen sich Frau Heinrich und Herr Bast, Abteilungsleiter Einkauf, darauf, nun auch überregional aktiv zu werden. Sie beschließen, in zwei Fachzeitschriften jeweils an sechs aufeinanderfolgenden Samstagen in Form einer Anzeige für das neue Regalsystem zu werben. Hierfür kommen vier überregionale, regelmäßig erscheinende Fachzeitschriften infrage, für die die folgenden Daten vorliegen:

	Zeitschrift 1	Zeitschrift 2	Zeitschrift 3	Zeitschrift 4
Seitenpreis der Anzeige	36.500,00 €	54.260,00 €	63.470,00 €	45.880,00 €
Anzahl der Leser davon Zielgruppe	616.000 23 %	742.000 21 %	840.000 24 %	686.000 22 %

4. Berechnen Sie den „Tausend-Leser-Preis"[1] für jede Fachzeitschrift! Ermitteln Sie schließlich die Gesamtkosten der Werbemaßnahme, wenn in jeder der beiden kostengünstigsten Fachzeitschriften jeweils auf einer $^1/_8$ Seite geworben wird!

	Berechnungshinweise	Tausend-Leser-Preis
Fachzeitschrift 1		
Fachzeitschrift 2		
Fachzeitschrift 3		
Fachzeitschrift 4		

Gesamtkosten der Werbemaßnahme (€):	______________________

1 Der **Tausend-Leser-Preis** (auch Tausend-Kontakt-Preis genannt) ist eine Kennzahl aus der Mediaplanung. Er gibt an, welcher Geldbetrag bei einer Werbemaßnahme eingesetzt werden muss, um 1.000 Personen einer Zielgruppe per Sichtkontakt (im Radio Hörkontakt) zu erreichen. Der Tausend-Leser-Preis ermöglicht im Rahmen der Mediaplanung einen Vergleich der Werbemittel und ihrer Kosten.

5. Eine Projektgruppe empfiehlt verschiedene Instrumente des Online-Marketings, insbesondere über soziale Netzwerke wie Facebook, Instagram, LinkedIn oder Tiktok, um gezielt Nutzer in diesen Netzwerken zu erreichen und als Kunden zu gewinnen. Nennen und beschreiben Sie drei Möglichkeiten (Instrumente) des Online-Marketings!

1. Möglichkeit:	
2. Möglichkeit:	
3. Möglichkeit:	

6. Zeigen Sie stichpunktartig die Chancen und die Risiken auf, die ein Unternehmensauftritt in sozialen Netzwerken mit sich bringt!

Chancen	Risiken

Schulbuch Kap. 4.4.2

9 Kostenorientierte Preispolitik betreiben

Situation:

Heinrich KG
Büromöbel und Zubehör

Der Geschäftsführerin der Heinrich KG, Gerda Heinrich, sind beim Besuch der Bürofachmesse ORGATEC in Köln die Produkte des Büromöbelherstellers Wind KG aufgefallen.

Frau Heinrich plant Schreib- oder Computerarbeitstische in das eigene Sortiment aufzunehmen, die sich schnell und leicht auch in Steharbeitsplätze verwandeln lassen.

Aufgrund ihres auf der Bürofachmesse ORGATEC gezeigten Interesses hat die Wind KG das folgende Angebot erstellt:

WIND KG
Herstellung aktueller Büromöbel

Wind KG • Fuggerstraße 55 • 51149 Köln
Heinrich KG
Rahlstedter Str. 144
22143 Hamburg

Ihr Zeichen:	
Ihre Nachricht vom:	
Unser Zeichen:	vk-ja
Unsere Nachricht vom:	
Name:	Frau Jahrmann
Telefon:	02241 3376-10
Telefax:	02241 3376-11
E-Mail:	jahrmann@wind.de
Datum:	14.11.20..

Angebot Nr. 317-06

Sehr geehrte Frau Heinrich,

vielen Dank für den Besuch auf unserem Messestand bei der ORGATEC 20..

Wir senden Ihnen das gewünschte Angebot:

Art.-Nr. 30401 Steh-Sitz-Tischsystem,
ergodynamisch und funktional,
Listenpreis 245,50 Euro.

Bei Abnahme von mindestens 250 Stück gewähren wir 20 % Rabatt. Der Preis versteht sich zuzüglich 19 % Umsatzsteuer.

Die Zahlung ist innerhalb von 20 Tagen ab Rechnungsdatum zu leisten. Bei Zahlung innerhalb von 7 Tagen gewähren wir 2 % Skonto. Die Lieferung erfolgt innerhalb von 10 Tagen ab Datum des Bestellungseingangs frei Haus.

Wir hoffen, dass Ihnen unser Angebot zusagt und freuen uns auf Ihren Auftrag.

Mit freundlichen Grüßen

Wind KG

i. A. Sonja Jahrmann

Sonja Jahrmann

Bankverbindung:
Deutsche Bank Köln
BIC: DEUTDEDKXXX
IBAN: DE61 3707 0060 0005 9159 89

Handelsregister:
Amtsgericht Köln
HR A 2176

USt-Id:
DE203476126
Steuer-Nummer:
040/225/90100

E-Mail:
info@wind.de

Geschäftsführer:
Dr. Wilmar Wind

Arbeitsaufträge:

1. Aufgrund des Angebots bestellt Frau Heinrich 500-mal das „Steh-Sitz-Tischsystem"!

   Ermitteln Sie nachvollziehbar unter Anwendung des Kalkulationsschemas den Barverkaufspreis der Heinrich KG für ein „Steh-Sitz-Tischsystem"; die Heinrich KG

   - zahlt unter Abzug von Skonto,
   - kalkuliert mit einem Handlungskostenzuschlagssatz von 62,5 %,
   - kalkuliert mit einem Gewinnzuschlag von 8,5 %.

Listeneinkaufspreis	245,50 €

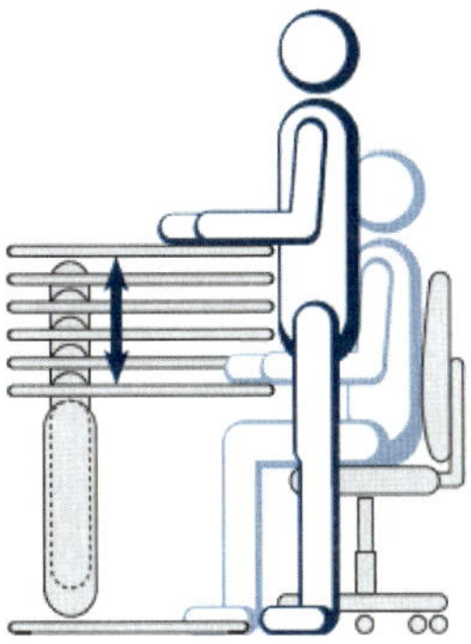

2. Ein Mitbewerber der Heinrich KG bietet ein vergleichbares „Steh-Sitz-Tischsystem" zu einem Barverkaufspreis von 329,99 € an. Die Heinrich KG möchte daher prüfen, ob sie das „Steh-Sitz-Tischsystem" ebenfalls zu diesem Preis anbieten könnte. Frau Heinrich gibt an, dass der Gewinnzuschlag dazu mindestens bei 5 % liegen müsste, um den gleichen Preis anbieten zu können. Andernfalls muss auf die Sortimentserweiterung verzichtet werden.

   Prüfen Sie, ob die Hereinnahme des „Steh-Sitz-Tischsystems" in das Sortiment unter diesen Voraussetzungen möglich ist!

3. Neben Maßnahmen zur Unterstützung der Kunden (Verkaufsförderung) plant Frau Heinrich zur Markteinführung des „Steh-Sitz-Tischsystems“ eine gezielte Werbung. Mit dieser Werbung soll eine regionale Werbeagentur beauftragt werden.

   3.1 Nennen Sie drei Gründe für die Beauftragung einer Werbeagentur!

   ➤ ______________________________

   ➤ ______________________________

   ➤ ______________________________

   3.2 Nennen Sie drei Informationen, die die Heinrich KG der Werbeagentur in diesem Kontext geben muss!

   ➤ ______________________________

   ➤ ______________________________

   ➤ ______________________________

4. Der Kostenvoranschlag der Werbeagentur für die geplante Werbekampagne beläuft sich auf 15.000,00 €. Natalie Smarra, Mitarbeiterin im Einkauf, stellt in diesem Kontext die folgende Behauptung auf:

   „Die Kosten dieser Werbekampagne sind Handlungskosten, die in die Kalkulation eingehen. Höhere Handlungskosten führen zu höheren Selbstkosten und damit zu einer Erhöhung des Listenverkaufspreises. Die Werbekampagne verteuert somit die Ware und wird dazu führen, dass wir am Markt nicht mehr wettbewerbsfähig sind. Ich rate daher nachdrücklich von der geplanten Werbekampagne ab.“

   Begründen Sie, ob Frau Smarra den Sachverhalt richtig erfasst hat!

5. Benno Klein, der eine Stabstelle „Organisation/Datenverarbeitung" innehat, soll kurzfristig für die Heinrich KG eine neue Internetseite mit Internetshop und Newsletter einrichten.

5.1 Nennen Sie drei Chancen, die sich durch den Einsatz einer Internetseite mit Internetshop und Newsletter im Vergleich zu einer Kundenzeitschrift zusätzlich für die Heinrich KG ergeben!

➤ ______________________________

____

➤ ______________________________

____

➤ ______________________________

____

5.2 Zur Einführung des Internetshops möchte der Abteilungsleiter im Verkauf, Björn Walter, eine Schreibtischlampe in Aluminium zu einem Aktionspreis anbieten. Der Listeneinkaufspreis der Schreibtischlampe beträgt 123,75 €.

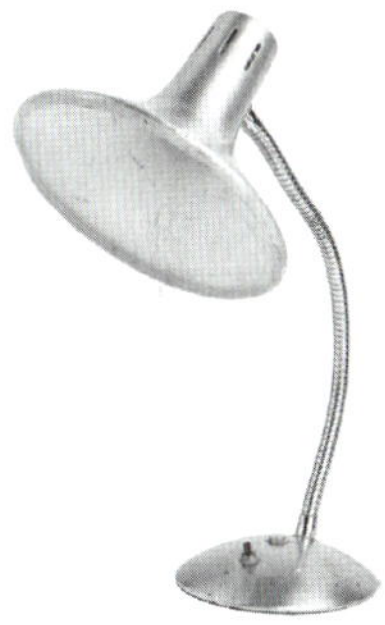

Der Hersteller der Schreibtischlampe, die Luise Luna OHG aus Lichtenfels, räumt der Heinrich KG aufgrund der geplanten Sonderaktion folgende Konditionen ein: 15 % Rabatt, 3 % Skonto, Lieferung frei Haus. Bei einer Abnahme von 2.500 Stück betragen die variablen Handlungskosten 10,52 € pro Stück.

Der Aktionspreis soll so festgelegt werden, dass für die Heinrich KG weder ein Gewinn noch ein Verlust entsteht. Ermitteln Sie dazu die Preisuntergrenze pro Stück!

Schulbuch Kap. 5

10 Werbemittel auswählen und gestalten

Situation:

Heinrich KG
Büromöbel und Zubehör

Bevor die Idee, ergonomisch geformte Sitze für Sportstätten ins Produktprogramm aufzunehmen, in die Tat umgesetzt wurde, hat die Heinrich KG umfangreiche Marktforschung betrieben. Die Ergebnisse der Marktforschung in Norddeutschland bestätigen nun, dass es für die vorgesehene neue Produktgruppe ein großes Marktvolumen gibt. Ca. 30 % der angeschriebenen Sportvereine und Kommunen haben eine schriftliche Fragebogenaktion unterstützt und dabei eine hohe Akzeptanz für die Ideen der Heinrich KG gezeigt.

Zunächst hat die Heinrich KG die Zielgruppen (Sportvereine, Kommunen und Träger von Großraumhallen) festgelegt und die Werbeobjekte genauer definiert. Es handelt sich dabei um Sitze für den Indoor- und Outdoor-Bereich, die jeweils in den Ausführungen „Standard", „Komfort" und „de Luxe" angeboten werden sollen.

Bei allen drei Ausführungen wird sehr viel Wert auf eine ergonomisch gestaltete Rückenlehne in Verbindung mit einem hohen Sitzkomfort gelegt. Die Serie „Komfort" enthält zudem einige individuell anpassbare Einstellmöglichkeiten. Die Serie „de Luxe" schließlich beeindruckt durch zusätzliche Armlehnen und eine etwas breitere Sitzfläche.

In einer weiteren Besprechung wird das Werbegebiet festgelegt. Zunächst sollen die neuen Produkte im norddeutschen Raum und zusätzlich bundesweit bei allen Profivereinen der Sportarten Fußball, Handball, Basketball und Eishockey bekannt gemacht werden. Noch ungeklärt ist die konkrete Durchführung der Werbung.

Arbeitsaufträge:

1. Machen Sie einen begründeten Vorschlag, welche zwei Werbemittel die Heinrich KG auf jeden Fall einsetzen sollte, um die neuen ergonomisch geformten Sitze zu bewerben!

Werbemittel 1:	

Werbemittel 2:	

Begründung für die ausgewählten Werbemittel:

2. Gerda Heinrich hat für nächsten Montag zu einem Treffen eingeladen, bei dem das Werbekonzept vorgestellt werden soll. Fest steht bereits, dass in zwei Fachzeitschriften in der nächsten Ausgabe eine Werbeanzeige geschaltet werden soll. Dadurch will Frau Heinrich die Anzeigenleser der Vereinsvorstände sowie der kommunalen Sportämter auf die drei Ausführungen der Indoor- und Outdoor-Bestuhlung aufmerksam machen. Sollte die Reaktion auf die Einführungswerbung nicht den Erwartungen entsprechen, wird der Bekanntheitsgrad der Heinrich KG zumindest erweitert.

2.1 Damit die Anzeige ein Erfolg wird, müssen bestimmte Grundsätze berücksichtigt werden. Ordnen Sie den nachfolgenden Aussagen zu, welche der folgenden fünf Grundsätze der Werbung jeweils beschrieben werden:

Grundsätze der Werbung: *Klarheit – Stetigkeit/Einprägsamkeit/Einheitlichkeit – Wirksamkeit – Wahrheit – Wirtschaftlichkeit*

Aussagen	Grundsatz
Die Werbung muss frei sein von unzutreffenden Behauptungen, Übertreibungen und Entstellungen von Tatsachen. Durch unwahre Aussagen über Beschaffenheit, Verwendbarkeit und Preise der angebotenen Ware wird der Kunde verärgert und vermutlich gegen das Gesetz gegen den unlauteren Wettbewerb (UWG) verstoßen. Übertrieben wirkende Aussagen wie „das Allerbeste“ oder „unübertrefflich“ sollten vermieden werden, da ein Zuviel an Lob die Glaubwürdigkeit gefährdet.	
Die Werbebotschaft soll schnell erfassbar, leicht verständlich und übersichtlich sein.	
Um Aufmerksamkeit zu erreichen, muss die Werbung ideenreich sein, sie sollte sich insbesondere von der Konkurrenz deutlich abheben (Originalität).	
Der mögliche Erfolg, der mit dem umworbenen Produkt erzielt werden kann, bestimmt die maximalen finanziellen Aufwendungen für die Werbemaßnahmen.	
Ein einheitlicher Werbestil führt bei den Kunden zu einem hohen Wiedererkennungseffekt. Dies kann z. B. durch bestimmte Farben, Melodien oder Symbole erreicht werden.	

2.2 Informieren Sie sich zunächst mithilfe von Material 1 über die Gestaltung einer Werbeanzeige und entwerfen Sie dann mit einem digitalen Tool (z. B. MS Word, Canva) eine Werbeanzeige im Format A5! Speichern Sie die Anzeige unter „Werbeanzeige“!

Berücksichtigen Sie folgende Preisfestlegungen der sechs Ausführungen:

Modell	Outdoor-Stuhl	Indoor-Stuhl
Modell „Standard“	7,80 €/Stück	7,30 €/Stück
Modell „Komfort“	11,00 €/Stück	10,80 €/Stück
Modell „de Luxe“	16,00 €/Stück	16,00 €/Stück

Material 1: Auszug aus dem Handbuch des erfolgreichen Verkaufs

A: Aufgabe der Werbeanzeige

Die Werbeanzeige dient als Träger der Werbebotschaft. Sie soll den Kunden zum Kauf von bestimmten Produkten veranlassen (Produktwerbung) und somit insbesondere den Umsatz des Werbetreibenden steigern.

Werbetreibender		**Werbeträger**		**Werbemittel**		**Werbebotschaft**		**Interessenten**
z. B. Hersteller, Handel	sendet → mittels	z. B. Rundfunk, Zeitung, Social Media	→	z. B. Anzeige, Prospekt	→	z. B. Angaben, Aussagen über das Produkt	an →	z. B. Kunden

Eine Werbeanzeige muss Aufmerksamkeit erregen und ein länger dauerndes Interesse wecken! Die Leser der Anzeige sollen als mögliche Käufer angesprochen werden. Werbeleute fassen dies zur AIDA-Formel zusammen.

B: AIDA-Formel = Stufen der Verhaltensänderung beim Verbraucher

A	I	D	A
Aufmerksamkeit (**a**ttention)	**Interesse** (**i**nterest)	**Besitzwunsch** (**d**esire)	**Kaufentschluss** (**a**ction)

Das bedeutet: Eine Werbebotschaft sollte …

- **gezielt Aufmerksamkeit erregen.**
  Dies kann durch einen originellen Werbetext oder eine auffallende Farbgebung geschehen.
- **nachhaltiges Interesse wecken.**
  Hier geht es vor allem um eine länger anhaltende Aufmerksamkeit; die Werbebotschaft soll lange im Gedächtnis des Umworbenen bleiben (z. B. durch Wiederholungen, einprägsame Melodien …).
- **einen Besitzwunsch auslösen.**
  Dem Umworbenen wird eine angenehme Gefühls- oder Erlebniswelt vermittelt; beispielsweise indem man die Vorzüge der Ware so herausstellt, dass ein starkes Verlangen nach dieser Ware entsteht.
- **den Umworbenen zum Kaufen bewegen.**
  Eine gute Möglichkeit ist dabei die direkte Ansprache des Umworbenen.

C: Gestaltung einer Werbeanzeige

Zur Gewinnung von Aufmerksamkeit und Interesse sollten Sie folgende Appelle beachten (Elemente der Anzeige)

Schlagzeile (Headline)

- Verwenden Sie die Schlagzeile als Blickfang!
- Verkünden Sie Ihre Werbebotschaft in der Schlagzeile!
- Wenden Sie sich gleich in der Schlagzeile an die von Ihnen gemeinte Zielgruppe. Kündigen Sie Neuheiten in der Schlagzeile an. Ihr Produkt ist nämlich nur einmal neu, kündigen Sie das mit Pauken und Trompeten an (z. B. „Revolutionäre neue Zahnpasta erfunden!")!
- Vermeiden Sie negative Schlagzeilen. Verkaufen Sie die positiven Elemente Ihres Produkts. Erwähnen Sie nicht, was man damit nicht kann!

Text/Schrift

- Verwenden Sie einprägsame Slogans, „... nicht immer, aber immer öfter!"
- Verwenden Sie Schlüsselwörter wie „neu", „preiswert", ...!
- Verwenden Sie kurze, prägnante Formulierungen!
- Der Anzeigentext sollte nochmals Vorzüge und Nutzen einprägsam darstellen!
- Mit zunehmender Textmenge nimmt die Werbewirksamkeit der Anzeige ab!
- Anstelle eines langen Textes ist der Hinweis auf weitere Informationen oder weitere Unterlagen und Materialien sinnvoll!
- Integrieren Sie den Firmennamen oder das Markenzeichen in der Anzeige!
- Verwenden Sie eine geeignete Schriftgröße, um die Anzeige hervorzuheben, und eine einheitliche Schrift, damit die Anzeige klar und übersichtlich wird!
- Verwenden Sie keine Negativ-Schrift (weißer Text auf schwarzem Farbgrund)!
- Farbige Anzeigen erhöhen die Aufmerksamkeitswirkung!

Größe und Platzierung der Anzeige

- Große Anzeigen haben eine höhere Aufmerksamkeitswirkung als kleinere Anzeigen.
- Die größte Aufmerksamkeit erzielen Anzeigen auf der ersten oder der letzten Seite.

Preis

- Es ist eine echte Dienstleistung der Werbung, wenn in einer Anzeige der Preis angegeben wird.

Platz für Notizen

Platz zur Konzeption der Zeitungsanzeige:

Schulbuch Kap. 5

11 Einen Werbebrief gestalten und als Serienbrief versenden

Situation:

Heinrich KG
Büromöbel und Zubehör

Frau Gerda Heinrich ist von der erstellten Anzeige begeistert. Um eine längerfristig wirksame Verkaufsunterlage für die Indoor- und Outdoor-Bestuhlung zur Verfügung zu haben, wurde in der Zwischenzeit eine externe Werbeagentur damit beauftragt, einen Prospekt anzufertigen. Dank der guten Koordination zwischen dem Produktfotografen und der Druckerei sind heute die Prospekte eingetroffen. Mit dem Ergebnis ist Frau Heinrich sehr zufrieden.

Der Prospekt soll nun zusammen mit einem Werbebrief an alle Sportvereine und Träger von Großraumhallen im norddeutschen Raum sowie an infrage kommende Profivereine versandt werden. Leon Laus soll hierfür einen Werbebrief konzipieren und versenden.

Unterstützen Sie ihn dabei!

Arbeitsaufträge:

1. Informieren Sie sich in Ihrem Schulbuch über den Aufbau und die Gestaltung eines Werbebriefes und entwerfen Sie zunächst handschriftlich ein Konzept des Werbebriefes!

Konzeption des Werbebriefes:

2. Definieren Sie den Begriff „Serienbrief" und beschreiben Sie den Aufbau eines Serienbriefes, indem Sie die Begriffe „Hauptdokument" und „Datenquelle" erläutern! Recherchieren Sie ggf. im Internet!

Definition „Serienbrief":

Für die Erstellung eines Serienbriefes brauchen Sie zwei Dateien:

Hauptdokument	Datenquelle

3. Geben Sie die Vorteile eines Serienbriefes an!

- ______________________________

  ____
- ______________________________

  ____
- ______________________________

  ____
- ______________________________

  ____
- ______________________________

  ____
- ______________________________

  ____
- ______________________________

  ____
- ______________________________

  ____

4. Die Versendung des Werbebriefes soll mithilfe der Serienbrieffunktion erleichtert werden.

   4.1 Erstellen Sie zunächst in Word die Datenquelle exemplarisch für folgende potenzielle Kunden!

   Landkreis Lübeck, Sportamt, Frau Weller, Kronsforder Allee 6 – 10, 23560 Lübeck
   Bremer Eishockey Club e. V., Geschäftsstelle, Herr Olbricht, Waller Heerstr. 275 a, 28239 Bremen
   Stadt Hamburg, Sportamt, Herr Hansen, Johanniswall 8, 20095 Hamburg
   Hamburger Sportverein, Geschäftsstelle, Herr Wortmann, Sylvesterallee 17, 22525 Hamburg
   THW Kiel, Geschäftsstelle, Frau Schuster, Ziegelteich 34, 24103 Kiel
   Kreis Hannover, Sportamt, Frau Ehlert, Trammplatz 21, 30159 Hannover

- Richten Sie die Seite in Querformat aus!
- Vergeben Sie Feldnamen für die Bestandteile der Datenquelle!
- Erfassen Sie die Datenquelle in Tabellenform!

  Merke: Über der Tabelle darf keine Leerzeile sein!
- Speichern Sie die Datenquelle unter **Kunden!**

4.2 Erfassen Sie nun das Hauptdokument. Rufen Sie den Geschäftsbriefvordruck der Heinrich KG auf.[1] Geben Sie im Informationsblock unter unser Zeichen das Zeichen von Julia Schulze (schu) und Ihr eigenes Zeichen ein, als Sachbearbeiterin ist Frau Schulze einzugeben. Sie ist unter der Telefondurchwahl 145 zu erreichen.

Verknüpfen Sie das Hauptdokument mit der erstellten Datenquelle.

Befehlsfolge:

- Registerkarte **Sendungen** aufrufen.
- In der Gruppe **Seriendruck starten** die Schaltfläche **Empfänger auswählen** anklicken.
- **Vorhandene Liste verwenden** ... anklicken.
- Die erstellte Datenquelle **Kunden** unter eigene Dateien öffnen.

Fügen Sie die Seriendruckfelder für die Adresse im Anschriftfeld ein.

Die Anrede ist über ein Bedingungsfeld einzugeben.

Bedingungsfelder „Wenn – Dann – Sonst" mit zwei Varianten einfügen

Registerkarte **Sendungen** in der Gruppe **Schreib- und Einfügefelder** auf die Schaltfläche **Regeln** klicken im Auswahlmenü die Option **Wenn ... Dann ... Sonst ...** wählen.

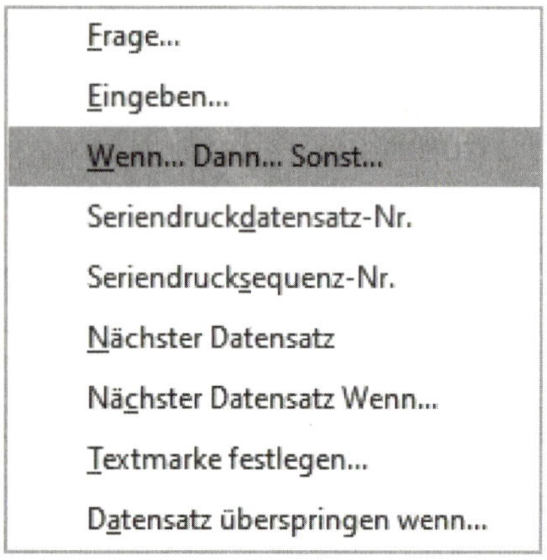

Im Anschriftfeld ist bei der männlichen Anrede über das Bedingungsfeld ein **n** einzufügen.

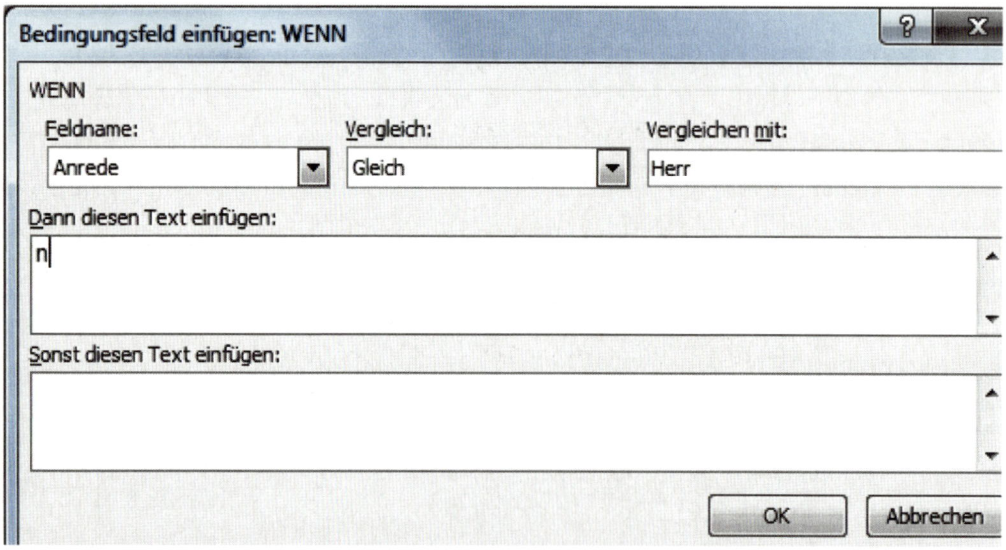

Im unteren Bereich bleibt in diesem Fall das Eingabefeld leer.

Nach der Bestätigung durch **OK** wird der Text für die festgelegte Bedingung im Brief angezeigt.

Die persönliche Anrede ist ebenfalls über ein Bedingungsfeld einzugeben.

1 Geeignete Dokumentvorlagen finden Sie auf der Internetseite des Merkur Verlages – www.merkur-verlag.de – mithilfe der Schnellsuche (Eingabe „1672") in der Mediathek (->„Download").

Berücksichtigen Sie bei der Formulierung:

- eine attraktive Headline als Betreffangabe
- einprägsame Kernaussage als Hauptbotschaft
- Angebot der Produktserie
- Vorteile der Produkte
- Beratung durch Herrn Bremer, Tel.: 040 67245-444
- Unterschrift durch Frau Schulze
- wichtige Information als PS

Speichern Sie das Hauptdokument unter **Werbebrief**.

Vorschau anzeigen

Die Feldfunktionen müssen ausgeschaltet sein (Alt F9).

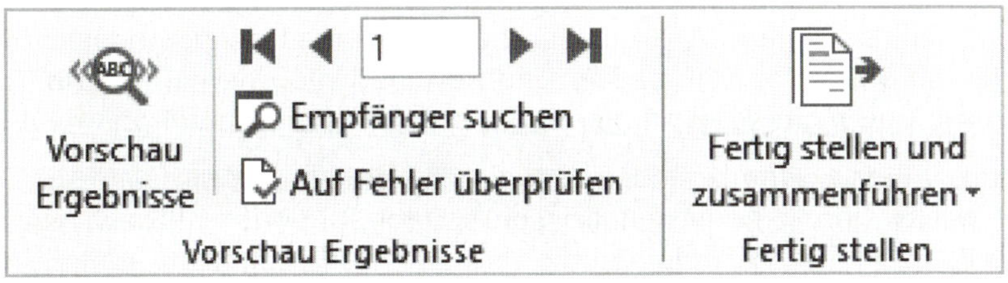

Durch Anklicken der Vorschau wird der angezeigte Datensatz im Hauptdokument angezeigt.

Hauptdokument und Datenquelle zusammenführen

Befehlsfolge: Sendungen → Fertig stellen und zusammenführen.

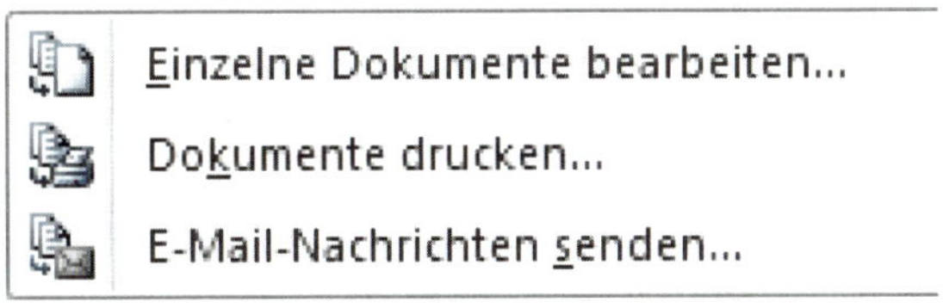

Testdatei: Einzelne Dokumente bearbeiten

Druck: Dokumente drucken

Ausdruck mit Feldfunktionen

Befehlsfolge: Datei → Drucken → Optionen → Erweitert → Drucken: Feldfunktionen anstelle von Werten → OK → Druckbefehl geben

Nach dem Druck müssen die Feldfunktionen wieder ausgeschaltet werden.

5. Machen Sie Vorschläge für weitere Einsatzbereiche des Serienbriefes!

- ______________________________
- ______________________________
- ______________________________
- ______________________________
- ______________________________

Schulbuch Kap. 5.3

12 Grenzen der Werbung berücksichtigen

Situation:

Heinrich KG
Büromöbel und Zubehör

Die Auszubildenden der Heinrich KG lernen während ihrer Ausbildung die verschiedenen Unternehmensbereiche kennen und arbeiten an unterschiedlichen Aufgaben und Projekten mit. Das Ausbildungskonzept wird durch innerbetriebliche Unterrichte begleitet und ggf. ergänzt. Diese sind dadurch charakterisiert, dass in den einzelnen Abteilungen eine dafür verantwortliche Person mehrere Auszubildende gleichzeitig unterrichtet. Somit besitzen alle Auszubildenden denselben Wissensstand, wenn sie nach dem Unterricht in dieser Abteilung eingesetzt sind. Neben eher allgemeinen Informationen über die Organisationsstruktur der Abteilung und der organisatorischen Eingliederung in das Gesamtunternehmen werden auch rein fachliche Themen vorgestellt.

Für den innerbetrieblichen Unterricht in der Abteilung Verkauf ist Simon Schmidt zuständig. Das derzeitige Schulungsthema lautet „Rechtliche Grundlagen der Werbung".

Die kurze Einführung in diese Materie beendet Herr Schmidt mit dem Hinweis, dass jeder, der im Verkauf arbeiten möchte, über Grundkenntnisse zu den wichtigsten Gesetzen wie dem Gesetz gegen den unlauteren Wettbewerb (UWG), dem Urheberrechtsgesetz (UrhG) oder dem Markengesetz (MarkenG) verfügen sollte.

Für den weiteren Verlauf des Unterrichts bittet Herr Schmidt die Auszubildenden, die folgenden Arbeitsaufträge in Arbeitsgruppen zu bearbeiten.

Arbeitsaufträge:

1. Erarbeiten und halten Sie einen Kurzvortrag zum Gesetz gegen den unlauteren Wettbewerb (UWG)!

   Gehen Sie dabei auf folgende Aspekte ein:

   - Zeigen Sie auf, welchen Zweck das UWG verfolgt!
   - Geben Sie einen Überblick über die in den §§ 4–7 a des UWG als unzulässig geregelten geschäftlichen Handlungen!
   - Konstruieren Sie zu jedem Paragrafen mindestens ein unzulässiges Beispiel!
   - Erläutern Sie die Rechtsfolgen, die Verstöße gegen die Wettbewerbsbestimmungen mit sich bringen können!

   Nutzen Sie dazu das Schulbuch, das Internet und die sogenannte „Schwarze Liste" des UWG (Material 1)!

Platz für Notizen

2. Ein für Werbung ganz zentraler Schutzbereich wird im Gesetz über Urheberrecht und verwandte Schutzrechte (UrhG) geregelt.

   Beurteilen Sie die rechtliche Situation des nachfolgenden Sachverhalts! Befragen Sie dazu das Internet!

   Die Ulrich Ufer OHG fordert eine Werbeagentur auf, eine Werbekonzeption vorzustellen. Die Geschäftsführung der Ulrich Ufer OHG lehnt den Vorschlag ab, realisiert aber später im eigenen Haus die vorgestellte Konzeption.

3. Die Marke ist ein wichtiges gewerbliches Schutzrecht, das vom Deutschen Patent- und Markenamt und für die Europäische Union vom Harmonisierungsamt für den Binnenmarkt erteilt und verwaltet wird.

   Beurteilen Sie die rechtliche Situation des nachfolgenden Sachverhalts! Befragen Sie dazu das Internet!

   Der Möbelhersteller Göbel KG erfindet ein Gütesiegel, um seinen Produkten durch die Platzierung dieses Siegels den Anschein einer höheren Qualität zu geben.

4. Tiefe Einblicke und blöde Sprüche: Als Konfliktregler zwischen Beschwerdeführern aus der Bevölkerung und werbenden Unternehmen musste sich der Deutsche Werberat in den vergangenen Jahren mit mancher „Blindflugwerbung" auseinandersetzen.

   Nennen Sie drei weitere Aufgaben, die der Deutsche Werberat verfolgt!

   -
   -
   -

Material 1: „Schwarze Liste" (Anlage zu § 3 Abs. 3 UWG)

Folgende geschäftliche Handlungen sind gegenüber Verbrauchern stets unzulässig:

Irreführende geschäftliche Handlungen

1. unwahre Angabe über die Unterzeichnung eines Verhaltenskodexes
   die unwahre Angabe eines Unternehmers, zu den Unterzeichnern eines Verhaltenskodexes zu gehören;
2. unerlaubte Verwendung von Gütezeichen und Ähnlichem
   die Verwendung von Gütezeichen, Qualitätskennzeichen oder Ähnlichem ohne die erforderliche Genehmigung;
3. unwahre Angabe über die Billigung eines Verhaltenskodexes
   die unwahre Angabe, ein Verhaltenskodex sei von einer öffentlichen oder anderen Stelle gebilligt;
4. unwahre Angabe über Anerkennungen durch Dritte
   die unwahre Angabe,
   a) ein Unternehmer, eine von ihm vorgenommene geschäftliche Handlung oder eine Ware oder Dienstleistung sei von einer öffentlichen oder privaten Stelle bestätigt, gebilligt oder genehmigt worden, oder
   b) den Bedingungen für die Bestätigung, Billigung oder Genehmigung werde entsprochen;
5. Lockangebote ohne Hinweis auf Unangemessenheit der Bevorratungsmenge
   Waren- oder Dienstleistungsangebote im Sinne des § 5b Absatz 1 zu einem bestimmten Preis, wenn der Unternehmer nicht darüber aufklärt, dass er hinreichende Gründe für die Annahme hat, er werde nicht in der Lage sein, diese oder gleichartige Waren oder Dienstleistungen für einen angemessenen Zeitraum in angemessener Menge zum genannten Preis bereitzustellen oder bereitstellen zu lassen; ist die Bevorratung kürzer als zwei Tage, obliegt es dem Unternehmer, die Angemessenheit nachzuweisen;
6. Lockangebote zum Absatz anderer Waren oder Dienstleistungen
   Waren- oder Dienstleistungsangebote im Sinne des § 5b Absatz 1 zu einem bestimmten Preis, wenn der Unternehmer sodann in der Absicht, stattdessen eine andere Ware oder Dienstleistung abzusetzen,
   a) eine fehlerhafte Ausführung der Ware oder Dienstleistung vorführt,
   b) sich weigert zu zeigen, was er beworben hat, oder
   c) sich weigert, Bestellungen dafür anzunehmen oder die beworbene Leistung innerhalb einer vertretbaren Zeit zu erbringen;
7. unwahre Angabe über zeitliche Begrenzung des Angebots
   die unwahre Angabe, bestimmte Waren oder Dienstleistungen seien allgemein oder zu bestimmten Bedingungen nur für einen sehr begrenzten Zeitraum verfügbar, um den Verbraucher zu einer sofortigen geschäftlichen Entscheidung zu veranlassen, ohne dass dieser Zeit und Gelegenheit hat, sich auf Grund von Informationen zu entscheiden;
8. Sprachenwechsel für Kundendienstleistungen bei einer in einer Fremdsprache geführten Vertragsverhandlung
   Kundendienstleistungen in einer anderen Sprache als derjenigen, in der die Verhandlungen vor dem Abschluss des Geschäfts geführt worden sind, wenn die ursprünglich verwendete Sprache nicht Amtssprache desjenigen Mitgliedstaats der Europäischen Union ist, in dem der Unternehmer niedergelassen ist; dies gilt nicht, soweit Verbraucher vor dem Abschluss des Geschäfts darüber aufgeklärt werden, dass diese Leistungen in einer anderen als der ursprünglich verwendeten Sprache erbracht werden;
9. unwahre Angabe über die Verkehrsfähigkeit
   die unwahre Angabe oder das Erwecken des unzutreffenden Eindrucks, eine Ware oder Dienstleistung sei verkehrsfähig;
10. Darstellung gesetzlicher Verpflichtungen als Besonderheit eines Angebots
    die unwahre Angabe oder das Erwecken des unzutreffenden Eindrucks, gesetzlich bestehende Rechte stellten eine Besonderheit des Angebots dar;
11. als Information getarnte Werbung
    der vom Unternehmer finanzierte Einsatz redaktioneller Inhalte zu Zwecken der Verkaufsförderung, ohne dass sich dieser Zusammenhang aus dem Inhalt oder aus der Art der optischen oder akustischen Darstellung eindeutig ergibt;

11.a verdeckte Werbung in Suchergebnissen
die Anzeige von Suchergebnissen aufgrund der Online-Suchanfrage eines Verbrauchers, ohne dass etwaige bezahlte Werbung oder spezielle Zahlungen, die dazu dienen, ein höheres Ranking

der jeweiligen Waren oder Dienstleistungen im Rahmen der Suchergebnisse zu erreichen, eindeutig offengelegt werden;

12. unwahre Angabe über Gefahren für die persönliche Sicherheit
unwahre Angaben über Art und Ausmaß einer Gefahr für die persönliche Sicherheit des Verbrauchers oder seiner Familie für den Fall, dass er die angebotene Ware nicht erwirbt oder die angebotene Dienstleistung nicht in Anspruch nimmt;

13 Täuschung über betriebliche Herkunft
Werbung für eine Ware oder Dienstleistung, die der Ware oder Dienstleistung eines bestimmten Herstellers ähnlich ist, wenn in der Absicht geworben wird, über die betriebliche Herkunft der beworbenen Ware oder Dienstleistung zu täuschen;

14. Schneeball- oder Pyramidensystem
die Einführung, der Betrieb oder die Förderung eines Systems zur Verkaufsförderung, bei dem vom Verbraucher ein finanzieller Beitrag für die Möglichkeit verlangt wird, eine Vergütung allein oder zumindest hauptsächlich durch die Einführung weiterer Teilnehmer in das System zu erlangen;

15. unwahre Angabe über Geschäftsaufgabe
die unwahre Angabe, der Unternehmer werde demnächst sein Geschäft aufgeben oder seine Geschäftsräume verlegen;

16. Angaben über die Erhöhung der Gewinnchancen bei Glücksspielen
die Angabe, durch eine bestimmte Ware oder Dienstleistung ließen sich die Gewinnchancen bei einem Glücksspiel erhöhen;

17. unwahre Angaben über die Heilung von Krankheiten
die unwahre Angabe, eine Ware oder Dienstleistung könne Krankheiten, Funktionsstörungen oder Missbildungen heilen;

18. unwahre Angabe über Marktbedingungen oder Bezugsquellen
eine unwahre Angabe über die Marktbedingungen oder Bezugsquellen, um den Verbraucher dazu zu bewegen, eine Ware oder Dienstleistung zu weniger günstigen Bedingungen als den allgemeinen Marktbedingungen abzunehmen oder in Anspruch zu nehmen;

19. Nichtgewährung ausgelobter Preise
das Angebot eines Wettbewerbs oder Preisausschreibens, wenn weder die in Aussicht gestellten Preise noch ein angemessenes Äquivalent vergeben werden;

20. unwahre Bewerbung als kostenlos
das Angebot einer Ware oder Dienstleistung als „gratis“, „umsonst“, „kostenfrei“ oder dergleichen, wenn für die Ware oder Dienstleistung gleichwohl Kosten zu tragen sind; dies gilt nicht für Kosten, die im Zusammenhang mit dem Eingehen auf das Waren- oder Dienstleistungsangebot oder für die Abholung oder Lieferung der Ware oder die Inanspruchnahme der Dienstleistung unvermeidbar sind;

21. Irreführung über das Vorliegen einer Bestellung
die Übermittlung von Werbematerial unter Beifügung einer Zahlungsaufforderung, wenn damit der unzutreffende Eindruck vermittelt wird, die beworbene Ware oder Dienstleistung sei bereits bestellt;

22. Irreführung über Unternehmereigenschaft
die unwahre Angabe oder das Erwecken des unzutreffenden Eindrucks, der Unternehmer sei Verbraucher oder nicht für Zwecke seines Geschäfts, Handels, Gewerbes oder Berufs tätig;

23. Irreführung über Kundendienst in anderen Mitgliedstaaten der Europäischen Union
die unwahre Angabe oder das Erwecken des unzutreffenden Eindrucks, es sei im Zusammenhang mit Waren oder Dienstleistungen in einem anderen Mitgliedstaat der Europäischen Union als dem des Warenverkaufs oder der Dienstleistung ein Kundendienst verfügbar;

23. a Wiederverkauf von Eintrittskarten für Veranstaltungen
der Wiederverkauf von Eintrittskarten für Veranstaltungen an Verbraucher, wenn der Unternehmer diese Eintrittskarten unter Verwendung solcher automatisierter Verfahren erworben hat, die dazu dienen, Beschränkungen zu umgehen in Bezug auf die Zahl der von einer Person zu erwerbenden Eintrittskarten oder in Bezug auf andere für den Verkauf der Eintrittskarten geltende Regeln;

23. b Irreführung über die Echtheit von Verbraucherbewertungen
die Behauptung, dass Bewertungen einer Ware oder Dienstleistung von solchen Verbrauchern stammen, die diese Ware oder Dienstleistung tatsächlich erworben oder genutzt haben, ohne dass angemessene und verhältnismäßige Maßnahmen zur Überprüfung ergriffen wurden, ob die Bewertungen tatsächlich von solchen Verbrauchern stammen;

23. c gefälschte Verbraucherbewertungen
die Übermittlung oder Beauftragung gefälschter Bewertungen oder Empfehlungen von Verbrauchern sowie die falsche Darstellung von Bewertungen oder Empfehlungen von Verbrauchern in sozialen Medien zu Zwecken der Verkaufsförderung;

Aggressive geschäftliche Handlungen

24. räumliches Festhalten des Verbrauchers
das Erwecken des Eindrucks, der Verbraucher könne bestimmte Räumlichkeiten nicht ohne vorherigen Vertragsabschluss verlassen;
25. Nichtverlassen der Wohnung des Verbrauchers trotz Aufforderung
bei persönlichem Aufsuchen des Verbrauchers in dessen Wohnung die Nichtbeachtung seiner Aufforderung, die Wohnung zu verlassen oder nicht zu ihr zurückzukehren, es sei denn, das Aufsuchen ist zur rechtmäßigen Durchsetzung einer vertraglichen Verpflichtung gerechtfertigt;
26. unzulässiges hartnäckiges Ansprechen über Fernabsatzmittel
hartnäckiges und unerwünschtes Ansprechen des Verbrauchers mittels Telefonanrufen, unter Verwendung eines Faxgerätes, elektronischer Post oder sonstiger für den Fernabsatz geeigneter Mittel der kommerziellen Kommunikation, es sei denn, dieses Verhalten ist zur rechtmäßigen Durchsetzung einer vertraglichen Verpflichtung gerechtfertigt;
27. Verhinderung der Durchsetzung vertraglicher Rechte im Versicherungsverhältnis
Maßnahmen, durch die der Verbraucher von der Durchsetzung seiner vertraglichen Rechte aus einem Versicherungsverhältnis dadurch abgehalten werden soll, dass
    a) von ihm bei der Geltendmachung eines Anspruchs die Vorlage von Unterlagen verlangt wird, die zum Nachweis dieses Anspruchs nicht erforderlich sind, oder
    b) Schreiben zur Geltendmachung eines Anspruchs systematisch nicht beantwortet werden;
28. Kaufaufforderung an Kinder
die in eine Werbung einbezogene unmittelbare Aufforderung an Kinder, selbst die beworbene Ware zu erwerben oder die beworbene Dienstleistung in Anspruch zu nehmen oder ihre Eltern oder andere Erwachsene dazu zu veranlassen;
29. Aufforderung zur Bezahlung nicht bestellter Waren oder Dienstleistungen
die Aufforderung zur Bezahlung nicht bestellter, aber gelieferter Waren oder erbrachter Dienstleistungen oder eine Aufforderung zur Rücksendung oder Aufbewahrung nicht bestellter Waren;
30. Angaben über die Gefährdung des Arbeitsplatzes oder des Lebensunterhalts
die ausdrückliche Angabe, dass der Arbeitsplatz oder der Lebensunterhalt des Unternehmers gefährdet sei, wenn der Verbraucher die Ware oder Dienstleistung nicht abnehme;
31. Irreführung über Preis oder Gewinn
die unwahre Angabe oder das Erwecken des unzutreffenden Eindrucks, der Verbraucher habe bereits einen Preis gewonnen oder werde ihn gewinnen oder werde durch eine bestimmte Handlung einen Preis gewinnen oder einen sonstigen Vorteil erlangen, wenn
    a) es einen solchen Preis oder Vorteil tatsächlich nicht gibt oder
    b) die Möglichkeit, einen solchen Preis oder Vorteil zu erlangen, von der Zahlung eines Geldbetrags oder der Übernahme von Kosten abhängig gemacht wird.
32. Aufforderung zur Zahlung bei unerbetenen Besuchen in der Wohnung eines Verbrauchers am Tag des Vertragsschlusses
bei einem im Rahmen eines unerbetenen Besuchs in der Wohnung eines Verbrauchers geschlossenen Vertrag die an den Verbraucher gerichtete Aufforderung zur Bezahlung der Ware oder Dienstleistung vor Ablauf des Tages des Vertragsschlusses; dies gilt nicht, wenn der Verbraucher einen Betrag unter 50 Euro schuldet.

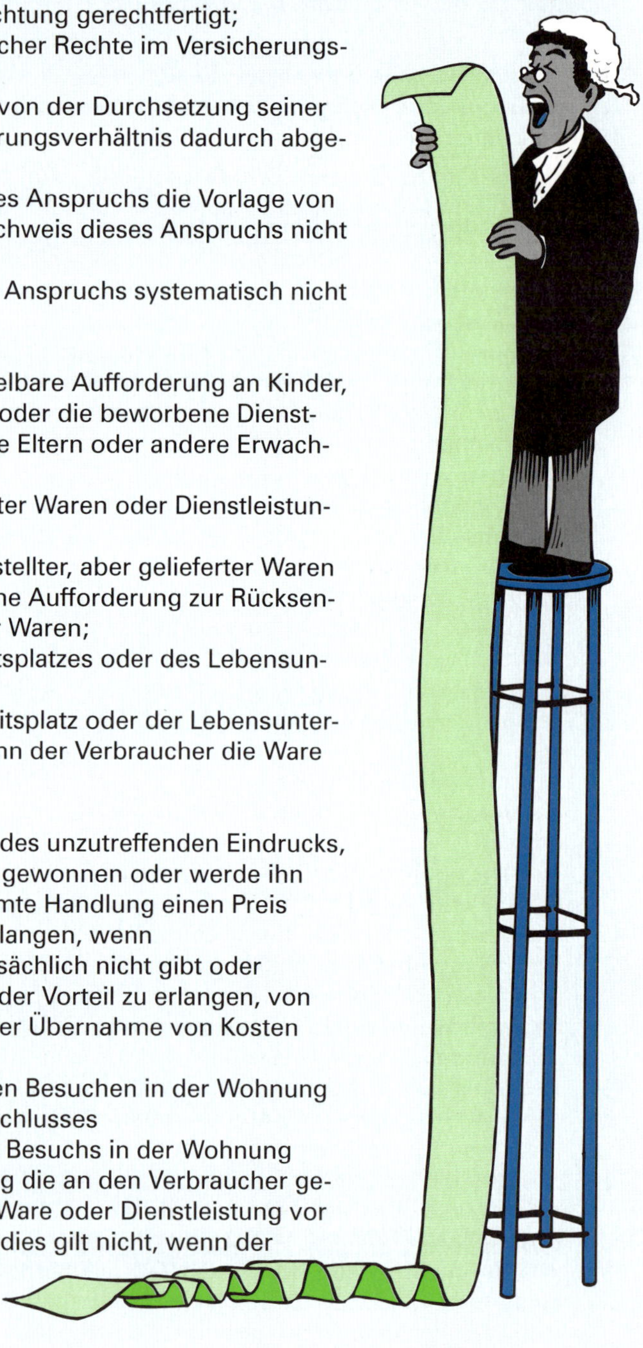

13 Die Rentabilität neuer Produktgruppen berechnen

Schulbuch Kap. 6.2

Situation:

Die beiden neuen Produktgruppen „Stühle" für den Indoor- und Outdoor-Bereich der Heinrich KG sind sehr gut angenommen worden. Sowohl Sportvereine als auch Sporthallenbetreiber haben in den vergangenen sechs Monaten Stühle bestellt.

Heinrich KG
Büromöbel und Zubehör

Damit haben die Auftragseingänge der ersten sechs Monate die Erwartungen der Geschäftsführung deutlich übertroffen. Konkrete Anfragen mehrerer Großvereine lassen darauf schließen, dass sich die Auftragseingänge auf dem Niveau des letzten halben Jahres über einen längeren Zeitraum mindestens stabil halten lassen.

Frau Gerda Heinrich hat die Finanzbuchhaltung damit beauftragt, die Wirtschaftlichkeit der neuen Produktgruppen zu ermitteln und ihr die aufbereiteten Zahlen zur Verfügung zu stellen. Dabei ist zu berücksichtigen, dass die Heinrich KG eine Produktionsmaschine kaufen musste, für die im ersten Jahr 14.000,00 € an Zinsen sowie 20.000,00 € für die Tilgung des Abzahlungsdarlehens angefallen sind (Annuität der Produktionsmaschine im ersten Jahr = 34.000,00 €).

Arbeitsaufträge:

1. Ermitteln Sie unter Verwendung der Materialien 1–4 die Selbstkosten je Stuhl bei der Heinrich KG in den ersten sechs Monaten!

   Nutzen Sie hierzu die folgenden Arbeitsvorlagen 1 und 2!

Arbeitsvorlage 1

	Indoor-Stühle		
	„Standard"	„Komfort"	„de Luxe"
Rohmaterial			
+ Material-Aufschlag (5 %)			
= Materialkosten			
Fertigungslöhne			
+ Fertigungslohn-Aufschlag (70 %)			
= Lohnkosten			
+ Maschinenkosten			
= Herstellkosten			
+ Aufschlag für Verwaltung (13 %)			
= Selbstkosten			

Nebenrechnung:

Arbeitsvorlage 2

	Outdoor-Stühle		
	„Standard"	„Komfort"	„de Luxe"
Rohmaterial			
+ Material-Aufschlag (5 %)			
= Materialkosten			
Fertigungslöhne			
+ Fertigungslohn-Aufschlag (70 %)			
= Lohnkosten			
+ Maschinenkosten			
= Herstellkosten			
+ Aufschlag für Verwaltung (13 %)			
= Selbstkosten			

Nebenrechnung:

2. Ermitteln Sie unter Berücksichtigung der Materialien 5 und 6 die Umsatzerlöse, die die Heinrich KG in den ersten sechs Monaten mit den neuen Produktgruppen Indoor- und Outdoor-Stühle erzielt hat! Nutzen Sie hierzu die folgende Arbeitsvorlage 3!

Arbeitsvorlage 3

	Indoor-Stühle		
	verkaufte Menge	Stückpreis	Umsatzerlös
Serie „Standard"			
Serie „Komfort"			
Serie „de Luxe"			
Summe		–	

Nebenrechnung:

	Outdoor-Stühle		
	verkaufte Menge	Stückpreis	Umsatzerlös
Serie „Standard“			
Serie „Komfort“			
Serie „de Luxe“			
Summe		–	

Nebenrechnung:

Umsatzerlöse (gesamt):	_______________ €

3. Ermitteln Sie den Rohgewinn/-verlust sowie den Reingewinn/-verlust in den ersten sechs Monaten anhand der folgenden Arbeitsvorlage 4!

Arbeitsvorlage 4

Umsatzerlöse	
– Selbstkosten	
= Rohgewinn	
– Annuität der Produktionsmaschine für 6 Monate	
= Reingewinn für 6 Monate	
Reingewinn pro Monat	

Nebenrechnung:

Material 1: Angebot der Heilemann Kunststoffe GmbH

Heilemann
Kunststoffe GmbH

Ihr Zeichen:	hei
Ihre Nachricht vom:	02.06.20..
Unser Zeichen:	bo
Unsere Nachricht vom:	
Name:	Johanna Bolte
Telefon:	02373 7077-20
Telefax:	02373 7077-21
E-Mail:	bolte@heilemann-kusto.de
Datum:	04.06.20..

Heilemann Kunststoffe GmbH • Postfach 10 63 • 58719 Fröndenberg
Heinrich KG
Frau Gerda Heinrich
Rahlstedter Str. 144
22143 Hamburg

Angebot über Rohmaterial für Indoor- und Outdoor-Stühle

Sehr geehrte Frau Heinrich,

wir bedanken uns für Ihre Anfrage und Ihr Interesse an dem oben genannten Material, dass wir Ihnen wie folgt anbieten:

Rohmaterial für Indoor-Stühle:

Serie „Standard“: 2,50 € pro Stück
Serie „Komfort“: 4,00 € pro Stück
Serie „de Luxe“: 5,50 € pro Stück

Rohmaterial für Outdoor-Stühle:

Serie „Standard“: 3,33 € pro Stück
Serie „Komfort“: 4,53 € pro Stück
Serie „de Luxe“: 6,26 € pro Stück

Die Mengenrabatte entnehmen Sie bitte unseren Lieferungs- und Zahlungsbedingungen.

Wir hoffen, dass Ihnen unser Angebot zusagt.

Mit freundlichen Grüßen

Heilemann Kunststoffe GmbH

i. A. *Johanna Bolte*

Johanna Bolte

Bankverbindung:
Sparkasse Fröndenberg
BIC: WELADED1FRN
IBAN: DE11 4435 1740 0000 0078 98

Amtsgericht
Fröndenberg
HRB 3443

Steuer-Nummer: 82/5009/0173
USt-Nummer: DE 735660281

E-Mail: info@heilemann-kunsto.de
Internet: www.heilemann-kunsto.de

Telefon: 02373 7077-0 (Zentrale)
Telefax: 02373 7077-9 (Zentrale)

Material 2: Lieferungs- und Zahlungsbedingungen der Heilemann Kunststoffe GmbH

Heilemann
Kunststoffe GmbH

Ihr Zeichen:	hei
Ihre Nachricht vom:	02.06.20..
Unser Zeichen:	bo
Unsere Nachricht vom:	
Name:	Johanna Bolte
Telefon:	02373 7077-20
Telefax:	02373 7077-21
E-Mail:	bolte@heilemann-kusto.de
Datum:	04.06.20..

Heilemann Kunststoffe GmbH • Postfach 10 63 • 58719 Fröndenberg
Heinrich KG
Frau Gerda Heinrich
Rahlstedter Str. 144
22143 Hamburg

Lieferungs- und Zahlungsbedingungen

Lieferung
unter 500,00 € Warenwert unfrei und 25,00 € Kleinmengenzuschlag,
von 500,00 € bis 5.000,00 € Warenwert unfrei,
ab 5.000,00 € Warenwert frei Haus.

Verpackung
Ballenverpackungen kostenlos.

Abnahmemenge

Rohmaterial für Indoor-Stühle:
Mindestabnahmemenge je Serie: 500 Stück
ab 5.000 Stück 10 % Preisabschlag,
ab 10.000 Stück 20 % Preisabschlag,
ab 20.000 Stück 25 % Preisabschlag.

Rohmaterial für Outdoor-Stühle:
Mindestabnahmemenge je Serie: 500 Stück
ab 5.000 Stück 10 % Preisabschlag,
ab 10.000 Stück 20 % Preisabschlag,
ab 20.000 Stück 25 % Preisabschlag.

Die Rabatte gelten bei Erreichung der genannten Stückzahl, unabhängig von der Aufteilung auf die einzelnen Serien „Standard“, „Komfort“ und „de Luxe“.

Zahlung
innerhalb von 30 Tagen netto.

Vorbehalte
Bis zur restlosen Bezahlung des Kaufpreises bleibt die Ware unser Eigentum. Forderungen, die durch den Verkauf der Vorbehaltsware entstehen, gelten als an uns abgetreten.

Erfüllungsort
für die Lieferung und Zahlung ist Fröndenberg.

Gerichtsstand
ist Fröndenberg.

Etwaige Sonderbedingungen der Besteller sind nur dann gültig, wenn sie von uns ausdrücklich anerkannt worden sind. Kein Widerspruch bedeutet keine Anerkennung.

Bankverbindung:
Sparkasse Fröndenberg
BIC: WELADED1FRN
IBAN: DE11 4435 1740 0000 0078 98

Amtsgericht
Fröndenberg
HRB 3443

Steuer-Nummer: 82/5009/0173
USt-Nummer: DE 735660281

E-Mail: info@heilemann-kunsto.de
Internet: www.heilemann-kusto.de

Telefon: 02373 7077-0 (Zentrale)
Telefax: 02373 7077-9 (Zentrale)

Material 3: Bestellung der Heinrich KG

Heinrich KG
Büromöbel und Zubehör

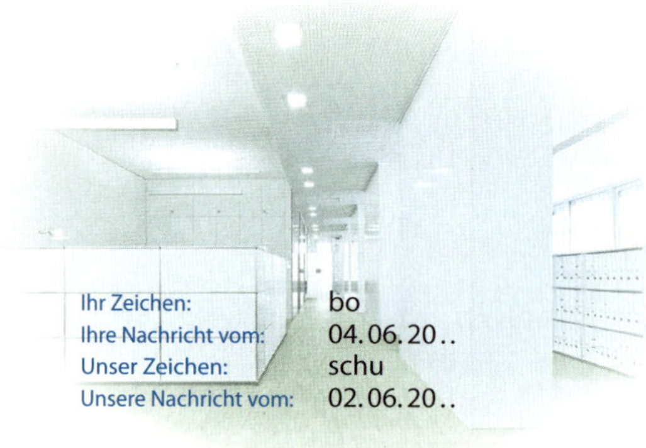

Heinrich KG · Rahlstedter Str. 144 · 22143 Hamburg
Heilemann Kunststoffe GmbH
Frau Bolte
Postfach 10 63
58719 Fröndenberg

Ihr Zeichen: bo
Ihre Nachricht vom: 04.06.20..
Unser Zeichen: schu
Unsere Nachricht vom: 02.06.20..

Name: Julia Schulze
Telefon: 040 67245-145
Telefax: 040 67245-87
E-Mail: schulze@heinrich-kg.de

Datum: 10.06.20..

Bestellung

Sehr geehrte Frau Bolte,

wir danken Ihnen für Ihr Angebot und bestellen wie folgt:

Ware	Warenbezeichnung	Menge	Preis
Indoor-Stühle	Serie „Standard“	6.000	2,50 €
	Serie „Komfort“	4.000	4,00 €
	Serie „de Luxe“	2.000	5,50 €
Outdoor-Stühle	Serie „Standard“	15.000	3,33 €
	Serie „Komfort“	7.000	4,53 €
	Serie „de Luxe“	4.000	6,26 €

Mit freundlichen Grüßen

Heinrich KG

i.V. Schulze

Schulze

Heinrich KG
Geschäftsführung: Gerda Heinrich
Amtsgericht Hamburg: HRA 1101
St-Nr.: 27/430/0027
USt-ID Nummer: DE 68 609 3911

Bankverbindungen:
Hamburger Sparkasse
IBAN: DE07 2005 0550 1120 2399 08
BIC:HASPDEHHXXX

Postbank Hamburg
IBAN: DE61 2001 0020 0064 0697 54
BIC:PBNKDEFF200

Material 4: Kalkulationsdaten der Heinrich KG

Für die Fertigstellung der verschiedenen Stühle liegen bei der Heinrich KG die folgenden Kalkulationsdaten vor:

Pauschaler Aufschlag auf die Rohmaterialpreise	5 %
Fertigungslöhne 2 Minuten Arbeitszeit für den Stuhl „Standard“ 3 Minuten Arbeitszeit für den Stuhl „Komfort“ 5 Minuten Arbeitszeit für den Stuhl „de Luxe“	Die Arbeitsstunde wird mit 30,00 € berechnet.
Pauschaler Aufschlag auf die Lohnkosten	70 %
Maschinenkosten Die Inanspruchnahme der Maschine entspricht den Zeiten bei den Fertigungslöhnen.	Die Maschinenstunde kostet 45,00 €.
Pauschaler Aufschlag für Kosten in der Verwaltung und im Vertrieb	13 %

Material 5: Konditionen der Heinrich KG für die neuen Produkte/Produktgruppen

Indoor-Stühle:

Serie „Standard“:	7,30 € pro Stuhl
Serie „Komfort“:	10,80 € pro Stuhl
Serie „de Luxe“:	16,00 € pro Stuhl

Outdoor-Stühle:

Serie „Standard“:	7,80 € pro Stuhl
Serie „Komfort“:	11,00 € pro Stuhl
Serie „de Luxe“:	16,00 € pro Stuhl

Mengenrabatte werden angesichts des äußerst günstigen Preises nicht angeboten. Für alle Serien gilt eine Mindestabnahmemenge von 200 Stück.

Material 6: Bestelleingänge bei der Heinrich KG

In den vergangenen sechs Monaten sind folgende Bestellungen bei der Heinrich KG eingegangen und erfolgreich abgewickelt worden:

Indoor-Stühle:

- Von der Serie „Standard“ wurden 6.000 Stück bestellt.
- Von der Serie „Komfort“ wurden 4.000 Stück bestellt.
- Von der Serie „de Luxe“ wurden 2.000 Stück bestellt.

Outdoor-Stühle:

- Von der Serie „Standard“ wurden 15.000 Stück bestellt.
- Von der Serie „Komfort“ wurden 7.000 Stück bestellt.
- Von der Serie „de Luxe“ wurden 4.000 Stück bestellt.

Schulbuch Kap. 6.2

14 Den Werbeerfolg kontrollieren

Situation:

Seit der Markteinführung der beiden neuen Produkte/Produktgruppen „Indoor- und Outdoor-Stühle" ist mittlerweile ein Jahr vergangen. Die nach sechs Monaten aufgezeigten Prognosen sind sogar übertroffen worden. Besonders die Outdoor-Stühle haben sich als echte Renner erwiesen.

Heinrich KG
Büromöbel und Zubehör

Frau Gerda Heinrich hat heute zu einer kleinen Gesprächsrunde eingeladen, bei der die weitere Strategie in Bezug auf die Indoor- und Outdoor-Stühle festgelegt werden soll. Erfreulicherweise hat die Heilemann Kunststoffe GmbH, Zulieferer der Rohmaterialien, die bisherigen Preise bei gleichbleibenden Abnahmemengen auch für das kommende Kalenderjahr fest zugesagt. Damit ist die Preisgestaltung in der Diskussionsrunde schnell geklärt: An den Verkaufspreisen für die Indoor- und Outdoor-Stühle sollen keine Änderungen vorgenommen werden.

Deutlich kontroverser sind die Meinungen bezüglich der zukünftigen Werbung. Während einige Gesprächsteilnehmer die Meinung vertreten, dass man auf Werbemaßnahmen weitestgehend verzichten könnte, sehen andere genau in den durchgeführten Werbemaßnahmen die Ursache für den unerwarteten Erfolg und möchten weiter auf gezielte Werbung setzen.

Man einigt sich darauf, vor einer endgültigen Entscheidung über die zukünftige Ausrichtung eine Werbeerfolgskontrolle durchzuführen.

Arbeitsaufträge:

1. Nach der Durchführung einer Werbekampagne ist eine Erfolgskontrolle sinnvoll. Schließlich muss festgestellt werden, ob sich der Einsatz der Werbung überhaupt gelohnt hat und die gewünschte Wirkung erzielt wurde.

   Erläutern Sie kurz, wie nach Einsatz einer Werbemaßnahme eine Werbeerfolgskontrolle durchgeführt werden könnte!

2. Ermitteln Sie unter Berücksichtigung der Materialien 1 und 2 die Wirtschaftlichkeit der Werbung bei der Heinrich KG für das vergangene Geschäftsjahr!

   Nutzen Sie hierzu die Arbeitsvorlagen 1–3!

Arbeitsvorlage 1

Ermittlung der Umsatzerlöse für das vergangene Geschäftsjahr bei den Indoor- und Outdoor-Stühlen:

Indoor-Stühle

	Umsatzerlöse
Serie „Standard“	
Serie „Komfort“	
Serie „de Luxe“	
Gesamt	

Outdoor-Stühle

	Umsatzerlöse
Serie „Standard“	
Serie „Komfort“	
Serie „de Luxe“	
Gesamt	

Gesamtumsatz:	____________ €

Arbeitsvorlage 2

Ermittlung des Werbeaufwands für das vergangene Geschäftsjahr bei den Indoor- und Outdoor-Stühlen:

	Werbeaufwand
Fachzeitschrift 1	
Fachzeitschrift 2	
Werbebriefe	
Gesamt	

Arbeitsvorlage 3

$$\text{Wirtschaftlichkeit der Werbung} = \frac{\text{Umsatzzuwachs}}{\text{Werbeaufwand}}$$

(Jeden Euro aus der Kampagne ins Verhältnis zu den Kosten setzen.)

Wirtschaftlichkeit der Werbung = ____________ = ____________

Material 1: Werbeaufwand bei der Heinrich KG bezüglich der Indoor- und Outdoor-Stühle

A. Werbeaufwand für die Werbung in den Fachzeitschriften

Die Heinrich KG hat in zwei Fachzeitschriften jeweils auf einer $^1/_8$ Seite im vergangenen Geschäftsjahr Werbeanzeigen geschaltet. Dabei sind die folgenden Kosten entstanden:

	Anzahl der Anzeigen	Seitenpreis
Fachzeitschrift 1	9	36.500,00 €
Fachzeitschrift 2	9	45.880,00 €

B. Werbeaufwand für die Werbebriefe

Die Werbebriefe sind an ausgesuchte Profivereine sowie an Sportvereine und Träger von Großraumhallen im norddeutschen Raum verschickt worden. Dafür sind insgesamt 1.025,00 € angefallen (Porto, Materialkosten u. Ä.).

Material 2: Verkaufte Stühle im vergangenen Geschäftsjahr

Indoor-Stühle

	Verkaufte Menge	Preis pro Stuhl
Serie „Standard“	12.350	7,30 €
Serie „Komfort“	8.200	10,80 €
Serie „de Luxe“	4.100	16,00 €

Outdoor-Stühle

	Verkaufte Menge	Preis pro Stuhl
Serie „Standard“	33.500	7,80 €
Serie „Komfort“	15.500	11,00 €
Serie „de Luxe“	9.300	16,00 €

Schulbuch Kap. 1

1 Werteströme aus Belegen ableiten

Situation:

Heinrich KG
Büromöbel und Zubehör

Leon Laus, Auszubildender der Heinrich KG, beginnt heute seine dreimonatige Ausbildung in der Rechnungswesenabteilung. Er wird bereits vom Abteilungsleiter Karl Fitschen erwartet. Dieser führt Leon zunächst durch die Abteilung und zeigt ihm seinen neuen Arbeitsplatz. Dort liegt eine rote Mappe, in der sich offensichtlich mehrere Blätter befinden.

Herr Fitschen erklärt Leon, dass demnächst der Monatsabschluss ansteht und dafür noch die letzten Vorbereitungen getroffen werden müssen. In der Mappe befinden sich verschiedene Belege des vergangenen Tages, die in der Buchhaltung noch nicht berücksichtigt wurden.

Herr Fitschen bittet Leon, die Schreiben zunächst einmal vorzusortieren, damit sie danach schneller kontiert werden können. Leon ist ein bisschen verunsichert. Bisher war ihm nicht bewusst, dass man Belege sortiert, er hätte die Schreiben einfach der Reihe nach abgelegt. Herr Fitschen erklärt ihm, dass es für die Buchführung klare gesetzliche Vorgaben gibt, die die Heinrich KG zwingend einzuhalten hat. Zur Einarbeitung in diese Thematik gibt ihm Herr Fitschen ein Fachbuch und erlaubt ihm, im Internet ein wenig zu recherchieren.

Arbeitsaufträge:

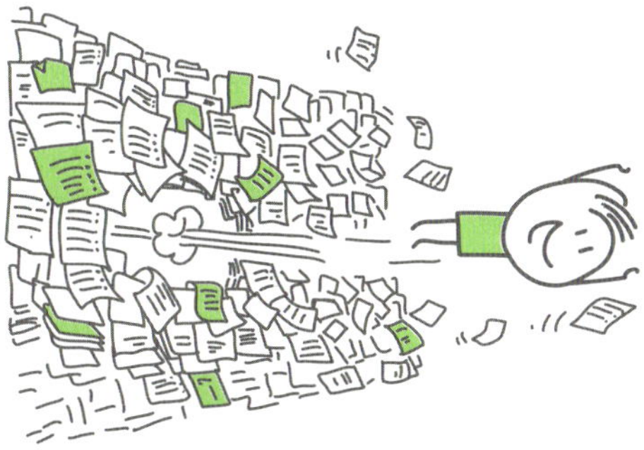

1. Bestimmen Sie für die Belege 1 bis 5,
   - welche Informationen sich aus ihnen ableiten lassen,
   - ob es sich jeweils um Fremd- oder Eigenbelege handelt,
   - wie lange die Aufbewahrungsfrist ist.

   Nutzen Sie hierfür die Tabelle (Material 1).
2. Bearbeiten Sie Material 2, indem Sie
   2.1 die Buchführungspflicht gem. § 238 I HGB und die Bestimmungen zur ordnungsgemäßen Aufbewahrung der Buchführungsunterlagen beschreiben,
   2.2 stichwortartig folgende wichtige Grundsätze ordnungsmäßiger Buchführung erläutern; *Allgemeiner Grundsatz – Klarheit/Übersichtlichkeit – Vollständigkeit/Richtigkeit – Lesbarkeit der Daten*
3. Recherchieren Sie (z. B. im Internet), wie Verstöße gegen die GoB geahndet werden!

Beleg 1

Quittung

Netto EUR	380,00
+ 19 % MwSt./EUR	72,20
Gesamt EUR	452,20

Nr. 32

EUR in Worten: Vierhundertzweiundfünfzig — Cent wie oben

von: Heinrich KG

für: Kopierpapier

dankend erhalten.

Ort/Datum: Hamburg, 28.03.20..

Buchungsvermerke

Stempel/Unterschrift des Empfängers: Max Heimlich e. Kfm.

Quittung

Beleg 2

Heinrich KG
Büromöbel und Zubehör

Heinrich KG · Rahlstedter Str. 144 · 22143 Hamburg
Westmoor KG
Frau Hellebusch
Deichhausenweg 28
32825 Blomberg

Ihr Zeichen: hel
Ihre Nachricht vom: 20.03.20..
Unser Zeichen: schu
Unsere Nachricht vom:

Name: Schulze
Telefon: 040 67245-145
Telefax: 040 67245-87
E-Mail: schulze@heinrich-kg.de

Datum: 28.03.20..

Lieferschein 1410

Auftragsgemäß liefern wir Ihnen folgende Positionen:

Ware	Warenbeschreibung	Menge
Eco B-2009154	Aktenvernichter, geeignet für Papier, CDs und Kreditkarten, Streifenschnitt, schneidet bis zu 10 Blatt, Auffangvolumen 12 Liter, Kunststoff rot gefärbt	15
Intimus B-2001141	Aktenvernichter, Unterschrank aus lasiertem Buche, mit Vollstahl-Schneidwellen aus Spezialstahl ... Start-/Stop-Funktion über Lichtschranke; Auffangvolumen 65 Liter; Partikelschnitt	5

Warenlieferung ordnungsgemäß erhalten:

Beleg 3

Horst Delling KG

Laptop Computer

Horst Delling KG · Unterschweinstiege 35 · 60549 Frankfurt
Heinrich KG
Rahlstedter Str. 144
22143 Hamburg

Bei Zahlung bitte angeben:
R.-Nr.: 20-R058200
Datum: 02.01.20..

Lieferung am: 02.01.20..
L.-Nr.: 20-L058200
Lieferbedingung: Frei Haus

Rechnung

Art.-Nr.	Art.-Bezeichnung	Stück	Einzelpreis	Rabatt	Gesamtpreis
09-E550900	Delling-Abylon-Laptop E550900-DE-XX	10	750,00 EUR		7.500,00 EUR
				+ Umsatzsteuer	1.425,00 EUR
				Rechnungspreis	8.925,00 EUR

Zahlungsziel 30 Tage, innerhalb 10 Tagen 2 % Skonto

Sitz der Gesellschaft: Frankfurt
Geschäftsführung: Horst Delling

RG Frankfurt, HRA 44807
USt-ID-Nr. DE 113 551 138

Telefon 069 9793-0
Telefax 069 34824-9000

Bankverbindung:
SEB AG Frankfurt
BIC: ESSEDE5FXXX
IBAN: DE62 5001 0111 1287 7222 00

Beleg 4

Heinrich KG

Büromöbel und Zubehör

Heinrich KG · Rahlstedter Str. 144 · 22143 Hamburg
Westmoor KG
Frau Hellebusch
Deichhausenweg 28
32825 Blomberg

Ihr Zeichen: hel
Ihre Nachricht vom: 20.03.20..
Unser Zeichen: schu
Unsere Nachricht vom:

Name: Schulze
Telefon: 040 67245-145
Telefax: 040 67245-87
E-Mail: schulze@heinrich-kg.de

Datum: 28.03.20..

Rechnung Nr. 1855

Am 28.03.20.. lieferten wir Ihnen folgende Positionen

Ware	Warenbezeichnung	Menge	Preis	Rabatt	Gesamtbetrag
Eco B-2009154	Aktenvernichter, geeignet für Papier, CDs und Kreditkarten, Streifenschnitt, schneidet bis zu 10 Blatt, Auffangvolumen 12 Liter, Kunststoff rot gefärbt	15	89,00 €	9,50 %	1.208,18 €
Intimus B-2001141	Aktenvernichter, Unterschrank aus lasierter Buche, mit Vollstahl-Schneidwellen aus Spezialstahl ... Start-/Stop-Funktion über Lichtschranke; Auffangvolumen 65 Liter; Partikelschnitt	5	975,00 €	9,50 %	4.411,88 €

Warenwert	5.620,05 €
+ 19% USt	1.067,81 €
Rechnungsbetrag	**6.687,86 €**

Wir bitten um Ausgleich dieser Rechnung in Höhe von 6.687,86 € innerhalb von 30 Tagen ab Rechnungsdatum, bei Zahlung innerhalb von 10 Tagen gewähren wir 2 % Skonto.

Beleg 5

Bitte beachten Sie die Hinweise auf der Rückseite

IBAN DE07 2005 0550 1120 2399 08 HAMBURGER SPARKASSE BIC HASPDEHHXXX

Buchungstag	Tag der Wertstellung	Verwendungszweck/Buchungstext	
		alter Kontostand	+ 187.420,00
28.03.	28.03.	Geldautomat GA NR00005234	– 1.000,00
		neuer Kontostand	+ 186.420,00

Heinrich KG
Rahlstedter Str. 144
22143 Hamburg

Kontoauszug vom 28.03.20.. Auszug 73 Blatt 1

Material 1: Tabellarische Übersicht

Beleg	Information	Fremdbeleg	Eigenbeleg	Aufbewahrungsfrist (in Jahren)
1				
2				
3				
4				
5				

Material 2: Grundlagen ordnungsmäßiger Buchführung

Buchführungspflicht gem. § 238 I HGB:

Allgemeiner Grundsatz:

Grundsatz:

Grundsatz:

Grundsatz: Lesbarkeit der Daten

Ordnungsgemäße Aufbewahrung der Buchführungsunterlagen

Schulbuch Kap. 1

2 Kassenbuch und Kassenkonto führen

Situation:

Der Auszubildende Leon Laus soll heute mit dem Buchhalter Konstantin Schwabe zusammenarbeiten. Herr Schwabe ist bei der Heinrich KG unter anderem für die Kassenbuchführung zuständig.

Leon hält dies für eine sehr einfache Aufgabe, da die Geschäftskasse bei der Heinrich KG keine zentrale Funktion hat, wie z. B. im Einzelhandel. Die meisten Ein- und Verkäufe erledigt das Unternehmen bargeldlos, sodass pro Tag nur wenige Kassenbewegungen vorkommen. Herr Schwabe widerspricht dem Auszubildenden und erläutert ihm, dass gerade die Kassenführung immer wieder Ausgangspunkt für Betriebsprüfungen der Finanzämter sei. Deshalb hält er hier eine sorgfältige Arbeit für sehr wichtig.

Für den Zeitraum vom 26.03. bis zum 30.03.20.. sind im Kassenbuch die folgenden Kassenbewegungen dokumentiert:

26.03.	Anfangsbestand	3.800,00 €
26.03.	Barzahlung eines Kunden	600,00 €
26.03.	Zahlung einer Handwerkerleistung	750,00 €
26.03.	Zahlung an den Fensterputzer	250,00 €
26.03.	Reisender gibt Reisespesen zurück	150,00 €
27.03.	Zahlung für Telefongebühren	115,00 €
27.03.	Kauf von Kuchen in der Bäckerei zur Bewirtung	35,00 €
27.03.	Barverkauf an einen Mitarbeiter	160,00 €
27.03.	Spende an das Rote Kreuz	200,00 €
27.03.	Lohnvorschuss	500,00 €
28.03.	Kauf von Büromaterial	85,00 €
28.03.	Aufgabe einer Zeitungsannonce	120,00 €
28.03.	Barzahlung an einen Spediteur	1.150,00 €
29.03.	Einzahlung vom Bankkonto	3.500,00 €
29.03.	Mieteinnahme	350,00 €
29.03.	Zahlung der Gehälter	2.150,00 €
30.03.	Zahlung für Fracht und Rollgeld	350,00 €
30.03.	Spesen für eine Geschäftsreise des Inhabers	500,00 €
30.03.	Kauf einer Schreibtischlampe	150,00 €

Heinrich KG
Büromöbel und Zubehör

Arbeitsaufträge:

1. Führen Sie anhand der in der Ausgangssituation vorgegebenen Angaben das Kassenkonto der Heinrich KG (Material 1) für den angegebenen Zeitraum. Das Kassenkonto ist abzuschließen und der Schlussbestand ist zu ermitteln.

2. Eine ordnungsgemäße Kassenbuchführung besteht nicht nur aus der Geschäftskasse selbst, dem Kassenbuch und dem Kassenkonto, sondern auch aus dem Kassenbericht. Der Kassenbericht dient der rechnerischen Ermittlung der Tageseinnahmen. Ausgangspunkt ist immer der ausgezählte Kassenbestand zum Geschäftsschluss.

   Ordnen Sie die folgenden Begriffe im nebenstehenden Rechenschema so an, dass sie zur korrekten Ermittlung der Tageseinnahmen führen:

   Bareinlagen – Barentnahmen – ausgezählter Kassenbestand – Ausgaben – Kassenanfangsbestand

Ermittlung der Tageseinnahmen:

	______
–	______
–	______
+	______
+	______
=	Tageseinnahmen

Material 1: Kassenkonto der Heinrich KG

Soll (Einnahmen)			**Kassenkonto**		Haben (Ausgaben)
Datum	Text	€	Datum	Text	€
26.03.	Anfangsbestand	3.800,00			

Schulbuch
Kap. 2

3 Die Inventur durchführen und das Inventar erstellen

Situation:

Leon Laus ist im Zuge seiner Ausbildung zum Kaufmann für Büromanagement bei der Heinrich KG zurzeit in der Abteilung „Allgemeine Verwaltung" eingesetzt und hat im Rahmen der Inventurarbeiten eine Übersicht über die fertigen Erzeugnisse erstellt (Material 1).

Heinrich KG
Büromöbel und Zubehör

Die Werte der Vermögens- und Schuldenpositionen der Heinrich KG zum 31. Dezember 20.. werden Leon Laus von Herrn Fitschen zur Verfügung gestellt:

1. Grundstück	Rahlstedter Str. 144, 22143 Hamburg	980.600,00 €
2. Gebäude	Lagergebäude	750.000,00 €
	Bürogebäude	1.380.900,00 €
3. TA und Maschinen	Produktionsmaschinen	711.850,00 €
4. Fuhrpark	10 Pkw	262.000,00 €
	6 Lkw	375.500,00 €
	2 Gabelstapler	30.500,00 €
5. Büromöbel und GA	EDV-Anlage	218.000,00 €
	Büromöbel	418.000,00 €
	Kopierer	35.600,00 €
	Telefonanlage	32.500,00 €
	Multifunktionsgeräte	6.550,00 €
6. Roh-, Hilfs- und Betriebsstoffe	Rohstoffe	1.355.120,00 €
	Hilfsstoffe	1.110.800,00 €
	Betriebsstoffe	243.700,00 €
7. Unfertige Erzeugnisse		930.000,00 €
8. Fertige Erzeugnisse (Material 1)		
9. Waren		3.255.330,00 €
10. Forderungen (Material 2)		
11. Bankguthaben	Hamburger Sparkasse	738.400,00 €
	Postbank Hamburg	530.482,00 €
12. Kassenbestand		42.630,00 €
13. Pensionsrückstellungen		1.390.400,00 €
14. Sonstige Rückstellungen		935.000,00 €
15. Darlehensschulden bei der Postbank Köln		5.456.000,00 €
16. Verbindlichkeiten (Material 3)		
17. Sonstige Verbindlichkeiten		525.154,00 €

Arbeitsaufträge:

1. Werten Sie die Inventurliste der Produktvorräte aus, indem Sie die folgenden Arbeitsaufträge ausführen:

   1.1 Berechnen Sie für jedes Produkt den Lagerbestand in Euro (Material 1)!

   1.2 Berechnen Sie für jede Produktgruppe den Lagerbestand in Euro!

Berechnung der Lagerbestände der Produktgruppen in Euro	
Schreibtische:	Rollcontainer:
Konferenztische + Zubehör:	Regalsysteme:
Konferenzstühle:	Bürostühle:
Diverse:	

   1.3 Berechnen Sie, wie viel Euro der gesamte Lagerbestand beträgt!

Lagerbestand (gesamt/€):	

1.4 Welche Aussagekraft haben die errechneten Werte?

1.5 Vom Produkt mit der Art.-Nr. A-1101100 betragen die Herstellkosten von 50 Stück 15.200,00 €. Wie hoch sind die Herstellkosten für 110 Stück?

1.6 Der Vorrat des Produkts mit der Art.-Nr. A-1401130 reicht bei einem täglichen Verbrauch von 50 Stück noch 8 Tage. Wie viele Tage reicht der Vorrat, wenn täglich nur 20 Stück benötigt werden?

1.7 Wie viel Schreibtische sind am 31. Dezember 20.. durchschnittlich von jeder Art.-Nr. der Produktgruppe „Schreibtische" vorrätig?

1.8 Wie viel Euro beträgt der Warenwert pro Schreibtisch der Produktgruppe „Schreibtische" im Durchschnitt in der Herstellung?

2. Erstellen Sie für die Heinrich KG das Inventar zum 31. Dezember 20.. (Material 4)!

Material 1: Produktliste der Heinrich KG (Auszug vom 31. Dezember 20..)

Produkt Art.-Nr.	Produktbeschreibung	Herstellkosten in Euro	Lagerbestand in Stück	Lagerbestand in Euro
Denver A-1001000	Schreibtisch; Oberfläche der Tischplatte unbehandelt	180,00	170	
Starlight A-1001100 A-1002100	Solitärschreibtisch in Nierenform aus Massivholz; Oberfläche der Tischplatte versiegelt	620,00	155	
Future A-1004110	Schreibtisch; Rahmen aus Stahlrohr, pulverbeschichtet; Glastischplatte	310,00	80	
Tiamo A-1101000 A-1102000	Rollcontainer mit drei Schubladen; Holzgriffe; zentrales Sicherheitsschloss; Oberfläche versiegelt	295,00	125	
Lilibe A-1101100 A-1102100	Rollcontainer, Schublade und Karteikarteneinsatz; Holzgriffe; zentrales Sicherheitsschloss; Oberfläche versiegelt	304,00	165	
Logo A-1205111 A-1205112 A-1205113	Konferenztisch, Rahmen pulverbeschichtet; Spanplatte in blau, lichtgrau oder grafit mit Melamin beschichtet	272,00	110	
Basic G A-1201100	Konferenztisch aus Massivholz; versiegelt; erweiterbar zu Arbeitsinseln	375,00	106	
Noris A-1202170	Konferenztisch aus Massivholz; geölt	210,00	160	
Solito A-1302170 A-1301170	Regalsystem aus Massivholz; drei eingebaute Schubladen; Sockelhöhenverstellung; geölt	865,00	80	
Mixt A-1305121	Regal aus beschichteten Spanplatten; wahlweise in blau, lichtgrau oder grafit	362,00	91	
Visit A-1406111 A-1406112 A-1406113	Konferenzstuhl; Rahmen pulverbeschichtet; mit Armlehnen; Sitz und Rücken umpolstert; Stoffbezug wahlweise in blau, lichtgrau oder grafit; stapelbar	32,00	380	
Meeting A-1401130	Konferenz- und Seminarstuhl verchromt; ohne Armlehnen; Formschale aus massiver Buche; verkettbar und stapelbar; Gleiter	59,00	430	
Smile A-1507006	Bürostuhl mit Armlehnen; ergonomischer Muldensitz; Kopfstütze und Rückenlehne verstellbar; Synchronmechanik; Sicherheitsrollen; schwarz	380,00	100	
Verdan A-1507155	Bürostuhl mit Ring-Armlehnen; Bandscheibensitz; verstellbare Rückenlehne mit Formschaumpolsterung, grau gefärbt	55,00	130	
Diverse				1.773.373,00

Material 2: Kundenliste mit offenen Posten zum 31. Dezember 20..

Kd.-Nr.	Firma	Telefon	Offene Posten (€)	Ansprechpartner
24001	Gertrud Brandt KG	040 121-0	376.500,00	Frau Haberting
24002	Junges Wohnen GmbH	0421 20555-50	273.620,00	Herr Langemaas
24003	Möblix GmbH	030 301020	615.210,00	Herr Trüün jr.
24004	Westmoor KG	05235 887366	1.990.220,00	Herr Helmers
24005	Büroausstatter Winter OHG	089 48067	75.201,00	Frau Wiggers
24006	Brandes GmbH & Co. KG	0341 147-1633	177.865,00	Herr Sandberg
24007	Innovation AG	0351 2033-0	1.616.502,00	Frau Lamberti
24008	Weyermann & Söhne KG	07026 459163	95.890,00	Herr Baum
24009	Bleibtreu GmbH	02161 219693	322.520,00	Frau Winter
24099	Sonstige Kunden		44.472,00	

Material 3: Lieferantenliste mit offenen Posten zum 31. Dezember 20..

Lief.-Nr.	Firma	Telefon	Offene Posten (€)	Ansprechpartner
44001	Bernhard Möller OHG	08241 141-0	824.862,00	Frau Reiner
44002	Lenz KG	0911 1212-0	172.889,58	Herr Dubny
44003	Naturholz AG	0821 6310-0	743.882,54	Herr Hain
44004	Holz- & Spanplattenfabrik Bresges GmbH	02161 4001-0	290.912,76	Frau Winkelbach
44005	Schraubenspezialist Müller e.K.	05520 555-0	110.051,30	Herr Kunze
44006	Holzschutz-, Lack- und Leimwerke AG	030 65-0	384.524,13	Frau Wachtel
44007	Blitz-Spedition GmbH	04101 4001-0	31.000,00	Frau Müller
44008	Franz Meyer e.K.	040 555-0	460.778,93	Herr Brinkhaus
44009	Langen GmbH & Co. KG	0421 341-0	410.556,55	Frau Satow
44099	Sonstige Lieferanten und Dienstleister		560.450,21	Frau Meierring

Material 4: Inventar (Vorlage)

Inventar zum 31. Dezember 20..		
Heinrich KG, Rahlstedter Str. 144, 22143 Hamburg		
A. Vermögen		
I. Anlagevermögen		
1. Grundstück Rahlstedter Str. 144		980.600,00 €
2. Gebäude		
– Lagergebäude		
–		
3. TA und Maschinen		
4. Fuhrpark		
– 10 Pkw		
–		
–		
5. Büromöbel und GA:		
–		
–		
–		
–		
–		
II. Umlaufvermögen		
6. Roh-, Hilfs- und Betriebsstoffe		
–		
–		
–		
7. Unfertige Erzeugnisse		
8. Fertige Erzeugnisse lt. Verzeichnis		
9. Waren		
10. Forderungen lt. Verzeichnis		
11. Bankguthaben		
–		
–		
12. Kasse		
Summe des Vermögens		
B. Schulden		
I. Langfristige Schulden		
13. Pensionsrückstellungen		
14. Sonstige Rückstellungen		
15. Darlehensschulden		
II. Kurzfristige Schulden		
16. Verbindlichkeiten lt. Verzeichnis		
17. Sonstige Verbindlichkeiten		
Summe der Schulden		
C. Ermittlung des Reinvermögens (Eigenkapitals)		
Summe des Vermögens		
– Summe der Schulden		
= Reinvermögen (Eigenkapital)		

Schulbuch Kap. 2

4 Die Bilanz erstellen

Situation:

Leon Laus hat mit Unterstützung von Herrn Fitschen das Inventar zum 31. Dezember 20.. erstellt. Herr Fitschen fordert Leon im Anschluss an die Inventaraufstellung auf, aus den Daten des Inventars eine Bilanz zu erstellen.

Leon informiert sich zunächst über die gesetzlichen Grundlagen zur Bilanz und geht dann umgehend an die gestellte Aufgabe heran.

Heinrich KG
Büromöbel und Zubehör

Arbeitsaufträge:

1. Erstellen Sie für Leon Laus die Bilanz der Heinrich KG zum 31. Dezember 20..!

Heinrich KG

Bilanz zum 31. Dezember 20.. in Euro

Aktiva	Passiva

2. Vervollständigen Sie die unten stehende Bilanz, indem Sie die folgenden Begriffe bzw. Fragen entweder der Aktiv- oder der Passivseite zuordnen!

   Vermögen – Fremdkapital – Wie ist das Kapital angelegt? – Vermögensquellen – Passiva – Anlagevermögen – Eigenkapital – Woher kommt das Kapital? – Umlaufvermögen – Kapital – Vermögensformen – Aktiva

Bilanz

3. Ermitteln Sie das Gesamtvermögen der Heinrich KG!

Gesamtvermögen der Heinrich KG	

4. Bestimmen Sie den Zeitraum bzw. Zeitpunkt, über den die Bilanz Auskunft gibt!

Zeitraum		oder	**Zeitpunkt**	

5. Werten Sie die Bilanz der Heinrich KG aus, indem Sie folgende Fragen beantworten:

   5.1 Bestimmen Sie, wie viel Prozent des Gesamtvermögens bei der Heinrich KG langfristig gebunden sind!

5.2 Berechnen Sie den Prozentanteil der Vorräte am Umlaufvermögen!

5.3 Bestimmen Sie die Eigen- sowie die Fremdkapitalquote bei der Heinrich KG!

5.4 Berechnen Sie den Anlagendeckungsgrad, indem Sie überprüfen, inwieweit das Anlagevermögen durch Eigenkapital gedeckt ist!

5.5 Berechnen Sie die Liquidität 1. Grades mithilfe der folgenden Formel!

$$\text{Liquidität 1. Grades} = \frac{\text{flüssige Mittel} \cdot 100}{\text{kurzfristiges Fremdkapital}}$$

5.6 Berechnen Sie die Liquidität 2. Grades mithilfe der folgenden Formel:

$$\text{Liquidität 2. Grades} = \frac{(\text{flüssige Mittel} + \text{Forderungen}) \cdot 100}{\text{kurzfristiges Fremdkapital}}$$

5.7 Der vergleichbare Büromöbelhersteller Möller KG hat bei einem Gesamtvermögen von 29,75 Mio. € ein Eigenkapital von 10,5 Mio. €.

Vergleichen Sie die Eigenkapitalausstattung der Möller KG mit der Heinrich KG!

5.8 Im Jahr 20.. hat die Heinrich KG einen Gewinn von 1.228.000,00 € erzielt. Berechnen Sie unter Verwendung dieser Angabe und der folgenden Formel die Eigenkapitalrentabilität der Heinrich KG und bewerten Sie das Ergebnis!

$$\text{Eigenkapitalrentabilität} = \frac{\text{Gewinn} \cdot 100}{\text{Eigenkapital}}$$

Schulbuch Kap. 2.5

5 Bilanzveränderungen analysieren

Situation:

In der Rechnungswesenabteilung der Heinrich KG liegen Anfang des Jahres 20.. einige Belege vor.

Herr Fitschen bittet Leon Laus, die Auswirkungen der auf den Belegen dokumentierten Geschäftsvorfälle auf die Bilanz der Heinrich KG ausführlich zu erläutern.

Heinrich KG
Büromöbel und Zubehör

Arbeitsaufträge:

1. Informieren Sie sich anhand von Material 1 über die unterschiedlichen Formen der Bilanzveränderungen!
2. Analysieren Sie für Leon Laus die Belege 1 bis 5 und tragen Sie Ihre Entscheidungen in die folgende Tabelle ein!

Beleg	Betroffene Bilanzpositionen	Auswirkungen (€) auf		Anmerkungen
		Bilanzposition	Bilanzsumme	
1				
2				
3				
4				
5				

Material 1: Auszug aus dem Handbuch „Buchführung – leicht gemacht!"

Bei jedem Geschäftsfall sind in einem Unternehmen mindestens zwei Konten betroffen, die Bilanz wird also an mindestens zwei Stellen verändert. Um im Rechnungswesen eine korrekte Verbuchung vornehmen zu können, empfiehlt sich die folgende Vorgehensweise:

1. Klärung der betroffenen Bilanzpositionen:

Bei jedem Geschäftsfall müssen die betroffenen Bilanzpositionen (Konten der Bilanz) eindeutig identifiziert werden.

↓

2. Überprüfung der Kontenarten:

Bei den identifizierten Konten ist zu entscheiden, ob es sich um Aktiv- oder Passivkonten handelt.

↓

3. Auswirkung des Geschäftsfalls auf die einzelnen Bilanzpositionen:

Bei jeder Bilanzposition ist zu entscheiden, ob sich deren Wert erhöht (+) oder vermindert (–).

↓

4. Identifizierung der zutreffenden Bilanzveränderung:

Aufgrund der zuvor getroffenen Entscheidungen kann die jeweils vorliegende Art der Bilanzveränderung eindeutig festgestellt werden.

Bei den Bilanzveränderungen sind **vier Möglichkeiten** zu unterscheiden:

1. Aktivtausch:	Der Geschäftsfall betrifft nur die Aktivseite der Bilanz, die Bilanzsumme ändert sich nicht.

Beispiel: Wir kaufen einen Pkw für 18.000,00 € gegen Barzahlung.

Entscheidungen gemäß der oben dargestellten Vorgehensweise:

1. Betroffen sind die Bilanzpositionen „Fuhrpark" und „Kasse".
2. Sowohl beim „Fuhrpark" als auch bei der „Kasse" handelt es sich um Aktivkonten.
3. Der Wert des „Fuhrparks" nimmt zu (+), der Wert der „Kasse" nimmt ab (–).
4. Es handelt sich um einen Tausch auf der Aktivseite der Bilanz, deren Summe gleich bleibt.

2. Passivtausch: Der Geschäftsfall betrifft nur die Passivseite der Bilanz, die Bilanzsumme ändert sich nicht.

Beispiel: Eine kurzfristige Lieferschuld (10.000,00 €) wird in eine Darlehensschuld umgewandelt.

Entscheidungen gemäß der oben dargestellten Vorgehensweise:

1. Betroffen sind die Bilanzpositionen „Verbindlichkeiten a. L. u. L." und „Darlehen".
2. Sowohl bei den „Verbindlichkeiten a. L. u. L." als auch beim „Darlehen" handelt es sich um Passivkonten.
3. Der Wert der „Verbindlichkeiten a. L. u. L." nimmt ab (−), der Wert des „Darlehens" nimmt zu (+).
4. Es handelt sich um einen Tausch auf der Passivseite der Bilanz, deren Summe gleich bleibt.

3. Aktiv-Passiv-mehrung: Der Geschäftsfall betrifft beide Seiten der Bilanz. Beide Seiten nehmen zu, die Bilanzsumme erhöht sich.

Beispiel: Wir kaufen Schreibtische auf Ziel für 8.000,00 €.

Entscheidungen gemäß der oben dargestellten Vorgehensweise:

1. Betroffen sind die Bilanzpositionen „Büromöbel und sonstige Geschäftsausstattung" und „Verbindlichkeiten a. L. u. L.".
2. Beim Konto „Büromöbel und sonstige Geschäftsausstattung" handelt es sich um ein Aktivkonto, beim Konto „Verbindlichkeiten a. L. u. L." handelt es sich um ein Passivkonto.
3. Der Wert des Kontos „Büromöbel und sonstige Geschäftsausstattung" nimmt zu (+), ebenso der Wert des Kontos „Verbindlichkeiten a. L. u. L." (+).
4. Sowohl auf der Aktiv- als auch auf der Passivseite der Bilanz wird gebucht. Beide Bilanzseiten steigen wertmäßig im gleichen Maße.

3. Aktiv-Passiv-minderung: Der Geschäftsfall betrifft beide Seiten der Bilanz. Beide Seiten nehmen ab, die Bilanzsumme sinkt.

Beispiel: Wir bezahlen unsere Liefer-Verbindlichkeiten per Bank (8.000,00 €).

Entscheidungen gemäß der oben dargestellten Vorgehensweise:

1. Betroffen sind die Bilanzpositionen „Bank" und „Verbindlichkeiten a. L. u. L.".
2. Beim Konto „Bank" handelt es sich um ein Aktivkonto, beim Konto „Verbindlichkeiten a. L. u. L." handelt es sich um ein Passivkonto.
3. Der Wert des Kontos „Bank" nimmt ab (−), ebenso der Wert des Kontos „Verbindlichkeiten a. L. u. L." (−).
4. Sowohl auf der Aktiv- als auch auf der Passivseite der Bilanz wird gebucht. Beide Bilanzseiten nehmen wertmäßig im gleichen Maße ab.

Beleg 1

Horst Delling KG

Laptop Computer

Horst Delling KG · Unterschweinstiege 35 · 60549 Frankfurt
Heinrich KG
Rahlstedter Str. 144
22143 Hamburg

Bei Zahlung bitte angeben:
R.-Nr.: 20-R058200
Datum: 02.01.20..

Lieferung am: 02.01.20..
L.-Nr.: 20-L058200
Lieferbedingung: Frei Haus

Rechnung

Art.-Nr.	Art.-Bezeichnung	Stück	Einzelpreis	Rabatt	Gesamtpreis
09-E550900	Delling-Abylon-Laptop E550900-DE-XX	10	750,00 EUR		7.500,00 EUR
				Rechnungsbetrag	7.500,00 EUR

Zahlungsziel 30 Tage, innerhalb 10 Tagen 2 % Skonto

Sitz der Gesellschaft: Frankfurt
Geschäftsführung: Horst Delling

RG Frankfurt, HRA 44807
USt-ID-Nr. DE 113 551 138

Telefon 069 9793-0
Telefax 069 34824-9000

Bankverbindung:
SEB AG Frankfurt
BIC: ESSEDE5FXXX
IBAN: DE62 5001 0111 1287 7222 00

Beleg 2

SIK – KAD 8/98 S

Bitte beachten Sie die Hinweise auf der Rückseite

IBAN: DE07 2005 0550 1120 2399 08 — HAMBURGER SPARKASSE — BIC: HASPDEHHXXX

Buchungstag	Tag der Wertstellung	Verwendungszweck/Buchungstext	
		alter Kontostand	+ 199.320,00
03.01.	03.01.	Lastschrift Bernhard Müller OHG Rechnungs-Nr. 356	– 11.900,00
		neuer Kontostand	+ 187.420,00

Heinrich KG
Rahlstedter Str. 144
22143 Hamburg

Kontoauszug vom	Auszug	Blatt
03.01.20..	12	1

50/00

Beleg 3

IBAN			BIC
DE07 2005 0550 1120 2399 08	HAMBURGER SPARKASSE		HASPDEHHXXX

Buchungstag	Tag der Wertstellung	Verwendungszweck/Buchungstext	alter Kontostand
			+ 187.420,00
05.01.	05.01.	Geldautomat GA NR 00005234 IBAN DE07 2005 0550 1120 2399 08	– 1.000,00
05.01.	05.01.	Zahlungseingang Debeka Bausparkasse BS-Darlehen 948335001	+ 15.000,00

Heinrich KG
Rahlstedter Str. 144
22143 Hamburg

neuer Kontostand	Kontoauszug vom	Auszug	Blatt
+ 201.420,00	05.01.20..	13	1

SIK - KAD 8/98 S
Bitte beachten Sie die Hinweise auf der Rückseite
50/00

Beleg 4

IBAN			BIC
DE07 2005 0550 1120 2399 08	HAMBURGER SPARKASSE		HASPDEHHXXX

Buchungstag	Tag der Wertstellung	Verwendungszweck/Buchungstext	alter Kontostand
			+ 201.420,00
06.01.	06.01.	Gertrud Brandt KG, RNR 12-979	+ 2.261,00
06.01.	06.01.	Lastschrift Naturholz AG Rechnungs-Nr. 362	– 25.585,00

Heinrich KG
Rahlstedter Str. 144
22143 Hamburg

neuer Kontostand	Kontoauszug vom	Auszug	Blatt
+ 178.096,00	06.01.20..	14	1

SIK - KAD 8/98 S
Bitte beachten Sie die Hinweise auf der Rückseite
50/00

Beleg 5

Interne Buchungsanweisung		**Nr. 1**
Datum	Text	Betrag
07.01.20..	Die Verbindlichkeit über 12.733,00 € an Holz- & Spanplattenfabrik Bresges GmbH (Rechnung 4404-22) wird in ein langfristiges Darlehen umgewandelt.	12.733,00 €

Schulbuch Kap. 3

6 Auf Bestandskonten buchen

Situation:

Herr Fitschen erklärt Leon Laus, dass die eingehenden Belege im sogenannten Hauptbuch auf entsprechenden Konten erfasst werden. Diese Konten müssen zu Beginn eines jeden Geschäftsjahres mit den Anfangsbeständen versehen werden. Am klassischen T-Konto, das Leon bereits in der Berufsschule kennengelernt hat, erklärt ihm Herr Fitschen den Kontenaufbau.

S(oll)	Kontobezeichnung	H(aben)

In der Mitte über dem „T" steht die jeweilige Kontobezeichnung, die linke Kontoseite wird als Soll-Seite (S), die rechte Kontoseite als Haben-Seite (H) bezeichnet.

Diese Konten müssen zu Beginn eines jeden Geschäftsjahres mit den entsprechenden Anfangsbeständen versehen werden. Für jede Bilanzposition muss mindestens ein entsprechendes Konto eingerichtet und der Anfangsbestand aus der Bilanz eingetragen werden.

Die Anfangsbestände der Aktivkonten (T-Konten für die Bilanzposition der Aktivseite) stehen immer im Soll, die Anfangsbestände der Passivkonten (T-Konten für die Bilanzpositionen der Passivseite) stehen immer im Haben. Auf der Seite, auf der der Anfangsbestand steht, nehmen die Konten zu, auf der anderen Seite entsprechend ab. Der Schlussbestand (Kontensaldo) wird auf der wertmäßig kleineren Kontoseite eingetragen. Diese Buchungstechnik führt dazu, dass nach Abschluss eines Kontos die Kontensumme auf beiden Seiten übereinstimmen muss.

S	Aktivkonten H
Anfangsbestand	Abgänge
Zugänge	Schlussbestand
Kontosumme	Kontosumme

S	Passivkonten H
Abgänge	Anfangsbestand
Schlussbestand	Zugänge
Kontosumme	Kontosumme

Die Vorjahresbilanz der Heinrich KG, in der das Vermögen und Kapital in Kontoform gegenübergestellt wurde, sieht wie folgt aus:

Aktiva	**Bilanz zum 31. Dezember 20.. (Vorjahr) in Euro**		Passiva
A. Anlagevermögen		**A. Eigenkapital**	9.000.000,00
Grundstücke und Bauten	3.111.500,00	**B. Fremdkapital**	
Technische Anlagen und Maschinen	711.850,00	**Langfristig**	
Fuhrpark	668.000,00	Pensionsrückstellungen	1.390.400,00
Büromöbel und GA	710.650,00	Sonstige Rückstellungen	935.000,00
B. Umlaufvermögen		Darlehensschulden	5.456.000,00
Roh-, Hilfs- und Betriebsstoffe	2.709.620,00	**Kurzfristig**	
Unfertige Erzeugnisse	930.000,00	Verbindlichkeiten a. L. u. L.	3.989.908,00
Fertige Erzeugnisse	2.300.000,00	Sonstige Verbindlichkeiten	525.154,00
Waren	3.255.330,00		
Forderungen a. L. u. L.	5.588.000,00		
Bank	1.268.882,00		
Kasse	42.630,00		
Summe Aktiva	21.296.462,00	Summe Passiva	21.296.462,00

Herr Fitschen bittet Leon, für die Bilanz der Heinrich KG die entsprechenden Konten einzurichten und die Anfangsbestände einzutragen.

Arbeitsaufträge:

1. Tragen Sie zunächst auf den folgenden Konten die Anfangsbestände ein:
   Grundstücke und Bauten – Fuhrpark – Büromöbel und GA (Geschäftsausstattung) – Forderungen a. L. u. L. – Bank – Kasse – Eigenkapital – Darlehensschulden – Verbindlichkeiten a. L. u. L.

S	H

S	H

S	H

S	H

S	H

S	H

S	H

S	H

S	H

Fortsetzung der Situation:

Nachdem Leon Laus die benötigten Konten für die Heinrich KG mit ihren Anfangsbeständen eingerichtet hat, zeigt ihm Herr Fitschen, wie gebucht wird. Bevor in der Praxis auf den Konten gebucht wird, werden die Buchungen im sogenannten Grundbuch in zeitlicher (chronologischer) Reihenfolge festgehalten.

Jeder Beleg wird mindestens einmal im Soll und einmal im Haben gebucht (doppelte Buchführung). Zuerst wird immer die Sollbuchung genannt. Die benötigten Konten werden durch das Wort „an" verbunden.

Wenn die Heinrich KG z.B. 2.000,00 € vom Bankkonto abheben und in die Kasse legen würde, müsste zuerst auf dem Kassenkonto im Soll gebucht werden (weil das Konto „Kasse" ein Aktivkonto ist und deshalb im Soll zunimmt) und anschließend auf dem Bankkonto im Haben (das Konto „Bank" ist auch ein Aktivkonto und nimmt deshalb im Haben ab). Die Buchung lautet also: Kasse an Bank. Es handelt sich bei dieser Buchung um einen Aktivtausch.

Die Darstellung im Grundbuch sieht dann so aus:

Beleg	Konto Soll	Konto Haben	Soll (€)	Haben (€)
1	Kasse		2.000,00	
		Bank		2.000,00

2. Erfassen Sie die Buchungen für die folgenden fünf Belege im nachfolgenden Grundbuch und buchen Sie anschließend auf den Konten im Hauptbuch (siehe Arbeitsauftrag 1)!

Beleg	Konten	Soll (€)	Haben (€)
1			
2			
3			

4			
5			

Beleg 1

Horst Delling KG

Laptop Computer

Horst Delling KG · Unterschweinstiege 35 · 60549 Frankfurt
Heinrich KG
Rahlstedter Str. 144
22143 Hamburg

Bei Zahlung bitte angeben:
R.-Nr.: 20-R058200
Datum: 02.01.20..

Lieferung am: 02.01.20..
L.-Nr.: 20-L058200
Lieferbedingung: Frei Haus

Rechnung

Art.-Nr.	Art.-Bezeichnung	Stück	Einzelpreis	Rabatt	Gesamtpreis
09-E550900	Delling-Abylon-Laptop E550900-DE-XX	10	750,00 EUR		7.500,00 EUR
				Rechnungsbetrag (netto)	7.500,00 EUR
				19 % Umsatzsteuer	1.425,00 EUR
				Rechnungsbetrag (brutto)	8.925,00 EUR

Zahlungsziel 30 Tage, innerhalb 10 Tagen 2 % Skonto

Sitz der Gesellschaft: Frankfurt
Geschäftsführung: Horst Delling

RG Frankfurt, HRA 44807
USt-ID-Nr. DE 113 551 138

Telefon 069 9793-0
Telefax 069 34824-9000

Bankverbindung:
SEB AG Frankfurt
BIC: ESSEDE5FXXX
IBAN: DE62 5001 0111 1287 7222 00

Beleg 2

IBAN: **DE07 2005 0550 1120 2399 08** — **HAMBURGER SPARKASSE** — BIC: **HASPDEHHXXX**

Buchungstag	Tag der Wertstellung	Verwendungszweck/Buchungstext	
		alter Kontostand	+ 199.320,00
03.01.	03.01.	Lastschrift Bernhard Müller OHG Rechnungs-Nr. 356	– 11.900,00
		neuer Kontostand	+ 187.420,00

Heinrich KG
Rahlstedter Str. 144
22143 Hamburg

Kontoauszug vom	Auszug	Blatt
03.01.20..	12	1

Bitte beachten Sie die Hinweise auf der Rückseite

Beleg 3

IBAN: **DE07 2005 0550 1120 2399 08** — **HAMBURGER SPARKASSE** — BIC: **HASPDEHHXXX**

Buchungstag	Tag der Wertstellung	Verwendungszweck/Buchungstext	
		alter Kontostand	+ 187.420,00
05.01.	05.01.	Geldautomat GA NR 00005234 IBAN DE07 2005 0550 1120 2399 08	– 1.000,00
05.01.	05.01.	Zahlungseingang Debeka Bausparkasse BS-Darlehen 948335001	+ 15.000,00
		neuer Kontostand	+ 201.420,00

Heinrich KG
Rahlstedter Str. 144
22143 Hamburg

Kontoauszug vom	Auszug	Blatt
05.01.20..	13	1

Bitte beachten Sie die Hinweise auf der Rückseite

Beleg 4

IBAN: **DE07 2005 0550 1120 2399 08** — **HAMBURGER SPARKASSE** — BIC: **HASPDEHHXXX**

Buchungstag	Tag der Wertstellung	Verwendungszweck/Buchungstext	
		alter Kontostand	+ 201.420,00
06.01.	06.01.	Gertrud Brandt KG, RNR 12-979	+ 2.261,00
06.01.	06.01.	Lastschrift Naturholz AG Rechnungs-Nr. 362	– 25.585,00
		neuer Kontostand	+ 178.096,00

Heinrich KG
Rahlstedter Str. 144
22143 Hamburg

Kontoauszug vom	Auszug	Blatt
06.01.20..	14	1

Bitte beachten Sie die Hinweise auf der Rückseite

Beleg 5

Interne Buchungsanweisung		Nr. 1
Datum	Text	Betrag
07.01.20..	Die Verbindlichkeit über 12.733,00 € an Holz- & Spanplattenfabrik Bresges GmbH (Rechnung 4404-22) wird in ein langfristiges Darlehen umgewandelt.	12.733,00 €

3. Schließen Sie das Hauptbuch ab und erstellen Sie eine (Schluss-)Bilanz!

Heinrich KG
Büromöbel und Zubehör

Aktiva	(Schluss-)Bilanz in Euro	Passiva

4. Wie viel Euro Gewinn hat die Heinrich KG nach der Buchung der Belege erzielt?

Schulbuch Kap. 4.1

7 Die Buchführung mithilfe des Kontenrahmens organisieren

Situation:

Herr Fitschen möchte Leon Laus mit dem Kontenplan der Heinrich KG vertraut machen. Aus diesem Grund übergibt Herr Fitschen dem Auszubildenden einen Auszug aus dem Kontenplan:

Heinrich KG
Büromöbel und Zubehör

Auszug aus dem Kontenplan der Heinrich KG:

Nummer	Kontenbezeichnung	Nummer	Kontenbezeichnung
4401	Bernhard Müller OHG	0510	Bebaute Grundstücke
2800	Hamburger Sparkasse	2404	Westmoor KG Möbelhaus
0840	Fuhrpark	2880	Kasse
6800	Büromaterial	6830	Telefon
4250	Langfristige Bankverbindlichkeiten (Darlehen)	2850	Postbank
		5100	Umsatzerlöse für Handelswaren
2409	Bleibtreu GmbH	4800	Umsatzsteuer (voller Steuersatz)
3000	Eigenkapital (Kapital Gerda Heinrich)	4400	Verbindlichkeiten a. L. u. L.
2400	Forderungen a. L. u. L.	2600	Vorsteuer (voller Steuersatz)
4403	Naturholz AG	2280	Waren (Handelswaren)
7020	Grundsteuer	6000	Aufwendungen für Rohstoffe
6300	Gehälter	1300	Beteiligungen

Herr Fitschen weist Leon darauf hin, dass durch einen Computerabsturz vor Kurzem die Datei beschädigt wurde und der Kontenplan daher in Unordnung geraten sei. Er fordert Leon auf, die Ordnung wiederherzustellen.

Arbeitsaufträge:

1. Unterscheiden Sie die Begriffe Kontenrahmen und Kontenplan!

Kontenrahmen	
Kontenplan	

2. Ordnen Sie die oben genannten Konten der Heinrich KG in die nachfolgende Übersicht (Material 1) ein und ergänzen Sie die Bezeichnungen der Kontenklassen!

3. Unterbreiten Sie Vorschläge für die „Nummerierung" der nachfolgenden Konten:

Konto	Nummer	Konto	Nummer
Verbindlichkeiten gegenüber Sozialversicherungsträgern		Reisekosten	
Büromöbel und sonstige Geschäftsausstattung		Privat	
Mieterträge		Kfz-Steuer	
Forderungen an Mitarbeiter		Wertpapiere des Anlagevermögens	

Material 1: Übersicht „Kontenrahmen"

Aktiva		
Anlagevermögen		Umlaufvermögen
Kontenklasse 0	Kontenklasse 1	Kontenklasse 2

Passiva	
Kontenklasse 3	Kontenklasse 4

Erträge	Aufwendungen	
Kontenklasse 5	Kontenklasse 6	Kontenklasse 7

8 Auf Erfolgskonten buchen

Schulbuch Kap. 4.2

Situation:

Heinrich KG
Büromöbel und Zubehör

Leon Laus hat sich mit der Unterstützung von Herrn Fitschen eine solide Rechnungswesenbasis erarbeitet. Die Bildung einfacher und zusammengesetzter Buchungssätze und die Übernahme dieser Buchungen ins Hauptbuch wickelt Leon bereits sehr routiniert ab. Die Bestandskontenführung einschließlich Eröffnung und Abschluss stellen für ihn kein Problem dar.

In einer weiteren Unterweisung führt Herr Fitschen Leon in die Systematik der Erfolgskonten ein. Leon soll aufgrund von acht ausgewählten Geschäftsvorfällen aus dem Dezember 20.. den Gewinn oder Verlust der Heinrich KG ermitteln.

Arbeitsaufträge:

1. Entscheiden Sie für die folgenden Geschäftsvorfälle, ob es sich um einen Aufwand oder einen Ertrag handelt. Kreuzen Sie an! **Hinweis:** Kreuzen Sie **nichts** an, wenn es sich um einen erfolgs**un**wirksamen Geschäftsvorfall handelt.

Nr.	Geschäftsvorfälle aus dem Dezember 20..	Aufwand	Ertrag
1.	Wareneinkauf für 380.000,00 € auf Ziel (ER 7777).		
2.	Diese eingekauften Waren werden für 460.000,00 € an Stammkunden gegen Banküberweisung verkauft.		
3.	Gehaltszahlung durch Banküberweisung an Mitarbeiter der Heinrich KG in Höhe von 25.000,00 €.		
4.	Kauf einer neuen EDV-Anlage für 730.000,00 € durch Banküberweisung.		
5.	Banküberweisung der Strom- und Gasabschläge der Stadtwerke über 72.000,00 €.		
6.	Versicherungsbeiträge werden in Höhe von 17.800,00 € durch Banküberweisung beglichen.		
7.	Barkauf von Büromaterial für 2.500,00 €.		
8.	Überweisung der ER 7777 vom Bankkonto.		

2. Ermitteln Sie zunächst rein rechnerisch den Gewinn oder Verlust für die Heinrich KG, der mit den oben angegebenen Geschäftsvorfällen einhergeht, und tragen Sie dann Ihr Ergebnis ein!

Gewinn (€): ____________ oder Verlust (€): ____________

3. Führen Sie das Grundbuch für die acht Geschäftsvorfälle (GV) aus dem Dezember 20..!

GV	Konten	Soll (€)	Haben (€)
1.			
2.			
3.			
4.			
5.			
6.			
7.			
8.			

4. Buchen Sie die Geschäftsvorfälle auf den Konten des Hauptbuches und schließen Sie die Konten ab! Entnehmen Sie die Anfangsbestände der benötigten Bestandskonten der folgenden Bilanz:

8000 Bilanz in Euro

Aktiva		Passiva	
A. Anlagevermögen		**A. Eigenkapital**	9.000.000,00
Grundstücke und Bauten	3.111.500,00	**B. Fremdkapital**	
TA und Maschinen	711.850,00	**Langfristig**	
Fuhrpark	668.000,00	Pensionsrückstellungen	1.390.400,00
Büromöbel und GA	718.150,00	Sonstige Rückstellungen	935.000,00
B. Umlaufvermögen		Darlehensschulden	5.483.733,00
Roh-, Hilfs- und Betriebsstoffe	2.709.620,00	**Kurzfristig**	
Unfertige Erzeugnisse	930.000,00	Verbindlichkeiten a. L. u. L.	3.947.190,00
Fertige Erzeugnisse	2.300.000,00	Sonstige Verbindlichkeiten	525.154,00
Waren	3.255.330,00		
Forderungen a. L. u. L.	5.585.739,00		
Bank	1.247.658,00		
Kasse	43.630,00		
Summe Aktiva	21.281.477,00	Summe Passiva	21.281.477,00

Bestandskonten

Aktive Bestandskonten

S	0840 Fuhrpark	H

S		H

S	2280 Waren	H

S	2800 Bank	H

S		H

Passive Bestandskonten

S		H

S		H

Erfolgskonten

Aufwandskonten | **Ertragskonten**

S		H	S		H

S		H

S		H

S		H

S		H

5. Führen Sie das Gewinn- und Verlustkonto und vervollständigen Sie die Schlussbilanz!

Soll	8020 Gewinn- und Verlustkonto	Haben

Aktiva	8010 (Schluss-)Bilanz in Euro		Passiva
A. Anlagevermögen		**A. Eigenkapital**	
Grundstücke und Bauten	3.111.500,00	**B. Fremdkapital**	
TA und Maschinen	711.850,00	**Langfristig**	
Fuhrpark		Pensionsrückstellungen	1.390.400,00
Büromöbel und GA		Sonstige Rückstellungen	935.000,00
		Darlehensschulden	5.483.733,00
B. Umlaufvermögen		**Kurzfristig**	
Roh-, Hilfs- und Betriebsstoffe	2.709.620,00	Verbindlichkeiten a. L. u. L.	
Unfertige Erzeugnisse	930.000,00	Sonstige Verbindlichkeiten	525.154,00
Fertige Erzeugnisse	2.300.000,00		
Waren			
Forderungen a. L. u. L.	5.585.739,00		
Bank			
Kasse			
Summe Aktiva		Summe Passiva	

6. Bestimmen Sie, wie sich der erzielte Erfolg (Gewinn oder Verlust) auf das Eigenkapital der Heinrich KG auswirkt!

Schulbuch Kap. 4.5

9 Bestandsveränderungen bei Waren buchen

Situation:

Leon Laus trifft sich heute mit Herrn Fitschen, der ihm zeigen möchte, wie Bestandsveränderungen bei Warenvorräten buchhalterisch behandelt werden. Leon ist erstaunt, dachte er doch bisher, dass der Anfangsbestand und der Schlussbestand bei Waren immer gleich hoch sind.

Heinrich KG
Büromöbel und Zubehör

Herr Fitschen legt Leon die Daten für zwei Artikel der Heinrich KG vor, anhand derer die Bestandsveränderungen gut erklärt werden können (siehe Material 1), und macht sich mit ihm zusammen an die Arbeit.

Arbeitsaufträge:

1. Buchen Sie die Bestände, Aufwendungen und Erträge für beide Schreibtischlampen getrennt auf den Warenkonten und schließen Sie die Konten ab! Nutzen Sie hierzu die Arbeitsvorlagen 1 und 2!
2. Ermitteln Sie außerhalb der Buchführung den Rohgewinn für die beiden Schreibtischlampen! Nutzen Sie hierzu die Arbeitsvorlage 3!

Material 1: Daten zu den Schreibtischlampen „Luna" und „Praktiker"

Schreibtischlampe „Luna"	
2280 Waren (Anfangsbestand)	46.500,00 €
2280 Waren (Schlussbestand)	41.300,00 €
6080 Aufwendungen für Waren	82.000,00 €
5100 Umsatzerlöse für Waren	104.000,00 €

Schreibtischlampe „Praktiker"	
2280 Waren (Anfangsbestand)	38.000,00 €
2280 Waren (Schlussbestand)	46.000,00 €
6080 Aufwendungen für Waren	78.000,00 €
5100 Umsatzerlöse für Waren	95.000,00 €

Arbeitsvorlage 1: Schreibtischlampe „Luna"

S 2280 Waren H

S 6080 Aufwendungen für Waren H

S 5100 Umsatzerlöse für Waren H

S 8010 Schlussbilanzkonto H

S 8020 Gewinn- und Verlustkonto H

Arbeitsvorlage 2: Schreibtischlampe „Praktiker"

S	2280 Waren	H

S	8010 Schlussbilanzkonto	H

S	8020 Gewinn- und Verlustkonto	H

S	6080 Aufwendungen für Waren	H

S	5100 Umsatzerlöse für Waren	H

Arbeitsvorlage 3:

Berechnung des Rohgewinns für die Schreibtischlampe „Luna"	
Wareneinkäufe	
+ Bestandsminderung	
= Aufwendungen für Waren (Wareneinsatz)	
verkaufte Waren zum Verkaufspreis	
– Aufwendungen für Waren	
= Rohgewinn (Warengewinn)	

Berechnung des Rohgewinns für die Schreibtischlampe „Praktiker"	
Wareneinkäufe	
– Bestandsmehrung	
= Aufwendungen für Waren (Wareneinsatz)	
verkaufte Waren zum Verkaufspreis	
– Aufwendungen für Waren	
= Rohgewinn (Warengewinn)	

Schulbuch Kap. 5

10 Beim Ein- und Verkauf die Umsatzsteuer berücksichtigen

Situation:

Am frühen Nachmittag will Herr Fitschen die monatliche Umsatzsteuervoranmeldung erstellen und fordert Leon auf, ihm dabei zu helfen. Da Leon der Begriff „Umsatzsteuer" unbekannt ist, fragt er Herrn Fitschen nach dessen Bedeutung.

Heinrich KG
Büromöbel und Zubehör

„Im Grunde", so Herr Fitschen, *„ist die Umsatzsteuer für die Heinrich KG ein durchlaufender Posten. Die Heinrich KG kassiert sozusagen die Umsatzsteuer, die sie ihren Kunden in Rechnung gestellt hat, im Namen des Finanzamtes. Die Vorsteuer führt sie hingegen an ihre Vorlieferanten, die Zahllast letztlich an das Finanzamt ab. Am besten lässt sich das nachvollziehen, wenn wir uns die Ein- und Ausgangsrechnungen des vorangegangenen Monats anschauen."*

Arbeitsaufträge:

1. Herr Fitschen bezeichnet die Umsatzsteuer als durchlaufenden Posten. Verdeutlichen Sie mithilfe der Übersicht (Material 1), dass die Umsatzsteuer für die Heinrich KG in der Tat ein durchlaufender Posten ist!

2. Die Heinrich KG hat im Monat April nachfolgende Ausgangsrechnungen für eigene Erzeugnisse vorliegen:

1	Ausgangsrechnung vom 04-04-20.., Rechnungsbetrag	74.970,00 €
2	Ausgangsrechnung vom 08-04-20.., Rechnungsbetrag	98.770,00 €
3	Ausgangsrechnung vom 11-04-20.., Rechnungsbetrag	14.280,00 €
4	Ausgangsrechnung vom 13-04-20.., Rechnungsbetrag	7.140,00 €
5	Ausgangsrechnung vom 24-04-20.., Rechnungsbetrag	29.750,00 €
6	Ausgangsrechnung vom 27-04-20.., Rechnungsbetrag	33.320,00 €

Die Heinrich KG hat im Monat April nachfolgende Eingangsrechnungen für den Einkauf von Handelswaren vorliegen:

1	Eingangsrechnung vom 03-04-20.., Rechnungsbetrag	26.180,00 €
2	Eingangsrechnung vom 06-04-20.., Rechnungsbetrag	39.270,00 €
3	Eingangsrechnung vom 14-04-20.., Rechnungsbetrag	4.760,00 €
4	Eingangsrechnung vom 19-04-20.., Rechnungsbetrag	24.990,00 €
5	Eingangsrechnung vom 20-04-20.., Rechnungsbetrag	32.130,00 €

Ermitteln Sie anhand der vorliegenden Aus- und Eingangsrechnungen die Zahllast der Heinrich KG für den Monat April! Benutzen Sie dazu die beiden folgenden Konten!

S 2600 Vorsteuer H

S 4800 Umsatzsteuer H

3. Folgende Geschäftsvorfälle (GV) müssen bei der Heinrich KG vor Erstellung der Umsatzsteuervoranmeldung für den Monat Mai noch gebucht werden:

1.	Es wurden Handelswaren auf Ziel gekauft (ER 8325), netto	17.500,00 €
2.	Banküberweisung der ER 8325	
3.	Wir verkaufen eigene Erzeugnisse auf Ziel (AR 3822) für brutto	91.630,00 €
4.	Unser Kunde überweist die fällige AR 3822 auf unser Bankkonto	91.630,00 €
5.	Wir zahlen Reparaturarbeiten an unserer Heizung bar, brutto	1.666,00 €
6.	Barkauf von Büromaterial für netto	450,00 €

Buchen Sie die Geschäftsvorfälle und ermitteln Sie aufgrund dieser Buchungen die Zahllast für die Heinrich KG auf den Konten „Vorsteuer" und „Umsatzsteuer"!

Buchungssätze:

GV	Konten	Soll (€)	Haben (€)
1.			
2.			
3.			
4.			
5.			
6.			

S	2600 Vorsteuer	H

S	4800 Umsatzsteuer	H

Material 1: Die Umsatzsteuer als durchlaufender Posten

Zum Ausfüllen der Tabelle sind folgende Angaben zu berücksichtigen:

a) Die Bürotec GmbH stellt hochwertige Schreibtischlampen her. Im Monat Juni verkauft die Bürotec GmbH Schreibtischlampen im Wert von netto 4.000,00 € an die Heinrich KG.

b) Die Heinrich KG verkauft diese Schreibtischlampen für netto 5.500,00 € an die Möbelgroßhandlung Brandes GmbH & Co. KG.

c) Die Möbelgroßhandlung Brandes GmbH & Co. KG verkauft die Schreibtischlampen an die McPaper Schreib- und Papierwaren GmbH und kassiert hierfür netto 9.000,00 €.

d) Die McPaper Schreib- und Papierwaren GmbH verkauft die Schreibtischlampen an Endverbraucher für insgesamt 11.500,00 € netto.

Betrieb der Umsatzstufe	Ausgangsrechnung des Betriebes	Mehrwertschöpfung	Umsatzsteuer	– Vorsteuer	= Zahllast
Bürotec GmbH	________ € netto ________ € 19 % USt ________ € Rechnungsbetrag				
Heinrich KG	________ € netto ________ € 19 % USt ________ € Rechnungsbetrag				
Möbelgroßhandlung Brandes GmbH & Co. KG	________ € netto ________ € 19 % USt ________ € Rechnungsbetrag				
McPaper Schreib- und Papierwaren GmbH	________ € netto ________ € 19 % USt ________ € Rechnungsbetrag				
Endverbraucher					

11 Rücksendungen beim Ein- und Verkauf von Waren buchen

Schulbuch Kap. 6.1

Situation:

Heinrich KG
Büromöbel und Zubehör

Leon Laus bearbeitet gerade die eingegangene Post, als Herr Fitschen das Büro betritt. In der Hand hält er einen Ordner mit der Aufschrift „Rücksendungen" und eine Rechnung der Bürotec GmbH. Auf Leons Nachfrage erklärt ihm Herr Fitschen, dass bei der letzten Lieferung der Bürotec GmbH ein Artikel geliefert worden war, den die Heinrich KG nicht bestellt und deshalb umgehend an den Lieferanten zurückgeschickt hatte. Inzwischen ist vom Lieferanten eine Gutschrift eingegangen. Der gesamte Vorgang war bisher zur Seite gelegt worden und muss nun gebucht werden.

Außerdem muss sich Herr Fitschen noch mit einer sehr unangenehmen Angelegenheit befassen: Der Möblix GmbH waren mit der letzten Lieferung 20 Schreibtische der Marke Starlight geliefert worden, von denen leider 10 Schreibtische große Mängel aufweisen. Diese 10 Schreibtische hat die Möblix GmbH zurückgeschickt und darüber von uns eine Gutschrift erhalten.

Arbeitsaufträge:

1. **Die Buchung von Rücksendungen im Einkaufsbereich**

1.1 Erfassen Sie die Eingangsrechnung (Beleg 1) der Bürotec GmbH im nachfolgenden Grundbuchauszug!

Beleg	Konten	Soll (€)	Haben (€)
1			

1.2 Erfassen Sie die Gutschrift der Bürotec GmbH (Beleg 2) und überweisen Sie den restlichen Betrag per Bank!

Beleg	Konten	Soll (€)	Haben (€)
2			

	Konten	Soll (€)	Haben (€)
Restzahlung			

2. **Die Buchung von Rücksendungen im Verkaufsbereich**

2.1 Erfassen Sie die Ausgangsrechnung der Heinrich KG an die Möblix GmbH (Beleg 3) im nachfolgenden Grundbuchauszug!

Beleg	Konten	Soll (€)	Haben (€)
3			

2.2 Erfassen Sie die Gutschrift an die Möblix GmbH (Beleg 4) und die Überweisung des Restbetrages durch die Möblix GmbH!

Beleg	Konten	Soll (€)	Haben (€)
4			

	Konten	Soll (€)	Haben (€)
Überweisung			

3. **Buchung im Hauptbuch und Abschluss der Konten**

Buchen Sie die Belege 1 bis 4 auf den folgenden Konten!

S	5000 Umsatzerlöse für eigene Erzeugnisse	H

S	6080 Aufwendungen für Waren	H

S	4800 Umsatzsteuer	H

S	2600 Vorsteuer	H

S	2400 Forderungen a. L. u. L.	H

S	4400 Verbindlichkeiten a. L. u. L.	H

Beleg 1

Bürotec GmbH
Büroausstattungen

Bürotec GmbH – An der Industriebahn 15 – 13129 Berlin
Heinrich KG
Rahlstedter Str. 144
22143 Hamburg

Bei Zahlung bitte angeben:
R-Nr.: 20-R04781
R-Datum: 18.12.20..

Lieferung am: 15.12.20..
L-Nr.: 20-L04781
Lieferbedingung: Frei Haus

Rechnung

Art.-Nr.	Art.-Bezeichnung	Stück	Einzelpreis	Rabatt	Gesamtpreis
9103	Aktenvernichter PS 33	50	18,00 €		900,00 €
9705	Papierkorb Pirat	100	7,95 €		795,00 €
				Rechnungsbetrag (netto)	1.695,00 €
				19 % Umsatzsteuer	322,05 €
				Rechnungsbetrag (brutto)	2.017,05 €

Zahlungsziel 30 Tage,
innerhalb 10 Tagen 3 % Skonto

Sitz der Gesellschaft: Berlin
Geschäftsführung: Jana Becker

HRB 112294 B
Amtsgericht Charlottenburg
Steuernummer 37218 / 21265

Telefon 030-916-5820
Telefax 030-916-5930
eMail hotline@bürotec.de

Bank: Berliner Bank
IBAN: DE09 1007 0848 3580 9566 07
BIC: DEUTDEDB110

Beleg 2

Bürotec GmbH
Büroausstattungen

Bürotec GmbH – An der Industriebahn 15 – 13129 Berlin
Heinrich KG
Rahlstedter Str. 144
22143 Hamburg

Datum: 19.12.20..

Gutschrift-Nr.: 10-G000143
Rechnung vom: 18.12.20..
R-Nr.: 20-R04781

Gutschrift

Warenrücksendung: 18.12.20..

Art.-Nr.	Art.-Bezeichnung	Stück	Einzelpreis	Rabatt	Gesamtpreis
9705	Papierkorb Pirat	100	7,95 €		795,00 €

Rechnungsbetrag (netto)	795,00 €
19 % Umsatzsteuer	151,05 €
Rechnungsbetrag (brutto)	946,05 €

Bitte entschuldigen Sie unsere Falschlieferung und kürzen Sie Ihren Überweisungsbetrag entsprechend!

Sitz der Gesellschaft: Berlin
Geschäftsführung: Jana Becker
HRB 112294 B
Amtsgericht Charlottenburg
Steuernummer 37218 / 21265
Telefon 030-916-5820
Telefax 030-916-5930
eMail hotline@bürotec.de
Bank: Berliner Bank
IBAN: DE09 1007 0848 3580 9566 07
BIC: DEUTDEDB110

Beleg 3

Heinrich KG
Büromöbel und Zubehör

Heinrich KG · Rahlstedter Str. 144 · 22143 Hamburg
Möblix GmbH
Schönhauser Allee 187
10437 Berlin

Ihr Zeichen: bre
Ihre Nachricht vom:
Unser Zeichen: wal
Unsere Nachricht vom:

Name: Herr Walter
Telefon: 040 67245-140
Telefax: 040 67245-87
E-Mail: walter@heinrich-kg.de

Datum: 13.12.20..

Rechnung Nr. 11 146

Auftrags-Nr.	1-1846		
Kunden-Nr.	D 2403	Auftrags-Datum	10.12.20..
Rechnungsdatum	13.12.20..	Lieferdatum	12.12.20..

Artikel-Nr.	Artikelbezeichnung	Menge	Preis pro Stück	Gesamt
Starlight A-1002100	Solitärschreibtisch in Nierenform Buche-Massivholz, Oberfläche versiegelt	20	925,00 €	18.500,00 €

Warenwert	18.500,00 €
+ Frachtkosten	0,00 €
+ 19 % USt	3.515,00 €
Rechnungsbetrag	**22.015,00 €**

2 % Skonto bei Zahlung bis:	Skontobetrag:	Skonto-Zahlungsbetrag:
21.12.20..	440,30 €	21.574,70 €

Heinrich KG
Geschäftsführung: Gerda Heinrich
Amtsgericht Hamburg: HRA 1101
St-Nr.: 27/430/0027
USt-ID Nummer: DE 68 609 3911

Bankverbindungen:
Hamburger Sparkasse
IBAN: DE07 2005 0550 1120 2399 08
BIC:HASPDEHHXXX

Postbank Hamburg
IBAN: DE61 2001 0020 0064 0697 54
BIC:PBNKDEFF200

Beleg 4

Heinrich KG
Büromöbel und Zubehör

Heinrich KG · Rahlstedter Str. 144 · 22143 Hamburg
Möblix GmbH
Schönhauser Allee 187
10437 Berlin

Ihr Zeichen: bre
Ihre Nachricht vom:
Unser Zeichen: wal
Unsere Nachricht vom:

Name: Herr Walter
Telefon: 040 67245-140
Telefax: 040 67245-87
E-Mail: walter@heinrich-kg.de

Datum:

Gutschrift Nr. 2-0766

Kunden-Nr.	D 2403	Rechnungs-Nr.	11146
Datum	20.12.20..	Rechnung vom	13.12.20..

Artikel-Nr.	Artikelbezeichnung	Menge	Preis pro Stück	Gesamt
Starlight A-1002100	Solitärschreibtisch in Nierenform Buche-Massivholz, Oberfläche versiegelt Aufgrund unserer fehlerhaften Lieferung schreiben wir Ihnen den untenstehenden Betrag gut!	10	925,00 €	9.250,00 €

Warenwert	9.250,00 €
+ Frachtkosten	0,00 €
+ 19 % USt	1.757,50 €
Gutschriftsbetrag	**11.007,50 €**

Heinrich KG
Geschäftsführung: Gerda Heinrich
Amtsgericht Hamburg: HRA 1101
St-Nr.: 27/430/0027
USt-ID Nummer: DE 68 609 3911

Bankverbindungen:
Hamburger Sparkasse
IBAN: DE07 2005 0550 1120 2399 08
BIC:HASPDEHHXXX

Postbank Hamburg
IBAN: DE61 2001 0020 0064 0697 54
BIC:PBNKDEFF200

12 Rabatte und Nebenkosten beim Ein- und Verkauf von Waren buchen

Schulbuch Kap. 6.1

Situation:

Herr Fitschen möchte dem Auszubildenden Leon Laus die buchhalterischen Besonderheiten beim Einkauf und Verkauf von Waren bei der Heinrich KG systematisch aufzeigen und Leon anhand von Originalbelegen mit den notwendigen Buchungen im Grund- und Hauptbuch vertraut machen.

Heinrich KG
Büromöbel und Zubehör

Die Buchungen soll Leon Laus manuell durchführen, damit er die notwendigen Vorsteuer- und Umsatzsteuerkorrekturen kennenlernt. Herr Fitschen hat in den vorbereiteten Unterlagen darüber hinaus auch Platz für wichtige Merksätze gelassen. Mit den betriebswirtschaftlichen Auswertungsfragen möchte Herr Fitschen überprüfen, ob Leon die Thematik verstanden hat.

Zunächst geht es um die Behandlung von Rabatten und Nebenkosten.

Arbeitsaufträge:

1. Informieren Sie sich in Ihrem Schulbuch über die buchhalterische Behandlung von Rabatten und Nebenkosten beim Einkauf und Verkauf von Waren!

Die Buchung von Rabatten im Einkaufsbereich

2. Erfassen Sie die Eingangsrechnung (Beleg 1) der Naturholz AG im nachfolgenden Grundbuchauszug!

Beleg	Konten	Soll (€)	Haben (€)
1			

Die Buchung von Rabatten im Verkaufsbereich

3. Erfassen Sie die Ausgangsrechnung (Beleg 2) der Heinrich KG im nachfolgenden Grundbuchauszug!

Beleg	Konten	Soll (€)	Haben (€)
2			

Das merke ich mir:

______

______

______

Nebenkosten beim Einkauf von Waren

4. Erfassen Sie die Eingangsrechnung der Bürotec GmbH (Beleg 3) im nachfolgenden Grundbuchauszug!

Beleg	Konten	Soll (€)	Haben (€)
3			

5. Erfassen Sie die Eingangsrechnung von Franz Meyer e. K. (Beleg 4) und die Barzahlung an die Blitz-Spedition GmbH (Beleg 5) im nachfolgenden Grundbuchauszug!

Beleg	Konten	Soll (€)	Haben (€)
4			
5			

Das merke ich mir:

Nebenkosten beim Verkauf von Waren

6. Erfassen Sie die Ausgangsrechnung der Heinrich KG an die Gertrud Brandt KG (Beleg 6) im nachfolgenden Grundbuchauszug! Für diese Lieferung hat die Heinrich KG Lieferung frei Haus vereinbart. Da der eigene Lkw nicht zur Verfügung steht, beauftragt die Heinrich KG die Blitz-Spedition GmbH und begleicht die Rechnung bar (Beleg 7).

Beleg	Konten	Soll (€)	Haben (€)
6			
7			

7. Erfassen Sie die Ausgangsrechnung an die Weyermann & Söhne KG (Beleg 8) im nachfolgenden Grundbuchauszug!

Beleg	Konten	Soll (€)	Haben (€)
8			

Das merke ich mir:

8. Buchen Sie die Belege 3 bis 8 auf den folgenden Konten und nehmen Sie die betriebswirtschaftliche Auswertung vor:

S	2280 Handelswaren		H
AB	70.000,00	SB	68.000,00

S	6080 Aufwendungen für Waren	H

S	5100 Umsatzerlöse	H

S	6140 Ausgangsfrachten	H

S	6081 Bezugskosten	H

S	2600 Vorsteuer	H

S	4800 Umsatzsteuer	H

S	8020 Gewinn- und Verlustkonto	H

Betriebswirtschaftliche Auswertung:

8.1 Wie viel Euro beträgt der Warenaufwand/Wareneinsatz? ____________

8.2 Wie hoch ist die Umsatzsteuerzahllast bzw. der Vorsteuerüberhang? ____________

8.3 Wie viel Euro beträgt der Rohgewinn? ____________

8.4 Wie viel Euro betragen die Bezugskosten? ____________

8.5 Wie viel Euro beträgt der Reingewinn? ____________

Beleg 1

Naturholz AG Augsburg

Naturholz AG · Schäfflerbachstraße 26 · 86003 Augsburg
Heinrich KG
Rahlstedter Str. 144
22143 Hamburg

Kundennummer: 440309
Rechnung vom: 12.01.20..
Rechnungs-Nr.: 00-00-034
Sachbearbeiter: Herr Sittig
Bestellnummer: 941104
Bestelldatum: 09.01.20..
Lieferung am: 12.01.20..

Rechnung

Artikel-Nr.	Artikelbezeichnung	Anzahl	Einzelpreis	Bestellwert
706304	Archiv-Regal, 5 Einlegeböden, Softkanten, Ahorn massiv	15	130,00 €	1.950,00 €
	abzüglich 12,5 % Rabatt			– 243,75 €
			Warenwert	1.706,25 €
			+ 19 % MwSt	324,19 €
			Rechnungsbetrag	2.030,44 €

Zahlungsziel: 12.02.20..
– 3 % Skonto bei Zahlung bis zum: 22.01.20..

Skonto	Skonto-Zahlungsbetrag
60,91 €	1.959,53 €

Beleg 2

Heinrich KG
Büromöbel und Zubehör

Ihr Zeichen: wip
Ihre Nachricht vom:
Unser Zeichen: wal
Unsere Nachricht vom:

Name: Herr Walter
Telefon: 040 67245-140
Telefax: 040 67245-87
E-Mail: walter@heinrich-kg.de

Datum: 20.01.20..

Heinrich KG · Rahlstedter Str. 144 · 22143 Hamburg
Innovations AG
Leipziger Str. 120
01127 Dresden

Rechnung Nr. 1-1949

Auftrags-Nr.	1-1949		
Kunden-Nr.	D 2407	Auftrags-Datum	12.01.20..
Rechnungsdatum	20.01.20..	Lieferdatum	20.01.20..

Artikel-Nr.	Artikelbezeichnung	Menge	Preis pro Stück	Gesamt
B-2501170	Wolga TV-Lowboard, zwei Schiebetüren, Fach mit verstellbarem Boden, Buche massiv abzüglich 10 % Rabatt	20	340,00 €	6.800,00 € – 680,00 €

Warenwert	6.120,00 €
+ Frachtkosten	0,00 €
+ 19 % USt	1.162,80 €
Rechnungsbetrag	**7.282,80 €**

2 % Skonto bei Zahlung bis:	Skontobetrag:	Skonto-Zahlungsbetrag:
30.01.20..	145,66 €	7.137,14 €

Beleg 3

Bürotec GmbH
Büroausstattungen

Bürotec GmbH – An der Industriebahn 15 – 13129 Berlin
Heinrich KG
Rahlstedter Str. 144
22143 Hamburg

Bei Zahlung bitte angeben:
R-Nr.: 20-R00901
R-Datum: 20.01.20..

Lieferung am: 14.01.20..
L-Nr.: 20-L00901

Rechnung

Art.-Nr.	Art.-Bezeichnung	Stück	Einzelpreis	Rabatt	Gesamtpreis
1020	Pinnwand Pintex abzüglich 12 % Rabatt	100	80,00 €		8.000,00 € – 960,00 €
9991	Fracht				125,00 €

Rechnungsbetrag (netto)	7.165,00 €
19 % Umsatzsteuer	1.361,35 €
Rechnungsbetrag (brutto)	8.526,35 €

Zahlungsziel 30 Tage, 3 % Skontoabzug bei Zahlung bis zum 28.01.20..

Beleg 4

FRANZ MEYER e.K.
Großhandel für Papier- und Bürobedarf

Tel.: 040 7642-0
Fax: 040 7642-9
E-Mail: franz.meyer@t-online.de

Franz Meyer e.K. · Hamburger Straße 111 · 22083 Hamburg
Heinrich KG
Rahlstedter Str. 144
22143 Hamburg

Ihr Zeichen: Mey
Unser Zeichen: Bas
Datum: 15.01.20..

Rechnung Nr. 430-12

Kunden-Nr. 24430 Auftrags-Datum 09.01.20..
Auftrags-Nr. 430-12 Lieferdatum 10.01.20..

Artikel-Nr.	Artikelbezeichnung	Menge	Preis pro 1.000 Bogen	Gesamt
200-9249045	Papierbogen DIN A4 80 g/m² weiß mit Logo Mengenrabatt: 22,70 %	600.000	24,37 €	14.622,00 € −3.319,19 €

Warenwert	**11.302,81 €**
+ 19 % USt	2.147,53 €
Bruttobetrag	**13.450,34 €**
+ Frachtkosten	0,00 €
Rechnungssumme	**13.450,34 €**

Bei Zahlung bis zum 25.01.20.. 3 % Skonto,
Zahlungsziel 60 Tage

Skontobetrag: 269,01 €
Skonto-Zahlungsbetrag: 13.181,33 €

Beleg 5

Quittung

Netto EUR 190,00
+ 19 % MwSt./EUR 36,10
Nr. 27
Gesamt EUR 226,10
EUR in Worten zweihundertsechsundzwanzig (Cent wie oben)
von Heinrich KG
für Warenlieferung von Franz Meyer e. K.
dankend erhalten.
Ort/Datum Hamburg, 15.01.20..
Buchungsvermerke
Stempel/Unterschrift des Empfängers
Yildiz, Fahri
Blitz-Spedition GmbH

Quittung

Beleg 6

Heinrich KG
Büromöbel und Zubehör

Ihr Zeichen:	zur
Ihre Nachricht vom:	
Unser Zeichen:	wal
Unsere Nachricht vom:	
Name:	Herr Walter
Telefon:	040 67245-140
Telefax:	040 67245-87
E-Mail:	walter@heinrich-kg.de
Datum:	21.01.20..

Heinrich KG · Rahlstedter Str. 144 · 22143 Hamburg
Gertrud Brandt KG
Südstraße 7
20083 Hamburg

Rechnung Nr. 1-1978

Auftrags-Nr.	1-1978		
Kunden-Nr.	D 2401	Auftrags-Datum	17.01.20..
Rechnungsdatum	21.01.20..	Lieferdatum	21.01.20..

Artikel-Nr.	Artikelbezeichnung	Menge	Preis pro Stück	Gesamt
B-2103138	Optima Schreibtischleuchte in Aluminium, extrem langer Leuchtenkopf	30	90,00 €	2.700,00 €

Warenwert	2.700,00 €
+ Frachtkosten	0,00 €
+ 19 % USt	513,00 €
Rechnungsbetrag	**3.213,00 €**

2 % Skonto bei Zahlung bis:	Skontobetrag:	Skonto-Zahlungsbetrag:
31.01.20..	64,26 €	3.148,74 €

Beleg 7

Quittung

Netto EUR	80,00
+ 19 % MwSt./EUR	15,20
Gesamt EUR	95,20

Nr. 43

EUR in Worten: fünfundneunzig — Cent wie oben

von: Heinrich KG

für: Warenlieferung von Gertrud Brandt KG

dankend erhalten.

Ort/Datum: Hamburg, 15.01.20..

Buchungsvermerke

Stempel/Unterschrift des Empfängers
Yildiz, Fahri
Blitz-Spedition GmbH

Quittung

Beleg 8

Heinrich KG
Büromöbel und Zubehör

Heinrich KG · Rahlstedter Str. 144 · 22143 Hamburg
Weyermann & Söhne KG
Falkenseestraße 15
73252 Lenningen

Ihr Zeichen:	wey
Ihre Nachricht vom:	
Unser Zeichen:	wal
Unsere Nachricht vom:	
Name:	Herr Walter
Telefon:	040 67245-140
Telefax:	040 67245-87
E-Mail:	walter@heinrich-kg.de
Datum:	22.01.20..

Rechnung Nr. 1-1003

Auftrags-Nr.	1-1003		
Kunden-Nr.	D 2408	Auftrags-Datum	17.01.20..
Rechnungsdatum	22.01.20..	Lieferdatum	22.01.20..

Artikel-Nr.	Artikelbezeichnung	Menge	Preis pro Stück	Gesamt
B-2001141	Intimus besonders leiser Aktenvernichter mit Vollstahl-Schneidwellen aus Spezialstahl	25	975,00 €	24.375,00 €

Warenwert	24.375,00 €
+ Frachtkosten	15,00 €
+ 19 % USt	4.634,10 €
Rechnungsbetrag	**29.024,10 €**

2 % Skonto bei Zahlung bis:	Skontobetrag:	Skonto-Zahlungsbetrag:
01.02.20..	580,48 €	28.443,62 €

Heinrich KG
Geschäftsführung: Gerda Heinrich
Amtsgericht Hamburg: HRA 1101
St-Nr.: 27/430/0027
USt-ID Nummer: DE 68 609 3911

Bankverbindungen:
Hamburger Sparkasse
IBAN: DE07 2005 0550 1120 2399 08
BIC:HASPDEHHXXX

Postbank Hamburg
IBAN: DE61 2001 0020 0064 0697 54
BIC:PBNKDEFF200

13 Nachlässe wegen Schlechtleistung beim Ein- und Verkauf von Waren buchen

Schulbuch Kap. 6.1

Situation:

Aufgrund einer gerechtfertigten Reklamation hat die Heinrich KG von der Lenz KG eine Gutschrift erhalten. Aber auch die Heinrich KG muss wegen einer mangelhaften Lieferung (Schlechtleistung) einen Nachlass gewähren: Wegen verschmutzter Rückwände der an die Möblix GmbH gelieferten Archiv-Regale muss sie dem Unternehmen einen Teil des Warenwerts gutschreiben.

Heinrich KG
Büromöbel und Zubehör

Herr Fitschen beauftragt den Auszubildenden Leon Laus, die zwei Geschäftsvorfälle sachgerecht zu buchen.

Arbeitsaufträge:

1. Informieren Sie sich in Ihrem Schulbuch über die buchhalterische Behandlung von Nachlässen wegen mangelhafter Lieferung beim Ein- und Verkauf von Waren!

Nachlässe von Lieferern wegen Schlechtleistung

2. Erfassen Sie die Eingangsrechnung (Beleg 1) und die Gutschrift (Beleg 2) der Lenz KG sowie die Überweisung des Restbetrages der Heinrich KG (Beleg 3) im nachfolgenden Grundbuchauszug!

Beleg	Konten	Soll (€)	Haben (€)
1			
2			
3a			

Das merke ich mir:

____

____

____

____

____

____

Nachlässe an Kunden wegen Schlechtleistung

3. Erfassen Sie die Ausgangsrechnung (Beleg 4) und die Gutschrift (Beleg 5) der Heinrich KG an die Möblix GmbH sowie die Überweisung des Restbetrages der Möblix GmbH (Beleg 3) im nachfolgenden Grundbuchauszug!

Beleg	Konten	Soll (€)	Haben (€)
4			
5			
3b			

Das merke ich mir:

____

____

____

____

____

Beleg 1

LENZ KG Leuchtmittel

Lenz KG – Industriestraße 12 – 90441 Nürnberg
Heinrich KG
Rahlstedter Str. 144
22143 Hamburg

Rechnung vom: 20.01.20..
Rechnung-Nr.: 001198

Lieferung am: 19.01.20..
Lieferschein-Nr.: 001198

Rechnung

Art.-Nr.	Art.-Bezeichnung	Stück	Einzelpreis	Rabatt	Gesamtpreis
2342-09	Luna Schreibtischlampe in Chrom, Schnurzwischenschalter, Opalglas weiß	500	45,00 €	12,00 %	19.800,00 €
9999-00	Fracht				70,00 €
				Warenwert	19.870,00 €
				Umsatzsteuer 19 %	3.775,30 €
				Rechnungsbetrag	23.645,30 €

Die Lieferung erfolgt auf der Grundlage unserer Allgemeinen Geschäftsbedingungen.
Bei Zahlung innerhalb 10 Tagen 3 % Skonto, Zahlungsziel 60 Tage.

Beleg 2

LENZ KG
Leuchtmittel

Lenz KG – Industriestraße 12 – 90441 Nürnberg
Heinrich KG
Rahlstedter Str. 144
22143 Hamburg

Datum: 25.01.20..
Gutschrift-Nr.: 000167

Rechnung vom: 20.01.20..
Rechnung-Nr.: 001198

Gutschrift

Art.-Nr.	Art.-Bezeichnung	Gesamt
2342-09	Luna Schreibtischlampe in Chrom, Schnurzwischenschalter, Opalglas weiß	
	Aufgrund Ihrer Reklamation schreiben wir Ihnen 5 % von 19.800,00 € gut:	990,00 €
	Gutschriftsbetrag	990,00 €
	Umsatzsteuer 19 %	188,10 €
	Gutschriftsbetrag gesamt	1.178,10 €

Mit freundlichen Grüßen

i. A. Hannah Siebert

Sitz der Gesellschaft: Nürnberg
Geschäftsführung: Silke Lenz

Amtsgericht Nürnberg
HRA 112294 A
Steuernummer 241/120/60703

Telefon 0911-3307-40
Telefax 0911-3307-60
E-Mail info@lenz-nuernberg.de

Bankverbindung:
Sparkasse Nürnberg
BIC: SSKNDE77XXX
IBAN: DE49 7605 0101 0032 0946 09

Beleg 3

IBAN: DE07 2005 0550 1120 2399 08 — HAMBURGER SPARKASSE — BIC: HASPDEHHXXX

SIK – KAD 8/98 S

Bitte beachten Sie die Hinweise auf der Rückseite

Buchungstag	Tag der Wertstellung	Verwendungszweck/Buchungstext	
		alter Kontostand	+ 172.182,00
13.02.	13.02.	Überweisungsauftrag Lenz KG Rechnungs-Nr. 001198 abzüglich Gutschrift vom 25.01.20..	− 22.467,20
13.02.	13.02.	Zahlungseingang Möblix GmbH Rechnungs-Nr. 1-1789	+ 5.622,75
		neuer Kontostand	+ 155.337,55

Heinrich KG
Rahlstedter Str. 144
22143 Hamburg

50/00

Kontoauszug vom	Auszug	Blatt
13.02.20..	34	1

Beleg 4

Heinrich KG
Büromöbel und Zubehör

Ihr Zeichen:	bre
Ihre Nachricht vom:	
Unser Zeichen:	wal
Unsere Nachricht vom:	
Name:	Herr Walter
Telefon:	040 67245-140
Telefax:	040 67245-87
E-Mail:	walter@heinrich-kg.de
Datum:	08.02.20..

Heinrich KG · Rahlstedter Str. 144 · 22143 Hamburg
Möblix GmbH
Schönhauser Allee 187
10437 Berlin

Rechnung Nr. 1-1019

Auftrags-Nr.	1-1019		
Kunden-Nr.	D 2403	Auftrags-Datum	07.02.20..
Rechnungsdatum	08.02.20..	Lieferdatum	08.02.20..

Artikel-Nr.	Artikelbezeichnung	Menge	Preis pro Stück	Gesamt
B-2502100	Rimini Archiv-Regal für CDs, 5 Einlegeböden, Softkanten, aus Ahorn massiv	30	175,00 €	5.250,00 €

Warenwert	5.250,00 €
+ Frachtkosten	0,00 €
+ 19 % USt	997,50 €
Rechnungsbetrag	**6.247,50 €**

2 % Skonto bei Zahlung bis:	Skontobetrag:	Skonto-Zahlungsbetrag:
18.02.20..	124,95 €	6.122,55 €

Beleg 5

Heinrich KG
Büromöbel und Zubehör

Ihr Zeichen:	bre
Ihre Nachricht vom:	
Unser Zeichen:	wal
Unsere Nachricht vom:	
Name:	Herr Walter
Telefon:	040 67245-140
Telefax:	040 67245-87
E-Mail:	walter@heinrich-kg.de
Datum:	10.02.20..

Heinrich KG · Rahlstedter Str. 144 · 22143 Hamburg
Möblix GmbH
Schönhauser Allee 187
10437 Berlin

Gutschrift Nr. 2-0777

		Rechnungs-Nr.	1-1019
Kunden-Nr.	D 2403	Rechnung vom	08.02.20..

Artikel-Nr.	Artikelbezeichnung	Gesamt
B-2502100	Rimini Archiv-Regal für CDs, 5 Einlegeböden, Softkanten, aus Ahorn massiv Aufgrund Ihrer telefonischen Reklamation wegen der Verschmutzung der Rückwände schreiben wir Ihnen 10 % des Warenwertes gut:	525,00 €

Warenwert	525,00 €
+ Frachtkosten	0,00 €
+ 19 % USt	99,75 €
Gutschriftsbetrag	**624,75 €**

Schulbuch Kap. 6.1

14 Skonti beim Ein- und Verkauf von Waren buchen

Situation 1: Liefererskonti wegen vorzeitiger Zahlung

Am 14. Februar 20.. überweist Max Tietgen, Sachbearbeiter im Rechnungswesen der Heinrich KG, zwei Lieferantenrechnungen unter Abzug von Skonto.

SIK – KAD 8/98 S

Bitte beachten Sie die Hinweise auf der Rückseite

IBAN			BIC
DE07 2005 0550 1120 2399 08	HAMBURGER SPARKASSE		HASPDEHHXXX

Buchungstag	Tag der Wertstellung	Verwendungszweck/Buchungstext	alter Kontostand
			+ 155.337,55
14.02.	14.02.	Lastschrift Lenz KG Rechnung-Nr. 001215 abzüglich 3 % Skonto	– 27.703,20
14.02.	14.02.	Lastschrift Bürotec GmbH Rechnung-Nr. 20-R04437 abzüglich 2 % Skonto	– 10.262,56
			+ 117.371,79 neuer Kontostand

Heinrich KG
Rahlstedter Str. 144
22143 Hamburg

Kontoauszug vom	Auszug	Blatt
14.02.20..	35	1

50/00

Arbeitsaufträge:

1. Ermitteln Sie für beide Rechnungen den ursprünglich in Rechnung gestellten Warenwert und die enthaltene Vorsteuer!

Rechnung Lenz KG:

Rechnung Bürotec GmbH:

2. Schlüsseln Sie mithilfe der beiden nachstehenden Tabellen die Rechnungs-, Skonti- und Zahlungsbeträge auf!

Rechnung Lenz KG:

	Rechnung	abzüglich 3 % Skonto	= Zahlungsbetrag
Warenwert			
Vorsteuer			
Rechnungsbetrag			

Rechnung Bürotec GmbH:

	Rechnung	abzüglich 2 % Skonto	= Zahlungsbetrag
Warenwert			
Vorsteuer			
Rechnungsbetrag			

3. Erfassen Sie die Zahlungsausgänge (Beleg in Situation 1) der Heinrich KG im nachfolgenden Grundbuchauszug!

Beleg	Konten	Soll (€)	Haben (€)
1 a			
1 b			

4. Vervollständigen Sie die folgenden Merksätze:

➤ Von Lieferern gewährte Skonti werden als ____________ auf dem Konto ____________ im ____________ gebucht.

➤ Der Kontenabschluss erfolgt über das Konto ____________.

➤ Die Heinrich KG erzielt allerdings nur eine ____________ in Höhe des Nettoskontos, denn die nicht gezahlte Vorsteuer muss auf der ____________seite des ____________kontos zurückgebucht werden.

Situation 2: Kundenskonti wegen vorzeitiger Zahlung

Am 15. Februar 20.. erhält die Heinrich KG zwei Kundenüberweisungen unter Abzug von Skonto.

SIK – KAD.8/98 S

Bitte beachten Sie die Hinweise auf der Rückseite

IBAN		BIC
DE07 2005 0550 1120 2399 08	HAMBURGER SPARKASSE	HASPDEHHXXX

Buchungstag	Tag der Wertstellung	Verwendungszweck/Buchungstext	
		alter Kontostand	+ 117.371,79
15.02.	15.02.	Zahlungseingang Westmoor KG RNR 24-02134 abzüglich 2 % Skonto	+ 17.493,00
15.02.	15.02.	Zahlungseingang Junges Wohnen GmbH Rechnung-Nr. 240102 abzüglich 2 % Skonto	+ 4.664,80
		neuer Kontostand	+ 139.529,59

Heinrich KG
Rahlstedter Str. 144
22143 Hamburg

50/00

Kontoauszug vom	Auszug	Blatt
15.02.20..	36	1

Arbeitsaufträge:

1. Ermitteln Sie für beide Rechnungen den ursprünglich in Rechnung gestellten Warenwert und die enthaltene Umsatzsteuer!

Rechnung Westmoor KG:

Rechnung Junges Wohnen GmbH:

2. Schlüsseln Sie mithilfe folgender Tabellen die Rechnungs-, Skonti- und Zahlungsbeträge auf!

Rechnung Westmoor KG:

	Rechnung	abzüglich 2 % Skonto	= Zahlungsbetrag
Warenwert			
Umsatzsteuer			
Rechnungsbetrag			

Rechnung Junges Wohnen GmbH:

	Rechnung	abzüglich 2 % Skonto	= Zahlungsbetrag
Warenwert			
Umsatzsteuer			
Rechnungsbetrag			

3. Erfassen Sie die Zahlungseingänge (Beleg in Situation 2) der Heinrich KG im nachfolgenden Grundbuchauszug!

Beleg	Konten	Soll (€)	Haben (€)
2a			
2b			

4. Vervollständigen Sie die folgenden Merksätze:

➤ An Kunden gewährte Skonti werden als ______________________ auf dem Konto ______________________ im ______________________ gebucht.

➤ Der Kontenabschluss erfolgt über das Konto ______________________.

➤ Die Heinrich KG trägt allerdings nur eine ______________________ in Höhe des Nettoskontos, denn die nicht eingenommene Umsatzsteuer muss auf der ______________ seite des ______________kontos zurückgebucht werden.

15 Skontoabzug und Zielausnutzung beim Einkauf von Waren abwägen

Schulbuch Kap. 6.1

Situation:

Herr Fitschen legt Leon Laus am 12. Oktober 20.. eine Rechnung des Lieferanten Bernhard Müller OHG vom 10. Oktober 20.. über 92.820,00 € vor und bittet Leon um einen begründeten Vorschlag zum Zahlungszeitpunkt.

Heinrich KG
Büromöbel und Zubehör

Auf der Rechnung ist „Zahlbar innerhalb von 10 Tagen mit 3 % Skonto oder 30 Tage netto" vermerkt. Herr Fitschen weist Leon darauf hin, dass die Geschäftskonten der Heinrich KG zurzeit kein Guthaben ausweisen und der Zinssatz für kurzfristige Kontoüberziehungen 12 % beträgt.

Arbeitsaufträge:

1. An welchem Tag muss die Heinrich KG die Rechnung der Bernhard Müller OHG spätestens überweisen, um den Skonto von 3 % in Anspruch nehmen zu können? Der Kaufvertrag enthält keine Angaben zum Erfüllungsort.

Datum	

2. Rechnen Sie den Skontosatz von 3 % mit dem Dreisatz in einen Zinssatz um und erläutern Sie Ihr Ergebnis!

3. Überprüfen Sie Ihr Ergebnis aus Aufgabe 2 mit der Zinssatz-Formel!

$$\text{Zinssatz} = \frac{\text{Zinsen} \cdot 100 \cdot 360}{\text{Kapital} \cdot \text{Tage}}$$

4. Berechnen Sie den konkreten Vorteil in Euro für die Heinrich KG, wenn die Rechnung innerhalb der Skontofrist gezahlt wird und der Kontokorrentkredit für 12 % Zinsen in Anspruch genommen wird!

5. Erfassen Sie die Überweisung der Rechnung der Bernhard Müller OHG über 92.820,00 € unter Abzug von 3 % Skonto vom Bankkonto im nachfolgenden Grundbuchauszug!

	Konten	Soll (€)	Haben (€)
Über-weisung			

Schulbuch Kap. 6.2

16 Abschreibungen vornehmen

Situation:

Heute ist ein großer Tag für den Fahrer Arno Jansen: Sein bereits heiß erwarteter neuer Pkw soll geliefert werden. Dann hätten die ewigen Abstimmungen mit seinem Fahrerkollegen Lutz Laumann endlich ein Ende und jeder hätte seinen eigenen Pkw zur Verfügung. Am Nachmittag ist es dann soweit, Arno Jansen kommt freudestrahlend ins Büro und berichtet seinem Freund Leon Laus von seinem neuen Wagen.

Heinrich KG
Büromöbel und Zubehör

Nach einer ausführlichen Besichtigung und einer kleinen Probefahrt auf dem Firmengelände widmet sich Leon wieder seiner Arbeit. Als er Herrn Fitschen ein paar Schriftstücke zur Unterschrift auf den Schreibtisch legt, findet er dort einen Zettel mit dem Vermerk „Abschreibungsverfahren für neuen Pkw überdenken“.

Als Herr Fitschen kurz darauf das Büro betritt, spricht Leon ihn auf die Notiz an. Herr Fitschen gibt Leon einige Unterlagen und bittet ihn, sich zunächst selber einen Überblick über dieses Thema zu verschaffen. Für den folgenden Arbeitstag vereinbaren die beiden ein ausführliches Gespräch.

Arbeitsaufträge:

1. Buchen Sie die Anschaffung des Pkw (siehe Beleg 1) und den Rechnungsausgleich (siehe Beleg 2) im folgenden Grundbuchauszug! Ermitteln Sie anschließend die Anschaffungskosten des Pkw!

Anschaffungsbuchung für den Pkw (Beleg 1):

Konten	Soll (€)	Haben (€)

Rechnungsausgleich für den Pkw (Beleg 2):

Konten	Soll (€)	Haben (€)

Berechnung der Anschaffungskosten:

Beleg 1

HANSEN & SCHULTE
GmbH + Co. KG

Hansen & Schulte GmbH + Co. KG, Brinkstr. 14-18, 51065 Köln
Heinrich KG
Gerda Heinrich
Rahlstedter Str. 144
22143 Hamburg

Ihr Zeichen:	bm
Ihre Nachricht vom:	22.11.20..
Unser Zeichen:	bs/schr
Unsere Nachricht vom:	25.11.20..
Name:	
Telefon:	0221 4782-00
Telefax:	
E-Mail:	
Datum:	05.05.20..

Rechnung Nr. 1055

Sehr geehrte Frau Heinrich,

gemäß unseren Lieferbedingungen erhielten Sie heute von uns folgendes Fahrzeug:

1 Pkw, geschlossen, TDI, 103 KW, 6-Gang

einschließlich Überführungskosten und Zulassungsgebühren berechnen wir Ihnen dafür:

	Gesamtpreis
1 Pkw	45.000,00 €
Überführungskosten	261,49 €
Rechnungsbetrag, netto	45.261,49 €
Umsatzsteuer 19 %	8.599,68 €
Rechnungsbetrag, brutto	53.861,17 €

Wir erbitten die Zahlung innerhalb von 10 Tagen abzüglich 2 % Skonto oder innerhalb von 30 Tagen netto.

Bitte beachten Sie unsere Allgemeinen Geschäftsbedingungen.

Wir danken Ihnen für Ihren Auftrag und wünschen gute Fahrt. Bei Rückfragen wenden Sie sich bitte an Herrn Benschneider.

Geschäftsführung: Hanna Hansen, Peter Schulte
Amtsgericht Köln: HRA 3804
Bankverbindung: Kreissparkasse Köln
IBAN: DE20 3705 2990 0000 0100 44
BIC:COKSDE33XXX
UST-ID-Nr. 813114007

Beleg 2

SIK – KAD 8/98 S

Bitte beachten Sie die Hinweise auf der Rückseite

IBAN		BIC
DE07 2005 0550 1120 2399 08	HAMBURGER SPARKASSE	HASPDEHHXXX

Buchungstag	Tag der Wertstellung	Verwendungszweck/Buchungstext	alter Kontostand
			+ 192.987,60
15.05.	15.05.	Online-Auftrag 15.05.20.., 13:05 Uhr, 1. TAN 374397 Hansen & Schulte GmbH + Co. KG Rechnung Nr. 1055 abzüglich 2 % Skonto	− 52.783,95

Heinrich KG
Rahlstedter Str. 144
22143 Hamburg

+ 140.203,65
neuer Kontostand

Kontoauszug vom	Auszug	Blatt
15.05.20..	73	1

50/00

2. Führen Sie nun unter Zuhilfenahme der folgenden AfA-Tabelle die Abschreibung für den neuen Pkw nach der linearen Methode bis zum Ende der Nutzungsdauer durch!

Abschreibungstabellen (AfA) Fahrzeuge (Auszug)

Fundstelle	Fahrzeuge	Nutzungsdauer (in Jahren)
4.1	Schienenfahrzeuge	25
4.2	Straßenfahrzeuge	
4.2.1	Personenkraftwagen und Kombiwagen	6
4.2.2	Motorräder, Motorroller, Fahrräder u. ä.	7
4.2.3	Lastkraftwagen, Sattelschlepper, Kipper	9
4.2.4	Traktoren und Schlepper	12
4.2.5	Kleintraktoren	8
4.2.6	Anhänger, Auflieger, Wechselaufbauten	11
4.2.7	Omnibusse	9
4.2.8	Sonderfahrzeuge	
4.2.8.1	Feuerwehrfahrzeuge	10
4.2.8.2	Rettungsfahrzeuge und Krankentransportfahrzeuge	6
4.2.9	Wohnmobile, Wohnwagen	8
4.2.10	Bauwagen	12
4.3	Luftfahrzeuge	
4.3.1	Flugzeuge unter 20 t höchstzulässigem Fluggewicht	21
4.3.2	Drehflügler (Hubschrauber)	19
4.3.3	Heißluftballone	5
4.3.4	Luftschiffe	8

Quelle: Bundesfinanzministerium

Berechnung der Abschreibung des neuen Pkw nach der linearen Methode:

Vorgang	Abschreibungsbetrag (€)	Buchwert (€)
Anschaffungskosten		
– Abschreibung 1. Jahr		
= Buchwert am Ende des 1. Jahres		
– Abschreibung 2. Jahr		
= Buchwert am Ende des 2. Jahres		
– Abschreibung 3. Jahr		
= Buchwert am Ende des 3. Jahres		
– Abschreibung 4. Jahr		
= Buchwert am Ende des 4. Jahres		
– Abschreibung 5. Jahr		
= Buchwert am Ende des 5. Jahres		
– Abschreibung 6. Jahr		
= Buchwert am Ende des 6. Jahres		
– Abschreibung 7. Jahr		
= Buchwert am Ende des 7. Jahres		

3. Buchen Sie exemplarisch am Ende des ersten Jahres die lineare Abschreibung des Pkw!

Buchung der Abschreibung am Jahresende:

Konten	Soll (€)	Haben (€)

4. Führen Sie unter Zuhilfenahme der vorstehenden AfA-Tabelle (siehe Aufgabe 2) die Abschreibung für den neuen Pkw nach der degressiven Methode bis zum Ende der Nutzungsdauer durch!

   Berücksichtigen Sie hierbei die folgenden Vorgaben: Für bewegliche Wirtschaftsgüter des Anlagevermögens darf degressiv das 3-fache der linearen Abschreibung angesetzt werden, allerdings nicht mehr als 30 % der Anschaffungs- oder Herstellungskosten.

Vorgang	Abschreibungsbetrag (€)	Buchwert (€)
Anschaffungskosten		
– Abschreibung 1. Jahr		
= Buchwert am Ende des 1. Jahres		
– Abschreibung 2. Jahr		
= Buchwert am Ende des 2. Jahres		
– Abschreibung 3. Jahr		
= Buchwert am Ende des 3. Jahres		
– Abschreibung 4. Jahr		
= Buchwert am Ende des 4. Jahres		
– Abschreibung 5. Jahr		
= Buchwert am Ende des 5. Jahres		
– Abschreibung 6. Jahr		
= Buchwert am Ende des 6. Jahres		
– Abschreibung 7. Jahr		
= Buchwert am Ende des 7. Jahres		

5. Führen Sie den Wechsel von der degressiven zur linearen Abschreibung in dem Jahr durch, in dem der Wechsel sinnvoll ist!

Vorgang	**Abschreibungsbetrag bei degressiver Abschreibung (€)**	**Restlicher Buchwert (€)**	**Betrag bei einem Wechsel zur linearen Abschreibung (€)**
Anschaffungskosten			
– Abschreibung 1. Jahr			
= Buchwert am Ende des 1. Jahres			
– Abschreibung 2. Jahr			
= Buchwert am Ende des 2. Jahres			
– Abschreibung 3. Jahr			
= Buchwert am Ende des 3. Jahres			
– Abschreibung 4. Jahr			
= Buchwert am Ende des 4. Jahres			
– Abschreibung 5. Jahr			
= Buchwert am Ende des 5. Jahres			
– Abschreibung 6. Jahr			
= Buchwert am Ende des 6. Jahres			
– Abschreibung 7. Jahr			
= Buchwert am Ende des 7. Jahres			

Ergebnis:

Fortsetzung der Situation: Abschreibung nach erbrachten Leistungseinheiten

Herr Fitschen erklärt Leon, dass in der Heinrich KG nicht nur das lineare Verfahren Anwendung findet, sondern dass bestimmte Wirtschaftsgüter nach einer anderen Methode abgeschrieben werden.

„Wenn es praktisch möglich ist“, so Herr Fitschen, *„kann bei beweglichen Wirtschaftsgütern des Anlagevermögens die Abschreibung auch aufgrund der im Geschäftsjahr erbrachten Leistungseinheiten, also z. B. der Stückzahl, der Maschinenlaufstunden oder der gefahrenen Kilometer, berechnet werden. Voraussetzung dafür ist allerdings, dass der Umfang der insgesamt möglichen Leistungseinheiten geschätzt werden kann und die auf den Abschreibungszeitraum entfallenden Leistungseinheiten nachgewiesen werden können.“*

Als Beispiel dafür nennt Herr Fitschen die große Kopieranlage, die im ersten Stock der allgemeinen Verwaltung untergebracht ist.

6. Für die allgemeine Verwaltung hat die Heinrich KG vor einigen Jahren eine Kopieranlage angeschafft. Da die Anzahl der erstellten Kopien in den einzelnen Jahren erheblichen Schwankungen unterworfen war, hat sich die Geschäftsleitung entschieden, diese Anlage nach erbrachten Leistungseinheiten abzuschreiben.

   Für die Kopieranlage gelten folgende Daten:
   - Anschaffungskosten: 30.000,00 €
   - laut Hersteller maximale Leistung: 3.000.000 Kopien.

   Aus den vergangenen Jahren liegen folgende Zahlen vor:

Jahr	Anzahl der Kopien	AfA-Betrag/Kopie (€)	AfA-Betrag/Jahr (€)
Anschaffungsjahr	380.000		
2. Jahr der Nutzung	425.000		
3. Jahr der Nutzung	610.000		
4. Jahr der Nutzung	296.000		
5. Jahr der Nutzung	1.230.000		
6. Jahr der Nutzung	580.000		

6.1 Führen Sie rechnerisch unter Zuhilfenahme der folgenden Formeln die Abschreibung nach erbrachten Leistungseinheiten für die Kopieranlage durch:

$$\text{Abschreibungsbetrag je Leistungseinheit (LE)} = \frac{\text{Anschaffungskosten}}{\text{mögliche Gesamtleistungseinheiten}}$$

$$\text{Jährlicher Abschreibungsbetrag} = \text{Menge der jährlichen LE} \cdot \text{Abschreibungsbetrag je LE}$$

6.2 Alternativ hätte die Kopieranlage auch linear abgeschrieben werden können. Die Heinrich KG hätte dann von einer Nutzungsdauer von sechs Jahren ausgehen müssen.

Berechnen Sie den linearen Abschreibungsbetrag für das erste Jahr der Nutzung (die Anschaffung erfolgt im Januar) und entscheiden Sie begründet, welche Abschreibungsmethode die Heinrich KG hätte wählen sollen, wenn die Gewinnsituation im Jahr der Anschaffung sehr gut gewesen wäre!

empfohlene Abschreibungsmethode	

Begründung: ______________________________

____

____

7. Vervollständigen Sie zur Festigung Ihres Wissens den folgenden Lückentext:

Zusammenfassung: Grundlagen der Abschreibung

Anlagegüter (z. B. Gebäude, Maschinen, Kraftfahrzeuge, Betriebs- und Geschäftsausstattung) stehen dem Unternehmen ______________ zur Verfügung. Ihre Nutzungsdauer ist jedoch ______________ begrenzt.

Der Wert der Anlagegüter nimmt im Zeitablauf _____ (Ausnahme: Grund und Boden). Die Ursachen der Wertminderung der Anlagegüter liegen hauptsächlich begründet:

- ______________: Je nach Häufigkeit der Nutzung hat ein Anlagegut eine längere oder kürzere Lebensdauer, in jedem Fall aber ist sie begrenzt.
- **im** ______________ **Fortschritt**: In unserer hochtechnologisierten Welt werden ständig neue Produkte auf den Markt gebracht, die die alten an ______________ übertreffen. Sobald ein verbessertes Produkt auf den Markt kommt, verliert das alte automatisch an Wert.
- **in der wirtschaftlichen Überholung**: In unserer schnelllebigen Zeit verändert sich die ______________ nach bestimmten Gütern z.B. aufgrund von Modetrends wesentlich schneller als früher. Geht dann die Nachfrage nach anderen Gütern zurück, so wirkt sich dies ______________ auf diese Güter und auch auf die zu ihrer Herstellung benötigten Maschinen aus.
- ______________________: Selbst längere Zeit nicht benötigte Anlagegüter unterliegen einer natürlichen Abnutzung (Witterungseinflüsse wie Wärme, Kälte, Nässe usw.) und ______________ mit der Zeit an Wert.

Beim **linearen Abschreibungsverfahren** wird mit ______________ Beträgen von den Anschaffungs- oder Herstellungskosten abgeschrieben. Die gesamten Anschaffungs- oder Herstellungskosten werden so ______________ auf die Nutzungsdauer verteilt.

Nach Ablauf der Nutzungsdauer ist der ______________ gleich null. Auch wenn das Anlagegut weiter im Unternehmen bleibt, wird der früher übliche Erinnerungswert von 1,00 € heute nicht mehr ausgewiesen.

Schulbuch Kap. 7

17 Den Betriebserfolg ermitteln und bewerten

Situation:

Leon Laus ist zufrieden! Nach tagelanger Arbeit ist der Jahresabschluss für die Heinrich KG erstellt. Für das Unternehmen scheint es ein sehr erfolgreiches Jahr gewesen zu sein, schließlich hat die KG doch einen guten Jahresüberschuss erwirtschaftet.

Heinrich KG
Büromöbel und Zubehör

Herr Fitschen bremst Leon und erklärt ihm, dass man erst nach der Auswertung des aktuellen Jahresabschlusses zu einer fundierten Meinung gelangen könne. Und eben diese Auswertung stehe noch aus.

Für den kommenden Arbeitstag bittet Herr Fitschen Leon daher um Mitarbeit bei der Ermittlung einiger Kennzahlen, die für die Beurteilung der wirtschaftlichen Lage des Unternehmens wichtig sind.

Arbeitsaufträge:

1. Ermitteln Sie unter Beachtung der Bilanz zum 31. Dezember 20.. (Material 1) und der Erfolgsrechnung zum 31. Dezember 20.. (Material 2) den Gewinn der Heinrich KG für das abgelaufene Geschäftsjahr!

   1.1 Über die Bilanz mithilfe des Eigenkapitalvergleichs:

Eigenkapital am Ende des Geschäftsjahres	
– Eigenkapital am Anfang des Geschäftsjahres	
= **Gewinn des abgelaufenen Geschäftsjahres**	

   1.2 Mithilfe der Gewinn- und Verlustrechnung:

Summe der Erträge	
– Summe der Aufwendungen	
= **Gewinn des abgelaufenen Geschäftsjahres**	

2. Ermitteln Sie die Eigenkapitalrentabilität sowie die Wirtschaftlichkeit für das abgelaufene Geschäftsjahr!

Eigenkapitalrentabilität (Unternehmerrentabilität)	
Wirtschaftlichkeit	

3. Beurteilen Sie die aktuellen Zahlen unter Berücksichtigung von Material 3!

Material 1: Bilanz der Heinrich KG (Auszug)

Aktiva	Bilanz der Heinrich KG zum 31. Dezember 20.. in Euro		Passiva
A. Anlagevermögen		**A. Eigenkapital***	
Grundstücke und Gebäude	2.853.500,00	Kapital Gerda Heinrich	4.500.000,00
TA und Maschinen	611.850,00	Kommanditkapital	1.400.000,00
Fuhrpark	435.000,00	Gewinnrücklagen	1.072.000,00
Büromöbel und GA	1.387.150,00	Jahresüberschuss	
B. Umlaufvermögen		**B. Fremdkapital**	
Roh-, Hilfs- und Betriebsstoffe	2.633.718,00	Pensionsrückstellungen	1.284.400,00
Unfertige Erzeugnisse	986.000,00	Sonstige Rückstellungen	989.000,00
Fertige Erzeugnisse	2.082.500,00	Darlehensschulden	5.313.733,00
Waren	3.015.330,00	Verbindlichkeiten a. L. u. L.	3.804.728,00
Forderungen	5.417.739,00	Sonstige Verbindlichkeiten	593.154,00
Bank	463.358,00		
Kasse	35.870,00		
Summe Aktiva	19.922.015,00	Summe Passiva	19.922.015,00

* Das Eigenkapital betrug zu Beginn des Geschäftsjahres 6.972.000,00 €!

Material 2: Erfolgsrechnung der Heinrich KG (Auszug)

Aufwendungen	Erfolgsrechnung der Heinrich KG zum 31. Dezember 20.. in Euro		Erträge
Aufw. für Roh-, Hilfs- und Betriebsst.	34.940.400,00	UE für eigene Erzeugnisse	51.940.450,00
Aufw. für Energie	1.870.400,00	UE für Handelswaren	7.450.320,00
Aufw. für Waren	4.570.870,00	Erträge aus Vermietung ...	225.000,00
Fremdinstandhaltung	1.350.000,00	Zinserträge	56.374,00
Löhne	3.010.000,00		
Gehälter	3.714.019,00		
Soziale Abgaben	2.360.450,00		
Abschreibungen	698.440,00		
Leasing	610.000,00		
Kosten des Geldverkehrs	41.550,00		
Büromaterial	724.330,00		
Post, Telefon	233.880,00		
Werbung	2.010.145,00		
Beiträge	20.000,00		
Betriebliche Steuern	1.912.660,00		
Zinsaufwendungen	640.000,00		
Jahresüberschuss			
Summe		Summe	

Material 3: Rentabilitätskennziffern der Heinrich KG aus dem Vorjahr

Aus dem vergangenen Geschäftsjahr liegen die folgenden Bilanzkennziffern für die Heinrich KG vor:

Rentabilitätskennziffern

Kapitalrentabilität:	
Eigenkapitalrentabilität (Unternehmerrentabilität)	= 9,40 %
Wirtschaftlichkeit:	= 1,05

Beurteilung der aktuellen Entwicklung:

Schulbuch Kap. 1

Lernfeld 7: Gesprächssituationen gestalten

1 Grundlagen der Gesprächsführung beachten

Situation:

Vera Müller, Mitarbeiterin in der Verkaufsabteilung der Heinrich KG, ist die Ausbilderin von Tim Rasch, Auszubildender zum Kaufmann für Büromanagement. Sie arbeiten zusammen in einem Gruppenbüro.

Zu Tims Aufgaben gehört es, dafür zu sorgen, dass immer ausreichend Büromaterial zur Verfügung steht. Zurzeit haben Frau Müller und Tim Rasch sehr viel zu tun. Frau Müller ist etwas hektisch mit der Aufbereitung von Serienbriefen beschäftigt. Sie möchte diese noch vor der Mittagspause für eine Mailingaktion ausdrucken.

Frau Müller: *„Typisch! Immer, wenn man es eilig hat, ist kein Papier im Drucker. Haben wir noch Druckerpapier im Schrank?"*

Tim: *„Woher soll ich das wissen? Ich kann auch nicht durch geschlossene Schranktüren gucken."*

Arbeitsaufträge:

1. Nach dem Kommunikationsmodell von Friedemann Schulz von Thun sind vier Ebenen einer gesendeten Nachricht zu unterscheiden: Sachinhalt, Selbstkundgabe, Beziehung und Appell.

   1.1 Vervollständigen Sie das Kommunikationsquadrat (Material 1), indem Sie zu den einzelnen Punkten die nachstehenden Fragen beantworten:

   - Was ist der sachliche Inhalt der Nachricht von Frau Müller (Sachinhalt)?
   - Was erfährt der Empfänger (Tim Rasch) über den Sender (Frau Müller) als Selbstkundgabe?
   - Wie ist die Beziehung zwischen Sender und Empfänger der Nachricht (Beziehungsaspekt)?
   - Was will der Sender (Frau Müller) mit der Nachricht erreichen (Appellfunktion)?

   1.2 Vergleichen Sie Ihre Antworten mit denen Ihrer Mitschüler und stellen Sie fest, ob es Unterschiede gibt, wie die Kommunikationssituation verstanden wurde.

   1.3 Führen Sie mögliche Gründe für das unterschiedliche Verständnis der Situation an.

Fortsetzung der Situation:

Frau Müller: (ärgerlich) *„Schade, Sie haben doch sonst immer den Durchblick!"*

Tim versucht **Frau Müllers Körpersprache** und **Tonfall** zu entschlüsseln.

2. 2.1 Beschreiben Sie in Stichworten, welche verbalen Merkmale (hier: Tonfall) und welche nonverbalen Merkmale (Blickkontakt, Mimik, Gestik, Körperhaltung) in dieser Situation die Kommunikation von Frau Müller vermutlich kennzeichnen! Tragen Sie hierzu in die folgende Tabelle passende Beispiele von Signalen (Zeichen) ein.

Merkmale	Mögliche Signale von Frau Müller
Blickkontakt	
Mimik	
Gestik	
Körperhaltung	
Tonfall	

2.2 Formulieren Sie eine situationsgerechte abschließende Antwort, die Sie Tim empfehlen würden. Begründen Sie Ihre Formulierung.

Tims Antwort:

Begründung:

Material 1: Vorlage „Kommunikationsquadrat“

Sachinhalt

Selbstkundgabe
(Frau Müller)

Gesendete Nachricht

Appell
(Frau Müller)

Beziehung
(Frau Müller zu Tim Rasch)

Schulbuch Kap. 2

2 Gespräche mit Geschäftspartnern erfolgreich führen

Situation:

Die Heinrich KG veranstaltet heute einen Tag der offenen Tür. Allen Besuchern bietet sich hier die Gelegenheit, in einem Sonderverkauf wertvolle Ausstellungsmöbel und Einzelstücke zu einem reduzierten Preis zu erwerben. Außerdem können an diesem Tag auch die Ausstellungs-, Produktions- und Verwaltungsräume besichtigt werden.

Ben Kaya, Auszubildender im Beruf Kaufmann für Büromanagement, ist mit den letzten Vorbereitungen in den Verkaufsräumen beschäftigt, in denen der Sonderverkauf stattfindet. Er hat die wichtige Aufgabe übernommen, Besucher in der Abteilung Arbeitstische und Bürostühle zu beraten. Das Interesse der Öffentlichkeit scheint groß zu sein. Es sind bereits eine Reihe von Besuchern erschienen, die sich die Ausstellungsware aufmerksam ansehen.

Eine Dame mittleren Alters interessiert sich offensichtlich für die neuesten Konferenztische, die sie genau untersucht. Ben überlegt, wie er das Gespräch mit der Dame beginnen soll.

Arbeitsaufträge:

1. Übernehmen Sie die Gesprächsrolle von Ben Kaya und formulieren Sie seinen Gesprächsanteil in dem folgenden Kundengespräch. Als Grundlage für die Sachinformationen dienen der Auszug aus der aktuellen Verkaufsbroschüre (Material 1) und der Auszug aus der Produktliste (Material 2).

Ben: [eröffnet das Gespräch mit einer Frage, um mit der Besucherin in Kontakt zu treten]

____

____

____

Besucherin: [steht vor dem Modell Basic G, siehe Auszug aus dem Produktionsprogramm]
„Ich suche einen Konferenztisch. Dieser hier kostet über 400,00 €! Das finde ich sehr teuer. Der Tisch ist doch sehr klein, nur 1,60 m breit!"

Ben: [antwortet auf den Einwand der Kundin mit einem Gegenargument; er erkundigt sich, welche Breite der Tisch haben sollte, den die Besucherin sucht]

____

____

____

____

____

____

Besucherin: *„So an die 3 m Breite sollten es schon sein! Und der Tisch sollte runde Stahlrohrfüße haben."*

Ben: [zeigt der Kundin das entsprechende Modell und nennt die wichtigsten Produkteigenschaften; er führt Argumente an, die der Kundin die Vorteile des Angebots deutlich machen sollen]

Besucherin: *„Vielen Dank. Ich muss mir das noch überlegen. Gelten die Sonderpreise nur heute?"*

Ben: [erläutert der Kundin die Preisstellung und die Lieferbedingungen]

Besucherin: *„Darüber muss ich noch einmal mit meinem Chef sprechen. Ich komme in einer halben Stunde noch einmal vorbei."*

Ben: [übergibt der Dame seine Visitenkarte und einen Flyer mit Produktinformationen über Konferenztische und verabschiedet die Besucherin]

Besucherin: *„Auf Wiedersehen."*

2. Es werden verschiedene **Arten von Fragen** unterschieden. Tragen Sie in der folgenden Tabelle je eine Formulierung für eine Beispielfrage ein, die in einem Gespräch mit Geschäftsbesuchern gestellt werden könnte.

Hinweis:

Sie können die Situation als Grundlage nehmen, die als Einleitung dargestellt wurde.

Fragetyp	Beispiel
Offene Frage	
Geschlossene Frage	
Alternativfrage	
Suggestivfrage	
Rhetorische Frage	

3. Ben eröffnet das Gespräch mit einer Frage an die Besucherin (vgl. Beispielgespräch). Erläutern Sie den **Fragetyp,** den Sie gewählt haben und begründen Sie Ihre Entscheidung.

4. In dem Beispielgespräch erhebt die Kundin einen **Einwand,** den Sie mit einem Argument entkräften sollten.

4.1 Erläutern Sie, wie Sie auf diesen Einwand geantwortet haben.

4.2 Nennen Sie drei weitere Möglichkeiten, auf Einwände zu antworten und geben Sie dazu je ein Beispiel.

Möglichkeit, auf Einwände zu antworten	Beispiele

Material 1: Auszug aus der aktuellen Verkaufsbroschüre der Heinrich KG

Das Büromöbelprogramm der Heinrich KG gibt Antworten auf die wachsende Nachfrage nach flexiblen Arbeitsformen und einer optimalen Arbeitsumgebung. Innovatives Design und internationale Auszeichnung kennzeichnen unsere Produkte.

Heinrich KG
Büromöbel und Zubehör

Material 2: Auszug aus der Produktliste der Heinrich KG

Heute Aktionspreise: **Alle Listenpreise gelten abzüglich 10 % Sonderrabatt ab Werk, zuzüglich 19 % USt**

Logo A-1205111 A-1205112 A-1205113	Konferenztisch, Rahmen pulverbeschichtet; Spanplatte in Blau, Lichtgrau oder Grafit mit Melamin beschichtet	Standard: 180x90 Höhe: regulierbar von 68–76 Sondermaße auf Wunsch	Spanplatten	375,00 €
Basic G A-1201100	Konferenztisch aus Massivholz; versiegelt; erweiterbar zu Arbeitsinseln	Standard: 160x80 Höhe: regulierbar von 68–75 Sondermaße auf Wunsch	Buche, natur	480,00 €
Noris A-1202170	Konferenztisch aus Massivholz; geölt	Standard: 160x80 Höhe: regulierbar von 68–75 Sondermaße auf Wunsch	Ahorn, natur	600,00 €
Cockpit A-1252180	Konferenztisch mit Melamin beschichtet; Kabeldose mittig; Gestell 6 Füße, Stahlrohr, rund	Standard: 280x80–130 Höhe: regulierbar von 72–75 Dicke: 25	Spanplatte, mit Melamin beschichtet, Farben: Grau, Weiß, Ahorn, Buche	360,00 €
Tschuri A-1252185	Konferenztisch mit Melamin beschichtet; Kabeldose mittig; Holzuntergestell in Silber	Standard: 280x80–130 Höhe: 75 Dicke: 25 Sondermaße auf Wunsch	Spanplatte, mit Melamin beschichtet, Farben: Grau, Weiß, Ahorn, Buche	360,00 €
Solito A-1302170 A-1301170	Regalsystem aus Massivholz; drei eingebaute Schubladen; Sockelhöhenverstellung; geölt	90x30 Höhe: 200	Ahorn oder Buche, natur	1.101,00 €
Mixt A-1305121	Regal aus beschichteten Spanplatten; wahlweise in Blau, Lichtgrau oder Grafit	120x42 Höhe: 200	beschichtete Spanplatten	280,00 €

3 Konflikte in Gesprächssituationen erkennen und lösen

Situation:

Der Auszubildende Tim Rasch ist seit einem Monat in der Verkaufsabteilung eingesetzt. Er teilt sich ein Gruppenbüro mit Vera Müller, seiner Ausbilderin, und Thorsten Schmitz, dem Vertriebsassistenten. Es ist die Zeit der jährlichen Messevorbereitungen und alle sind sehr beschäftigt.

Heinrich KG
Büromöbel und Zubehör

Thorsten Schmitz verlässt kurz das Büro, um etwas mit einem Kollegen in der Marketingabteilung zu besprechen. Frau Müller blättert in einem Ordner mit Unterlagen der letzten Vertriebsmeetings. Anscheinend findet sie aber nicht das, was sie sucht.

Frau Müller: *„Es wäre wirklich reizend von Ihnen, wenn Sie mal an die Ablage denken würden!“*

Tim: [in genervtem Ton] *„Ich denke ständig daran, Frau Müller!“*

Frau Müller: *„Dann kümmern Sie sich auch mal darum! Und achten Sie gefälligst auf Ihren Ton! Mir fällt schon seit längerer Zeit auf, dass Sie nicht sehr engagiert sind.“*

Tim: *„Ich bekomme immer nur langweilige Arbeiten, die andere nicht machen wollen. Ablage kann ich jetzt! Es wäre schön, wenn ich auch mal was anderes machen dürfte!“*

Frau Müller: *„Im Augenblick habe ich wirklich keine Zeit, mich mit Ihren Problemen zu befassen! Ich habe genug um die Ohren, jetzt vor der Messe!“*

[Herr Schmitz kehrt zurück und legt einen großen Stapel Prospekte auf Tims Schreibtisch]

Herr Schmitz: *„Diese Messeeinladungen müssen bis heute Mittag in Versandtaschen verpackt und zur Poststelle gebracht werden.“*

Tim: *„Gern! Wenn Sie inzwischen die Ablage machen!“*

Herr Schmitz: *„Wie bitte? Ist irgendwas mit Ihnen?“*

Tim: [offenbar wütend] *„Alles in Ordnung. Die Ausbildung macht hier richtig Spaß, weil man so viel lernt!“*

Arbeitsaufträge:

1. Nach diesem Gespräch ist das Betriebsklima zwischen Tim und Frau Müller ziemlich angespannt. Auch Herr Schmitz ist Tim gegenüber kurz angebunden. Tim spricht daher mit dem Jugend- und Auszubildendenvertreter und macht sich Luft darüber, wie er die Ausbildungssituation empfindet. Formulieren Sie Tims Äußerungen in der Ich-Form.

2. 2.1 Beurteilen Sie das Gesprächsverhalten von Frau Müller.

2.2 Markieren Sie im Beispieldialog Äußerungen aller Gesprächsteilnehmer, die Sie verbessern möchten.

2.3 Tragen Sie in die Vorlage (Material 1) Verbesserungsvorschläge ein und begründen Sie diese.

2.4 Nach dem Gespräch mit Tim Rasch ist Frau Müller sehr aufgebracht, aber sie versucht, sich nichts anmerken zu lassen. Notieren Sie in der Ich-Form die Gedanken, die Frau Müller jetzt haben könnte. Berücksichtigen Sie die Erwartungen, die sie als Ausbilderin an den Auszubildenden stellt.

3. Erstellen Sie eine **Checkliste** für ein Konfliktgespräch am Arbeitsplatz. Beachten Sie dabei die Grundregeln des Konfliktmanagements im eingeführten Schulbuch. Verwenden Sie zur Erstellung der Checkliste ein Textverarbeitungsprogramm.

4. Auszubildende haben verschiedene Möglichkeiten sich beraten zu lassen, wenn sie Konflikte an ihrer Ausbildungsstelle haben, die sie durch Gespräche mit ihrem Ausbilder nicht lösen können.

   Recherchieren Sie diese Möglichkeiten und berichten Sie darüber in Ihrer Klasse.

Material 1: Vorlage für Verbesserungsvorschläge

Name des Gesprächsteilnehmers	Verbesserungsvorschläge	Begründung

Schulbuch Kap. 4

4 Beschwerden und Reklamationen kundenorientiert bearbeiten

Situation:

Heinrich KG
Büromöbel und Zubehör

Manuela Sommerland ist im Kundendienst der Heinrich KG für die Bearbeitung von Reklamationen und Beschwerden zuständig. Wichtige Unterlagen für ihre täglichen Entscheidungen bilden die Allgemeinen Geschäftsbedingungen der Heinrich KG (AGB) sowie die Kundenphilosophie der Heinrich KG (siehe Materialien 1 und 2). Außerdem stehen ihr technische Informationen über alle Produkte in der Datenbank zur Verfügung. Über den Zugriff auf das Warenwirtschaftssystem kann sie u.a. alle Bestellvorgänge und Bearbeitungsstände aufrufen.

Ein unentbehrliches Kommunikationsmittel ist für sie das Telefon. Gerade erhält sie wieder einen Anruf von einem Kunden, Herrn Hellebusch von der Westmoor KG.

Frau Sommerland: *„Heinrich KG, Abteilung Kundendienst, Manuela Sommerland. Guten Tag!"*

Herr Hellebusch: *„Hellebusch vom Möbelhaus Westmoor KG. Sind Sie für diese Aktenvernichter zuständig?"*

Frau Sommerland: *„Sie sind mit dem Kundendienst verbunden. Ich helfe Ihnen gern. Was kann ich für Sie tun?"*

Herr Hellebusch: *„Vorige Woche haben Sie uns fünf dieser famosen Aktenvernichter für sage und schreibe 4.875,00 € geliefert. Dafür kann man wohl verlangen, dass die Dinger auch funktionieren!"*

Frau Sommerland: *„Ich habe gerade Ihre Bestellung vor mir. Es handelt sich, wenn ich Sie richtig verstehe, um das Produkt ‚TACITUS'. Sie sagen, dass es technische Probleme gibt?"*

Herr Hellebusch: *„Das kann man wohl sagen! Ich habe heute mal versucht, einen Pappkarton zu schreddern, Fehlanzeige! Dann hat unser Azubi eine größere Menge Akten vernichtet. Nach 10 Minuten hat das Gerät einfach abgeschaltet. Eine Viertelstunde später haben wir versucht, es wieder anzuschalten, das ging aber nicht! Sie können diese Lieferung hier wieder abholen!"*

Arbeitsaufträge:

1. Manuela Sommerland hat viel Erfahrung im Verkauf der Aktenvernichter und weiß, welche Probleme und Bedienungsfehler auftreten können. Sie ruft die Produktbeschreibung des Gerätes TACITUS auf und sieht ihre Vermutung bestätigt. Das Gerät hat bestimmte Eigenschaften, die bei der Bedienung beachtet werden müssen.

   1.1 Lesen Sie die Produktbeschreibung des Aktenvernichters TACITUS (Material 4) aufmerksam durch, sodass Sie über die technischen Einzelheiten informiert sind.

   (Markieren Sie folgende Informationen: Wann schaltet das Gerät selbsttätig ab? Was kann außer Papier noch geschreddert werden?)

1.2 Formulieren Sie anschließend die Fortsetzung des Kundengespräches zwischen Frau Sommerland und Herrn Hellebusch bis zum Abschluss des Gespräches.

Fortsetzung des Kundengesprächs:

Herr Hellebusch: *„[...]. Eine Viertelstunde später haben wir versucht, es wieder anzuschalten, das ging aber nicht! Sie können diese Lieferung hier wieder abholen!“*

Frau Sommerland: ______

1.3 Erläutern Sie fünf Verhaltensweisen bei der Entgegennahme einer Reklamation oder Beschwerde, die dazu dienen, Konflikte zu vermeiden und die Geschäftsbeziehung zu festigen.

➤

➤

➤

➤

➤

1.4 Bei einer Beschwerde ist der Gesprächspartner oft in einer emotionalen Ausnahmesituation, die ihn möglicherweise aggressiv reagieren lässt.

1.4.1 Geben Sie in der folgenden Abbildung zu jedem der Punkte ① bis ④ ein Beispiel für geeignete Äußerungen des Sachbearbeiters der Beschwerdestelle an, die Sie in wörtlicher Rede formulieren. Sie können dazu von der Eingangssituation ausgehen.

1.4.2 Begründen Sie die Bedeutung eines erfolgreichen Kundengespräches in einer Beschwerdesituation.

2. Im Anschluss an ein Reklamationsgespräch sind wichtige Daten zu erfassen. Beschreiben Sie organisatorische Maßnahmen, die Sie nach einem Reklamationsgespräch zu erledigen haben und erläutern Sie diese Maßnahmen.

Organisatorische Maßnahme	Erläuterung

3. Frau Sommerland hat die Aufgabe, den Auszubildenden Ben Kaya in das Sachgebiet „Beschwerdemanagement" einzuarbeiten.

3.1 Sie übergibt Ben dazu eine Dokumentation, die die Heinrich KG für das Beschwerdemanagement zusammengestellt hat. Erläutern Sie drei wichtige Informationen, die Ben in dieser Dokumentation erwarten kann.

➤ ______________________________

____

____

➤ ______________________________

____

____

➤ ______________________________

____

____

3.2 Ben stellt bei seinem ersten Reklamationsgespräch fest, dass es nicht so einfach ist, ein solches Gespräch erfolgreich zu führen, wie er gedacht hat:

Auszug aus einem Reklamationsgespräch

Kundin: *„Jetzt hören Sie mir mal gut zu, junger Mann!"*

Ben: [ärgert sich] *„Geben Sie mir mal zuerst Ihre Kundennummer, damit ich Sie überhaupt finden kann!"*

Kundin: [nennt die Daten und beschwert sich, weil die elektronische Steuerung eines Schreibtischs nicht funktioniert]

Ben: *„Passen Sie mal gut auf! Sehen Sie mal nach, ob Sie überhaupt den Netzstecker eingesteckt haben. ... So, so, haben Sie! Dann muss es an Ihrer Stromversorgung liegen. So eine Reklamation hatten wir noch nie!"*

[Die Kundin bricht das Gespräch ab und verlangt, mit Frau Sommerland verbunden zu werden.]

3.2.1 Beurteilen Sie Bens Gesprächsverhalten und begründen Sie, warum die Kundin das Gespräch abgebrochen hat.

____

____

____

____

3.2.2 Nennen Sie drei Beispiele aus Ihrer eigenen Erfahrung für Formulierungen, die in einem Reklamationsgespräch vermieden werden sollten.

- ____
- ____
- ____

Material 1: Auszug aus den AGB der Heinrich KG

6. Rechte des Käufers wegen Mängel oder Garantie

6.1 Hat die Kaufsache nicht die vereinbarte Beschaffenheit oder eignet sie sich nicht für die nach dem Vertrag vorausgesetzte oder die Verwendung allgemein, oder hat sie nicht die Eigenschaften, die der Käufer nach den öffentlichen Äußerungen der Verkäuferin erwarten kann, leistet die Verkäuferin grundsätzlich Nacherfüllung durch Nachlieferung einer mangelfreien Sache. Mehrfache Nachlieferung ist zulässig. Schlägt zweifache Nacherfüllung fehl, kann der Käufer nach seiner Wahl den Kaufpreis angemessen herabsetzen oder vom Vertrag zurücktreten. Unwesentliche Abweichungen von Farbe, Abmessungen und/oder anderen Qualitäts- und Leistungsmerkmalen der Kaufsache begründen keinerlei Ansprüche des Käufers, insbesondere nicht auf Haftung für Sach- und Rechtsmängel. [...]

6.6 Die Verjährungsfrist für die vorstehenden Ansprüche beträgt grundsätzlich zwei Jahre ab Ablieferung der Ware. Ist der Käufer Unternehmer, beträgt die Frist ein Jahr. Das gleiche gilt auch für Verbraucher, wenn es sich bei der Ware um eine gebrauchte Sache handelt.

Material 2: Auszug aus dem Unternehmensleitbild der Heinrich KG

3. Unsere Kundenphilosophie

Das Unternehmen lebt von den Aufträgen unserer Kunden. Wir sind uns bewusst, dass unsere Angebote erst dann zu lohnenden Aufträgen werden, wenn wir die Bedürfnisse der Kunden besser befriedigen als unsere Mitbewerber. Diese Bedürfnisse zu ergründen und Maßnahmen zu ihrer Befriedigung zu ergreifen ist eine unserer Hauptaufgaben.

Unser Streben nach absolut fehlerfreier Qualität soll Kundenreklamationen überflüssig machen. Mögliche Mängelrügen unserer Kunden behandeln wir großzügig und kulant.

Material 3: Auszug aus der Bestellung der Westmoor KG

Bestellung

Sehr geehrter Herr Laus,

wir danken Ihnen für Ihr Angebot vom ..-..-20.. und bestellen wie folgt:

Ware	Warenbezeichnung	Menge	Netto-Preis pro Stück
Eco B-2009154	Aktenvernichter aus gefärbten Kunststoff für Papier, CD und Kreditkarten ...	15	89,00 €
Tacitus B-2001142	Aktenvernichter aus lasierter Buche mit Vollstahl-Schneidewellen aus Spezialstahl ...	5	975,00 €

Mit freundlichen Grüßen

Westmoor KG

i.A. Hellebusch

Hellebusch

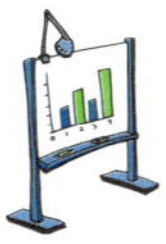

Material 4: Produktbeschreibung

Aktenvernichter TACITUS B-2001142

Produktbeschreibung

Das Modell TACITUS B-2001142 ist ausgestattet mit einem außergewöhnlich leisen und doch kraftvollen Motor und speziell gehärteten Schneidmessern aus Edelstahl, auf die wir 5 Jahre Garantie geben. Das benutzerfreundliche Modell schaltet sich bei Papierzufuhr automatisch ein und aus. Das ergonomische Bedienfeld hat beleuchtete Funktions- und Informationsanzeigen.

Der Motor schaltet sich bei vollem Auffangbehälter oder geöffneter Fronttür automatisch aus.

Ein Überhitzungsschutz sorgt dafür, dass nach einer Dauerbetriebszeit von 10 Minuten der Motor abschaltet. Die Abkühlzeit beträgt 20 Minuten.

Das Modell verfügt über einen zweistufigen Energiesparmodus: Nach 10 Minuten schaltet das Gerät auf „Standby“, nach 30 Minuten schaltet es komplett ab.

Tagesanforderung:	1.000 Blatt	**Spannung (V/Hz):**	230/50
Einfüllbreite:	260 mm (A4)	**Abmessungen (B/H/T):**	546 x 435 x 944 mm
Auffangbehälterkapazität:	100 Liter/1.750 Blatt	**Gewicht:**	43 kg
Schnittgeschwindigkeit:	4,3 Meter/Minute	**zerkleinert Heftklammern:**	Ja
Motor:	650 Watt	**zerkleinert CD/DVD:**	Nein
Dauerbetriebszeit:	10 Minuten	**zerkleinert Kreditkarten:**	Ja
Abkühlzeit des Motors:	20 Minuten	**zerkleinert Pappkarton:**	Nein

Schulbuch Kap. 5

5 Technische Medien zur Gesprächsführung nutzen

Situation:

Anna Sturz, Auszubildende zur Kauffrau für Büromanagement, arbeitet zurzeit im Vorzimmer des Technischen Leiters der Heinrich KG, Herrn Helbig. Gerade ist Herr Obert, der Leiter der Fertigung, bei Herrn Helbig im Büro. Die beiden haben anscheinend etwas Wichtiges zu besprechen. Plötzlich wird Anna hinzugerufen. Herr Helbig bittet sie, sofort bei der Maschinenfabrik Steinbeißer KG anzurufen. Die vor wenigen Tagen gelieferte Fräsmaschine ist anscheinend defekt. Bei den automatischen Vertikalvorschüben kommt es regelmäßig zu Ausfällen. Dies führt zu Verzögerungen in der Produktion.

Anna erhält den Auftrag, so schnell wie möglich telefonisch um den Besuch eines Servicetechnikers zu bitten.

Heinrich KG
Büromöbel und Zubehör

Arbeitsaufträge:

1. Nennen Sie fünf Schritte der Vorbereitung eines wichtigen Telefongesprächs. Gehen Sie davon aus, dass Sie derjenige sind, der anruft und ein Anliegen vorbringen möchte.

➤ ______________________________

____

➤ ______________________________

____

➤ ______________________________

____

➤ ______________________________

____

➤ ______________________________

____

2. Herr Helbig übergibt Anna ein Formular „Gesprächsvorbereitung“, das sie vor dem Gespräch ausfüllen soll. Die Kontaktdaten sind darin bereits genannt (siehe das auf der Folgeseite abgedruckte Formular: Material 1).

   Ergänzen Sie hierin die wichtigsten Stichpunkte, die Anna sich als Gesprächsvorbereitung notieren sollte.

Material 1: Vorlage „Gesprächsvorbereitung“

<table>
<tr><td colspan="3">Gesprächsvorbereitung</td><td>Heinrich KG
Büromöbel und Zubehör</td></tr>
<tr><td colspan="2">Vorgesehene/-r Gesprächspartner/-in:
Sven Kistenmacher,
Leiter Abt. Kundendienst,
Maschinenfabrik Steinbeißer KG, Rostock</td><td colspan="2">Datum: 20..-..-..
Uhrzeit:</td></tr>
<tr><td>Telefon:
0381 7212 365</td><td>E-Mail:
Kistenmacher@Steinbeisser.de</td><td>Fax:
0381 7213-84</td><td>Wenn nicht erreichbar, Rückruf erbeten:
☒ ja
☐ nein</td></tr>
<tr><td colspan="4">Thema: Fräsmaschine Typ FCB 230 defekt – Lieferung vom 20..-..-..</td></tr>
<tr><td colspan="4">Ziel des Gespräches:

Geplanter Gesprächsverlauf:</td></tr>
<tr><td colspan="4">Erledigungsvermerk – Bemerkungen:</td></tr>
<tr><td colspan="3">Erstellt von:
Abteilung:</td><td>Zeichen:
Datum:</td></tr>
</table>

Fortsetzung der Situation: Telefongespräch

Herr Kistenmacher: *„Maschinenfabrik Steinbeißer KG, Kundendienstabteilung, Sven Kistenmacher. Guten Morgen."*

Anna Sturz: *„Heinrich KG. Sie sprechen mit Anna Sturz. Guten Morgen, Herr Kistenmacher. Ich rufe Sie im Auftrag des Technischen Leiters, Herrn Helbig, an. Sie haben uns vor einigen Tagen eine Fräsmaschine Typ FCB 230 geliefert."*

Herr Kistenmacher: *„Ja, Frau Sturz. Moment mal. Jetzt habe ich Ihren Auftrag vor mir. Ist mit der Maschine alles in Ordnung?"*

Anna Sturz: *„Leider nicht. Es gibt Probleme mit den Vertikalvorschüben, was zu enormen Zeitverzögerungen in unserer Produktion führt. Bei den automatischen Vertikalvorschüben kommt es regelmäßig zu Störungen. Wir bitten Sie daher dringend, einen Techniker zu schicken, um das mal zu überprüfen."*

Herr Kistenmacher: *„Einen Moment bitte. Ich schaue gerade mal in unseren Terminkalender. Herr Klug könnte nächste Woche Dienstag gegen 14:00 Uhr bei Ihnen sein."*

Anna Sturz: *„Sie sind ja lustig! Wie stellen Sie sich das denn vor? Sollen wir bis dahin Betriebsurlaub machen, oder was?"*

Herr Kistenmacher: *„Wir können schließlich auch nicht hexen! Ich tue, was ich kann! Alle unsere Techniker sind bis Dienstagmorgen völlig ausgebucht. Da ist nichts zu machen!"*

Anna Sturz: *„Das darf doch wohl nicht wahr sein! Herr Helbig wird Sie gleich anrufen und Ihnen seine Meinung dazu sagen, da bin ich sicher! Bis dann!"*

Herr Kistenmacher: *„Dann muss er das tun! Auf Wiederhören!"*

3. 3.1 Beurteilen Sie den Verlauf des Telefongespräches. Schreiben Sie Annas Äußerung auf, die zu einem Wendepunkt auf der Beziehungsebene zu Herrn Kistenmacher führt.

____

____

____

____

3.2 Begründen Sie Ihre Beurteilung.

____

____

____

____

3.3 Entwickeln Sie einen Vorschlag für einen positiveren Verlauf des Gespräches. Schreiben Sie das Gespräch von dem Punkt an neu, an dem sich eine positivere Wendung ergeben könnte.

3.4 Begründen Sie Ihre Änderungen des Gesprächsverlaufs und stellen Sie dar, mit welchen sprachlichen Mitteln Sie einen Gesprächserfolg erzielen können.

4. Formulieren Sie drei Regeln, die den Gesprächsverlauf positiv beeinflussen können.

Regel 1:

Regel 2:

Regel 3:

5. Stellen Sie die wichtigsten Gesprächsphasen bei einer Mängelanzeige dar. Erläutern Sie, welche Informationen die Gesprächspartner in der betreffenden Phase austauschen.

1. Phase

2. Phase

3. Phase

4. Phase

5. Phase

Schulbuch Kap. 6

6 Geschäftsbesuch empfangen

Situation:

Die kaufmännischen Auszubildenden der Heinrich KG übernehmen abwechselnd die Vorbereitung des Besuchszimmers, wenn Besuch erwartet wird. Zu ihren Aufgaben gehört es, die notwendigen Besprechungsunterlagen bereitzulegen, Geschirr, Getränke und Gebäck bereitzustellen sowie dafür zu sorgen, dass der Besprechungsraum einen einladenden Eindruck vermittelt und alle technischen Medien zur Verfügung stehen. Sie begrüßen die Besucher bei deren Ankunft an der Empfangszentrale und begleiten sie in das Besuchszimmer.

Die Auszubildenden sind ein eingespieltes Team. In der Regel funktioniert der organisatorische Ablauf gut, bis auf die Termine, bei denen Bastian Malik die Vorbereitungen übernehmen soll. Dann scheinen Pannen vorprogrammiert zu sein. Irgendetwas muss immer noch während des Meetings besorgt werden, was zu unvorhergesehenen Unterbrechungen führt.

Das Team der Auszubildenden beschließt daher, eine Checkliste zu erstellen, die allen Betroffenen zugänglich gemacht werden soll. Der Inhalt der Checkliste soll die Prozesse Begrüßung des Besuchers/der Besucher sowie die Vorbereitung des Besprechungsraums in der oben beschriebenen Weise umfassen.

Arbeitsaufträge:

1. Entwerfen Sie in Gruppenarbeit eine Mindmap (Material 1), auf der die wichtigsten Punkte erfasst werden, die die Auszubildenden für den Besucherempfang berücksichtigen müssen.
2. Erstellen Sie anhand dieser Mindmap eine Checkliste. Nutzen Sie hierzu das Formular (Material 2), das mit den Einzelheiten der Checkliste versehen werden soll (Angaben im Kopfteil des Formulars nach eigener Wahl).

Fortsetzung der Situation:

Bastian Malik ist soeben von der Telefonzentrale angerufen worden, dass ein Besucher in der Empfangshalle wartet, den er begrüßen und in das Besuchszimmer begleiten soll. Es handelt sich um Herrn Fuchs, einen Journalisten, der von der Abteilung Public Relations eingeladen wurde. Bastian ist gespannt, Herrn Fuchs persönlich kennenzulernen, der schon öfter über die Heinrich KG in der örtlichen Presse berichtet hat. Folgendes Gespräch entwickelt sich auf dem Weg zum Besprechungszimmer:

Bastian: *„Guten Tag, Herr Fuchs. Ich bin Bastian Malik, ein Auszubildender. Frau Marx von der PR-Abteilung hat mich gebeten, Sie in das Besuchszimmer zu begleiten."*

Herr Fuchs: *„Guten Tag, Herr Malik. Da haben Sie ja Glück, dass Sie eine Ausbildung bei der Heinrich KG machen können. Ich habe gehört, dass die Firma sehr viel für den beruflichen Nachwuchs tut."*

Bastian: (?)

Herr Fuchs: *„Sehen Sie denn auch eine Chance nach Ihrer Ausbildung fest übernommen zu werden? Es soll ja bei der Heinrich KG demnächst personelle Umstrukturierungen mit Personalabbau geben. Es ist heutzutage für ein mittelständisches Unternehmen nicht einfach, sich auf dem Markt zu behaupten."*

Bastian: ?

3. Bastian ist in dem Gesprächsverlauf an zwei Stellen indirekt aufgefordert, Stellung zu beziehen.

   Machen Sie Vorschläge für die beiden fehlenden Antworten, die Bastian Herrn Fuchs geben könnte. Begründen Sie Ihre Vorschläge.

Herr Fuchs: *„[...], dass die Firma sehr viel für den beruflichen Nachwuchs tut."*

Bastian:

Begründung:

Herr Fuchs: *„[...] Es ist heutzutage für ein mittelständisches Unternehmen nicht einfach, sich auf dem Markt zu behaupten."*

Bastian:

Begründung:

Material 1: Vorlage Mindmap

Material 2: Formular „Checkliste"

Checkliste Besucher empfangen/Besprechungsraum vorbereiten	
Name des Besuchers/der Besucher, ggf. Berufsbezeichnung/Position:	
Unternehmen:	
Datum:	
Uhrzeit:	
Raum:	
Leitung der Besprechung, Abteilung:	
Gesamt-Teilnehmerzahl:	
Besonderheiten:	
Verantwortlich für die Organisation des Besprechungsraums und Begrüßung des Besuchers/der Besucher:	

	Erledigt:
______________________________	☐
______________________________	☐
______________________________	☐
______________________________	☐
______________________________	☐
______________________________	☐
______________________________	☐
______________________________	☐
______________________________	☐
______________________________	☐
______________________________	☐
______________________________	☐
______________________________	☐
______________________________	☐
______________________________	☐
______________________________	☐
______________________________	☐

7 Einen Gesprächsleitfaden erstellen und das Gesprächsverhalten optimieren

Schulbuch Kap. 7

Situation:

Heinrich KG
Büromöbel und Zubehör

Arno Bast, Leiter der Abteilung Einkauf, und Theo Krämer, Gruppenleiter Einkauf Handelswaren der Heinrich KG, erwarten den Besuch von Tereza Vesely, Servicetechnikerin der Lenz KG, eines Lampenherstellers aus Nürnberg. Gesprächsleiter ist Herr Bast.

Die Heinrich KG bezieht innovative Arbeitsplatzleuchten von der Lenz KG. Das Produkt Phoebe 3000 führt neuerdings zu einer erheblichen Zahl von Reklamationen, die sich auf den automatischen Abschaltmechanismus beziehen (siehe Material 1: Produktbeschreibung). Die automatische Abschaltung nach Verlassen des Arbeitsplatzes funktioniert nicht.

Herr Bast beabsichtigt, der Lenz KG die zuletzt gelieferten 6 Stück Arbeitsplatzleuchten Phoebe 3000 (Stückpreis 219,00 € zuzüglich USt) wieder zurückzugeben und um Gutschrift des Rechnungsbetrages zu bitten. Ebenso sollen jene mangelhaften Produkte Phoebe 3000, die als Reklamationen von Kunden an die Heinrich KG zurückgesendet wurden, gegen Gutschrift des gesamten Rechnungsbetrages an die Lenz KG zurückgeschickt werden. Bis zum augenblicklichen Zeitpunkt handelt es sich um insgesamt 8 Stück.

Frau Vesely soll gebeten werden, zu den Qualitätsmängeln Stellung zu nehmen. Außerdem bittet Herr Bast die Lenz KG, ein Angebot verbesserter Garantie- und Serviceleistungen zu unterbreiten.

Arbeitsaufträge:

1. Erstellen Sie einen Gesprächsleitfaden für Herrn Arno Bast für die obige Situation. Nutzen Sie hierzu die Vorlage (Material 2) und die Informationen aus Ihrem Schulbuch zum Thema „Eigene Beschwerden und Reklamationen formulieren". Die angestrebten Maximal- und Minimalziele sind – unter Berücksichtigung der Angaben in der Ausgangssituation – nach eigener Wahl festzulegen.
2. Beschreiben Sie stichwortartig,

   2.1 worauf Herr Bast und Herr Krämer in ihrem Verhalten im Gesprächsverlauf besonders achten sollten.

➤ ______________________________

➤ ______________________________

➤ ______________________________

➤ ______________________________

➤ ______________________________

➤ ______________________________

➤ ______________________________

2.2 an welchen Ergebnissen der Erfolg des Gespräches festgestellt werden kann.

➤ ______________________________

____

____

➤ ______________________________

____

____

2.3 welche Maßnahmen zur Nachbereitung dieses Gespräches von Herrn Bast und Herrn Krämer getroffen werden müssen. (Nennen Sie zwei wichtige Maßnahmen.)

Maßnahme 1:	
Maßnahme 2:	

3. Kommunikationstraining ist ein wesentlicher Bestandteil der Karriereplanung.

3.1 Machen Sie drei Vorschläge, welche Möglichkeiten es gibt, Ihr eigenes Gesprächsverhalten zu verbessern.

➤ ______________________________

____

➤ ______________________________

____

➤ ______________________________

____

3.2 Beschreiben Sie drei Beobachtungskriterien, die Ihnen in einem Feedbackgespräch wichtig sind, um Ihr Kommunikationsverhalten zu verbessern.

➤ ______________________________

____

➤ ______________________________

____

➤ ______________________________

____

Material 1: Produktbeschreibung

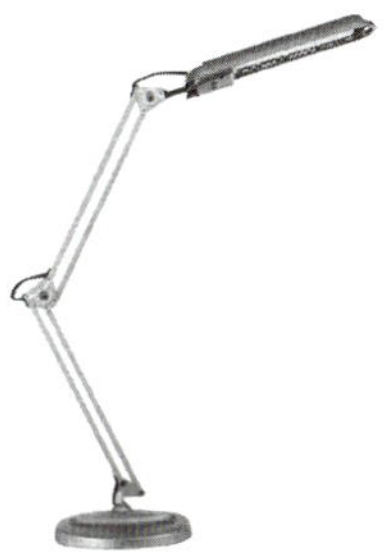

Schreibtischleuchte Phoebe 3000

- Mit Standfuß, flexible Drehung
- Kabellose Stromzufuhr zur Leuchte
- Energiespar-Effekt durch Infrarot-Bewegungssensor
- Automatische Abschaltung der Leuchte, wenn der Beleuchtungsbereich verlassen wird
- Blendfrei
- Lange Lebensdauer der LEDs
- Dimmbar
- Farbtemperatur wie Tageslicht

219,00 € pro Stück
zuzüglich USt

Material 2: Vorlage „Gesprächsleitfaden"

Gesprächsleitfaden

Heinrich KG
Büromöbel und Zubehör

1 Den Personalbedarf quantitativ und qualitativ ermitteln

Situation:

Heinrich KG
Büromöbel und Zubehör

Die auf einer Prognosesoftware basierenden Absatzplanungen der Heinrich KG gehen davon aus, dass das Unternehmen seine Absatzzahlen im kommenden Geschäftsjahr deutlich steigern kann. Zuwachsraten im zweistelligen Bereich scheinen im Bereich des Möglichen zu liegen. Technische Kapazitäten sind in ausreichendem Maße vorhanden. Allerdings ist nicht sicher, ob die Zahl der im Unternehmen beschäftigten Mitarbeiterinnen und Mitarbeiter ausreicht. Deshalb hat die Geschäftsführerin Gerda Heinrich den Personalsachbearbeiter Melek Melke gebeten, kurzfristig den erforderlichen Personalbedarf zu ermitteln.

Zur Ermittlung des Personalbedarfs kann Herr Melke folgende Materialien nutzen:

- Stellenbeschreibung „Abteilungsleitung Einkauf",
- Informationsschreiben zur Personalbedarfsplanung,
- interne Zusatzinformationen sowie
- internes Formular zur quantitativen Personalbedarfsermittlung.

Interne Stellenbeschreibungen dienen bei der Heinrich KG u.a. dazu, die Qualifikationen zu ermitteln, die die eventuell benötigten Personen mitbringen müssen, um eine entsprechende Position im Unternehmen gut ausfüllen zu können.

Arbeitsaufträge:

1. Führen Sie für das kommende Geschäftsjahr die quantitative Personalbedarfsplanung für das bei der Heinrich KG beschäftigte Personal durch. Prüfen Sie, ob in den einzelnen Abteilungen Personal abgebaut oder eingestellt werden muss!

   Berücksichtigen Sie dabei das Informationsschreiben zur Personalbedarfsplanung (Material 2), die internen Zusatzinformationen (Material 3) und das mit MS Excel erstellte Formular zur quantitativen Personalbedarfsermittlung (Material 4).

2. Erstellen Sie unter Verwendung der „Stellenbeschreibung – Abteilungsleitung Einkauf" (Material 1) ein möglichst exaktes qualitatives Anforderungsprofil für diese Stelle.

Material 1: Stellenbeschreibung – Abteilungsleitung Einkauf

Bezeichnung der Stelle	Abteilungsleitung	Einkauf
Organisatorische Einordnung		
Unterstellung	Bereichsleitung	Kaufmännischer Bereich
Stellvertretung	Sachbearbeitung	Einkauf

Zielsetzung
Optimierung des Einkaufs, Etablierung eines Einkaufscontrollings, Nutzen neuer Einkaufsquellen, Coachen und Führen der Mitarbeiter, unternehmerische Beiträge zum Gesamtergebnis.

Hauptaufgaben
Erforschung, Beobachtung und Analyse des Einkaufsmarkts; Anbahnung neuer und Pflege bestehender Lieferantenbeziehungen; Auswahl und Beurteilung von Lieferanten; Vertragserfüllung durch beide Vertragspartner.

Befugnisse
Weisungsbefugnis gegenüber den Mitarbeitern des Einkaufs.
Zeichnungsbefugnis bis zu 250.000,00 € im Rahmen der oben skizzierten Aufgaben.

Material 2: Informationsschreiben der Personalberatung RRQ GmbH

Personalbedarfsplanung

R Recht
R Recruiting
Q Qualifizierung

Der ***Personalbedarf*** eines Unternehmens wird durch viele verschiedene Einflussfaktoren bestimmt. Zu unterscheiden sind hierbei ***interne*** und ***externe Einflussgrößen:***

- *Interne Einflussfaktoren* sind beispielsweise die Arbeitsorganisation im Unternehmen, das Leistungsvermögen der Beschäftigten, die eingesetzten Betriebsmittel und geplante oder bereits realisierte Rationalisierungsmaßnahmen.
- *Externe Einflussfaktoren* sind unter anderem tarifvertragliche Änderungen, konjunkturelle Entwicklungen, technische Entwicklungen und Möglichkeiten einer Rationalisierung.

Die Aufgabe der Personalbedarfsplanung besteht darin, zu ermitteln, wie viele Arbeitskräfte mit welchen Qualifikationen zur Wahrnehmung aller betrieblichen Aufgaben benötigt werden. Unterschieden wird zwischen der ***quantitativen*** und ***qualitativen Personalbedarfsplanung.***

Die *quantitative Personalbedarfsplanung* legt die Anzahl der benötigten Arbeitskräfte fest:

	Soll-Personalbestand
−	Ist-Personalbestand
=	**Über- oder Unterdeckung I**
+	Neubedarf
−	Minderbedarf
=	**Über- oder Unterdeckung II**
−	Zugänge
+	Abgänge
=	**Über- oder Unterdeckung III**

Wenn der berechnete *quantitative Personalbedarf* größer ist als Null, dann besteht ein Bedarf an Personal und es müssen neue Arbeitskräfte eingestellt werden. Wenn er kleiner ist als Null, besteht ein Personalfreisetzungsbedarf und Arbeitskräfte werden entlassen.

Die *qualitative Personalbedarfsplanung* beschreibt, über welche Fähigkeiten und Kenntnisse künftige Arbeitskräfte verfügen sollen. Dazu muss ermittelt werden, welche Qualifikationen diese Arbeitskräfte für die Bewältigung ihrer Aufgaben benötigen. Hierzu ist für jede Arbeitskraft ein Anforderungsprofil zu erstellen, das speziell aus zur Verfügung stehenden Stellenbeschreibungen abgeleitet werden kann.

Material 3: Interne Zusatzinformationen

Personalbestand im aktuellen Geschäftsjahr

In den Abteilungen wurde folgender Soll-Ist-Bestand ermittelt:

Einkauf	36 Arbeitskräfte ↔ 36 Arbeitskräfte
Verkauf	42 Arbeitskräfte ↔ 42 Arbeitskräfte
Verwaltung	8 Arbeitskräfte ↔ 7 Arbeitskräfte
Rechnungswesen	28 Arbeitskräfte ↔ 28 Arbeitskräfte
Personalwesen	12 Arbeitskräfte ↔ 12 Arbeitskräfte
Fertigung	78 Arbeitskräfte ↔ 78 Arbeitskräfte
Lager	26 Arbeitskräfte ↔ 22 Arbeitskräfte

Personalbewegungen im kommenden Geschäftsjahr

- Im Einkauf werden zwei Arbeitskräfte in den verdienten Ruhestand verabschiedet; zeitgleich kann eine der Stellen durch eine Auszubildende besetzt werden.
- Im Lager setzt die Anschaffung einer neuen Kommissionierungs- und Verpackungsmaschine vier Lagerfachkräfte frei. Zwei Lagerfachkräfte haben aus familiären Gründen gekündigt. Dagegen kehrt eine Fachkraft aus der dreijährigen Elternzeit zurück.
- In der Verwaltung kehrt ein Sachbearbeiter mit voller Stundenzahl aus der Elternzeit zurück.
- In der Fertigung kommt eine Mitarbeiterin direkt nach dem Mutterschutz zurück.

Absatzplanung

Die Geschäftsleitung rechnet damit, den Absatz der Produkte aus eigener Fertigung aufgrund der aktuellen Prognose im kommenden Jahr um 15 % zu steigern. Voraussetzung hierfür ist allerdings, dass sich die Konjunktur im Inland weiter erholt und der Preis der Produkte so gestaltet werden kann, dass er die Kunden zum Kauf anregt.

Arbeitszeitverkürzung

Gemäß Betriebsvereinbarung zum Thema Arbeitszeiten wird die regelmäßige wöchentliche Arbeitszeit ab Januar des kommenden Jahres für gewerbliche Vollzeitkräfte von 38,5 Stunden auf 38 Stunden pro Woche gesenkt.

Fertigung laufendes Geschäftsjahr

Personalbestand:	78 Arbeitskräfte
Produktion:	30.000 Einheiten
Arbeitswochen:	46
Stunden je Woche:	38,5

Aufgrund des geplanten Absatzes wird in der Fertigung entsprechend mehr Personal benötigt. Auf andere Abteilungen der Heinrich KG haben die steigenden Absatzzahlen laut Aussagen der Bereichs- und Abteilungsleitungen keine Auswirkungen.

Material 4: Formular zur quantitativen Personalbedarfsermittlung

Quantitative Personalbedarfsermittlung		Betroffene Abteilungen						
		Einkauf	Verkauf	Verwal-tung	Rechnungs-wesen	Personal-wesen	Fertigung	Lager
Soll-Personalbestand								
– Ist-Personalbestand								
= Unter- bzw. Überdeckung I								
+ Neubedarf								
– Minderbedarf								
= Unter- bzw. Überdeckung II								
– Zugänge	Rückkehr aus Mutterschutz							
	Rückkehr aus Elternzeit							
	Übernahme aus Ausbildung							
	Rückkehr nach langer Krankheit							
	Versetzung							
+ Abgänge (Ersatzbedarf)	Beginn des Mutterschutzes							
	Beginn der Elternzeit							
	Pensionierung							
	Kündigung							
	Sonstiges							
= Unter- bzw. Überdeckung III								

Ermittlung des Neubedarfs an Stellen für die Abteilung Fertigung:

Schulbuch Kap. 4

2 Personal beschaffen: intern oder extern?

Situation:

Im Intranet und per Aushang an den Informationsbrettern für Mitarbeiter informiert die Geschäftsführung der Heinrich KG die Belegschaft darüber, dass der allseits beliebte Herr Bast, Abteilungsleiter Einkauf, in Kürze in den wohlverdienten Ruhestand geht.

Heinrich KG
Büromöbel und Zubehör

Aufgrund dieser zu besetzenden Stelle kommt es in der Heinrich KG zwischen der Geschäftsführerin Gerda Heinrich und Bärbel Oswald, Leiterin des Kaufmännischen Bereichs, zu folgendem Gespräch:

Bärbel Oswald: *„Ich möchte mich heute gerne mit Ihnen über die Besetzung der Abteilungsleitung im Einkauf unterhalten. Aus der letzten Personalanalyse wissen Sie ja, dass ein gut funktionierendes und eingespieltes Team erheblich zum Unternehmenserfolg beiträgt. Wir müssen uns folglich sofort um die Besetzung der Stelle kümmern."*

Gerda Heinrich: *„Ja, da haben Sie recht! Es muss schnell etwas geschehen."*

Bärbel Oswald: *„Ich kann mir Frau Gröne für die Besetzung dieser Stelle sehr wohl vorstellen. Sie kennt sich sowohl im Unternehmen als auch in der Abteilung Einkauf gut aus. Insbesondere hat sie bereits mehrfach aufgetretene Probleme bei der Materialbeschaffung erfolgreich und effizient behoben. Zudem ist sie in meinen Augen eine anerkannte und zuverlässige Mitarbeiterin, die sich schnell auf neue Situationen einstellen kann. Vor allem aber stände sie kurzfristig zur Verfügung."*

Gerda Heinrich: *„Das sehe ich jedoch genau anders herum! Eine externe Besetzung der Stelle würde ‚frische Ideen' und einen belebenden ‚Blick von außen' mit sich bringen. Bei einer internen Stellenbesetzung besteht immer die Gefahr einer gewissen Betriebsblindheit. Dies erschwert die Anpassung an veränderte wettbewerbliche Marktsituationen."*

Bärbel Oswald: *„Theoretisch mag das so sein. Aber bei Frau Gröne wissen wir, woran wir sind, und erleben keine bösen Überraschungen. Außerdem ist es für die Beschäftigten, speziell für unsere Nachwuchskräfte, motivierend, wenn sie wissen, dass wir ihnen Aufstiegschancen eröffnen."*

Gerda Heinrich: *„Das mag ja alles stimmen. Was mache ich dann aber mit der Stelle von Frau Gröne?"*

Bärbel Oswald: *„Ich muss darüber noch einmal in aller Ruhe nachdenken. Außerdem müssen wir ja auch ein Gespräch mit dem Betriebsrat[1] führen."*

Arbeitsaufträge:

1. Zur Besetzung von Stellen stehen grundsätzlich betriebsinterne und außerbetriebliche Beschaffungswege zur Verfügung. Personal kann demnach aus dem eigenen Betrieb oder vom allgemeinen Arbeitsmarkt rekrutiert werden.

   Geben Sie jeweils fünf konkrete betriebsinterne und außerbetriebliche Möglichkeiten zur Personalbeschaffung an!

1 Der Betriebsrat kann verlangen, dass Arbeitsplätze vor ihrer Besetzung intern ausgeschrieben werden müssen (vgl. § 93 BetrVG). Das bedeutet allerdings nicht, dass der Arbeitgeber zu einer internen Besetzung verpflichtet ist.

Möglichkeiten	
betriebsinterne Personalbeschaffung	außerbetriebliche Personalbeschaffung
➤ ____________	➤ ____________
➤ ____________	➤ ____________
➤ ____________	➤ ____________
➤ ____________	➤ ____________
➤ ____________	➤ ____________

2. Bilden Sie arbeitsfähige Gruppen und setzen Sie sich mit den in den nachfolgenden vier arbeitsteiligen Gruppen festgelegten Gliederungspunkten auseinander.

Gruppe 1:

1. Erarbeiten Sie mögliche **Vorteile** einer **internen** Personalbeschaffung aus dem Text!
2. Suchen Sie unter Einbezug Ihrer persönlichen und betrieblichen Erfahrungen nach weiteren Vorteilen der internen Personalbeschaffung!
3. Halten Sie jeden Vorteil stichwortartig auf einer Karte (Querformat DIN A4) fest und sortieren Sie anschließend die Karten nach Bedeutsamkeit!
4. Bereiten Sie sich in der Gruppe auf eine kurze Präsentation Ihrer Ergebnisse vor, bei der Sie die Karten in der Reihenfolge ihrer Bedeutsamkeit an einer Pinnwand platzieren.

Gruppe 2:

1. Erarbeiten Sie mögliche **Nachteile** einer **internen** Personalbeschaffung aus dem Text!
2. Suchen Sie unter Einbezug Ihrer persönlichen und betrieblichen Erfahrungen nach weiteren Nachteilen der internen Personalbeschaffung!
3. Halten Sie jeden Nachteil stichwortartig auf einer Karte (Querformat DIN A4) fest und sortieren Sie anschließend die Karten nach Bedeutsamkeit!
4. Bereiten Sie sich in der Gruppe auf eine kurze Präsentation Ihrer Ergebnisse vor, bei der Sie die Karten in der Reihenfolge ihrer Bedeutsamkeit an einer Pinnwand platzieren.

Gruppe 3:

1. Erarbeiten Sie mögliche **Vorteile** einer **externen** Personalbeschaffung aus dem Text!
2. Suchen Sie unter Einbezug Ihrer persönlichen und betrieblichen Erfahrungen nach weiteren Vorteilen der externen Personalbeschaffung!
3. Halten Sie jeden Vorteil stichwortartig auf einer Karte (Querformat DIN A4) fest und sortieren Sie anschließend die Karten nach Bedeutsamkeit!
4. Bereiten Sie sich in der Gruppe auf eine kurze Präsentation Ihrer Ergebnisse vor, bei der Sie die Karten in der Reihenfolge ihrer Bedeutsamkeit an einer Pinnwand platzieren.

Gruppe 4:

1. Erarbeiten Sie mögliche **Nachteile** einer **externen** Personalbeschaffung aus dem Text!
2. Suchen Sie unter Einbezug Ihrer persönlichen und betrieblichen Erfahrungen nach weiteren Nachteilen der externen Personalbeschaffung!
3. Halten Sie jeden Nachteil stichwortartig auf einer Karte (Querformat DIN A4) fest und sortieren Sie anschließend die Karten nach Bedeutsamkeit!
4. Bereiten Sie sich in der Gruppe auf eine kurze Präsentation Ihrer Ergebnisse vor, bei der Sie die Karten in der Reihenfolge ihrer Bedeutsamkeit an einer Pinnwand platzieren.

Schulbuch Kap. 5.2

3 Eine Stellenbeschreibung verfassen

Situation:

Die Geschäftsführung und der Betriebsrat der Heinrich KG beschließen – auf Vorschlag von Herrn Bast – einvernehmlich die folgende Vorgehensweise:

- Die kurzfristig frei werdende Stelle „Abteilungsleitung Einkauf" wird betriebsintern mit der erfahrenen, unternehmerisch denkenden und handelnden Einkaufssachbearbeiterin Beate Gröne besetzt. Frau Gröne hat zudem im vergangenen Monat ein berufsbegleitendes Studium in Betriebswirtschaftslehre sehr erfolgreich abgeschlossen.
- Da eine innerbetriebliche Besetzung der sodann vakanten Stelle von Beate Gröne nicht zweckgerichtet erscheint, soll diese Stelle extern ausgeschrieben werden.

Arbeitsaufträge:

1. Beschreiben Sie kurz die wesentlichen Arbeitsschritte bis zur Einstellung eines neuen Mitarbeiters!

(1) Stellenanzeige schalten

↓

(2) Bewerber auswählen

↓

(3) Einstellungsunterlagen prüfen

↓

(4) Arbeitsvertrag gestalten

2. Vervollständigen Sie die auf der folgenden Seite vorbereitete Stellenbeschreibung für die zu besetzende Stelle eines Einkaufssachbearbeiters (m/w/d).

3. Erörtern Sie Bedeutung und Probleme von Stellenbeschreibungen! Befragen Sie dazu das Internet beispielsweise unter http://www.stellenbeschreibung.de/.

Quellen, die beim Verfassen von Stellenbeschreibungen behilflich sein können!

➤ **Frühere Stellenanzeigen**
Stellenanzeigen sind üblicherweise klar strukturiert (Anforderungen, Aufgaben, Ausbildung usw.) und geben wertvolle Informationen. Im Normalfall werden Stellenanzeigen jedoch eher aufgrund von Stellenbeschreibungen gemacht und nicht umgekehrt.

➤ **Arbeitszeugnisse**
Arbeitszeugnisse enthalten Leistungsaussagen und Tätigkeiten, die für Stellenbeschreibungen sehr interessant sind. Die Zeugnisse mehrerer Stelleninhaber können Aussagen komplettieren und auch die Historie einer Stelle dokumentieren.

➤ **Gespräche mit Stelleninhaber**
Mitarbeiter, die eine Stelle innehaben und diese aus der täglichen Praxis besser kennen als jeder andere, sind wohl die beste Informationsquelle. Kritische, hinterfragende Gespräche sind hilfreich und können Themen enthalten wie die Verschiebung von Aufgabenprioritäten und Tätigkeiten, sich ändernde Zeitanteile von Tätigkeiten und neue Qualifikations- und Wissensanforderungen.

➤ **Zielvereinbarungen**
Zielvereinbarungen sind eine sehr aussagekräftige Informationsquelle, wenn sie professionell gehandhabt und als Führungs- und Qualifikationsinstrument eingesetzt werden. Auch Mitarbeiterbeurteilungen und Qualifikationen können konkrete und präzise Informationen liefern.

➤ **Personalakten ehemaliger Stelleninhaber**
Die Historie einer Stelle kann sehr aufschlussreich sein und Hinweise für die kurz- und mittelfristige Entwicklung geben und auf Schwachstellen oder Schwerpunkte hinweisen, die regelmäßig zur Sprache kommen.

➤ **Probezeitberichte**
Probezeitberichte können auf Probleme oder bedeutsame Anforderungen hinweisen, die bei der Stelle zu beachten sind. Sie können deshalb nützlich sein, weil sie auf weniger erfahrene, mit den Aufgaben und Tätigkeiten noch nicht vertraute Mitarbeiter ausgerichtet sind, welche vieles auch kritischer, unvoreingenommener und weniger routinebelastet beurteilen.

➤ **Sitzungsprotokolle**
Diese gestatten Informationen über Aufgaben, Tätigkeiten und Leistungen. Sie können auch auf Problemkreise hinweisen wie etwa Organisationsmängel, Kommunikationsprobleme und fehlende Qualifikationen.

➤ **Mitarbeitergesprächsprotokolle**
Werden Mitarbeitergespräche protokolliert, können sie auf viele wichtige Details hinweisen, die für die Ausarbeitung einer Stellenbeschreibung wichtig sind, beispielsweise:

- Differenzierung von Leistungen,
- Über- oder Unterforderungen fachlicher Art,
- unterschätzte Fach- und Sozialkompetenzen der Stelle,
- Mitarbeiterbedürfnisse aus der betrieblichen Praxis heraus,
- Tätigkeiten und Korrektur von Prioritäten aus der Stellenpraxis heraus.

Stellenbeschreibung

Organisatorische Einordnung

Bezeichnung der Stelle: ....

Unterstellung: ....

Mitarbeiter(-in) im gleichen Rang: ....

Stellvertretung: ....

Zielsetzung

....

....

Wesentliche Aufgaben

- ....
- ....
- ....
- ....
- ....

Befugnisse

....

Anforderungen

Ausbildung: ....

Berufserfahrung: ....

Kenntnisse/Fähigkeiten/Fertigkeiten: ....

....

....

....

....

....

....

....

Heinrich KG
Büromöbel und Zubehör

Schulbuch Kap. 5.2

4 Eine Stellenanzeige gestalten

Situation:

Heinrich KG
Büromöbel und Zubehör

Norbert Petersmann, Personalsachbearbeiter bei der Heinrich KG, hat gemeinsam mit dem Auszubildenden Leon Laus eine neue Stellenbeschreibung für die „Sachbearbeitung im Einkauf" konzipiert.

Um mehr über das Anbieten von Stellen zu erfahren, soll Leon heute – für die o. g. Stelle – eine Anzeige im „Hamburger Abendblatt" verfassen. Herr Petersmann weist Leon darauf hin, dass bei der Erstellung der Anzeige ein vorgegebenes Budget von maximal 3.000,00 € netto zu berücksichtigen ist. Gleichzeitig erwähnt Herr Petersmann, dass Firmen vermehrt dazu übergehen, offene Stellen speziell für höher qualifizierte Mitarbeiter im Internet anzubieten.

Arbeitsaufträge:

Hamburger Abendblatt

1. Recherchieren Sie im Internet nach Preisen und Möglichkeiten der Schaltung einer Anzeige im „Hamburger Abendblatt". Beachten Sie das angegebene Budget. Vergleichen Sie anschließend Preise zur Option, eine Online-Stellenanzeige in einem Portal wie beispielsweise „StepStone" zu schalten!
2. Entwerfen Sie zunächst handschriftlich eine Stellenanzeige für die o. g. Stelle,[1] gestalten Sie danach mithilfe von MS Word eine Vorlage für diese Anzeige!

Beachten Sie dabei, dass Stellenanzeigen im Allgemeinen Aussagen über

- das inserierende Unternehmen,
  - Firmenphilosophie
  - Marktstellung
  - Branche
  - Standort
  - Größe
- die Stellen- und Aufgabenbeschreibung,
  - Aufgabengebiet und Zuständigkeiten
  - Stellung in der betrieblichen Hierarchie
  - Verantwortungsbereich
  - Vertretungsmacht
  - Entwicklungschancen
- die Anforderungen des Unternehmens an den Bewerber,
  - Ausbildung und Berufserfahrung
  - fachliche Kompetenzen (verhandlungssichere Englischkenntnisse in Wort und Schrift, ...)
  - soziale Kompetenzen (überzeugende Team- und Kommunikationsfähigkeit, ...)
  - persönliche Kompetenzen (kundenorientiertes, unternehmerisches Denken und Handeln, ...)
  - Mobilität und Flexibilität
- die Leistungen des Unternehmens und
  - Höhe des Entgelts
  - Arbeitszeit, -bedingungen
  - selbstständiges Arbeiten in einem jungen, freundlichen Team
  - Sozialleistungen (Gesundheitsförderung, Altersvorsorge, Firmenwagen, ...)
  - Entwicklungsmöglichkeiten und Perspektiven
- die konkreten Bewerbungsmodalitäten
  - Ansprechpartner
  - Bewerbungsfrist
  - Bewerbungsweg (schriftlich, elektronisch)
  - notwendige Unterlagen (Anschreiben, Lebenslauf, Zeugnisse)

machen.

Als „Gestaltungshilfen" sollten Sie auch Stellenanzeigen in Printmedien und/oder geeignete „Jobbörsen" – wie etwa https://www.monster.de – im Internet einbeziehen.

1 Berücksichtigen Sie dabei das im August 2006 in Kraft getretene Allgemeine Gleichbehandlungsgesetz, das die Benachteiligung von Beschäftigten aus Gründen der Rasse, wegen der ethnischen Herkunft, des Geschlechts, der Religion, des Alters oder der sexuellen Identität verbietet. Mit der behördlichen Einführung des dritten Geschlechts zum Januar 2019 für sogenannte Intersexuelle und der damit verbundenen möglichen Diskriminierung ist es nur folgerichtig, dass das AGG künftig auch auf intersexuelle Menschen ausgeweitet wird.

Konzeption der Stellenanzeige:

3. Erläutern Sie drei Gründe für die Wahl des Internets als Medium für Stellenanzeigen!

➤

➤

➤

4. Nennen Sie mindestens zwei Aspekte, die den Erfolg einer Stellenanzeige im Internet beeinflussen!

Schulbuch Kap. 5.3

5 Personalauswahlverfahren durchführen

Situation:

Auf die am letzten Wochenende im Hamburger Abendblatt geschaltete Stellenanzeige für einen Einkaufssachbearbeiter (m/w/d) sind zahlreiche Bewerbungen eingegangen.

Heinrich KG
Büromöbel und Zubehör

Der Personalsachbearbeiter Norbert Petersmann informiert den Auszubildenden Leon Laus darüber, dass die Personalauswahl bei der Heinrich KG fast immer in folgenden Schritten erfolgt:

- Eingang der Bewerbungen;
- erste Sichtung der Bewerbungen/Aussortierung geeignet erscheinender Bewerbungen;
- intensive Durchsicht der aussortierten Bewerbungen/Aufbereitung der Bewerbungsunterlagen;
- abgestimmte Bewerberbeurteilung/Einladung zum Vorstellungsgespräch;
- Vorstellungsgespräch alternativ Assessment-Center;
- Entscheidungsfindung/Einstellung der Bewerber.

Aus den Bewerbungen hat Herr Petersmann bereits vier Bewerbungen ausgewählt, die seiner Meinung nach für die Besetzung der Stelle in die engere Auswahl kommen:

- Gisa Schneider
- Carsten König
- Ina Tischler
- Frauke Einschütz

Leon soll im Rahmen des Auswahlverfahrens die zwei Kandidaten identifizieren, die für die zu besetzende Stelle am ehesten infrage kommen und zu einem Vorstellungsgespräch eingeladen werden sollten. Herr Petersmann überreicht ihm die vier Bewerbungsanschreiben mit den dazugehörigen Lebensläufen und Arbeitszeugnissen.

Arbeitsaufträge:

1. Bilden Sie arbeitsfähige Gruppen (vier bis sechs Personen)!

   Analysieren und beurteilen Sie in der Gruppe die Bewerbungsunterlagen (Material 1 bis 4) hinsichtlich der Bewertungskriterien „Form“, „Anschreiben“, „Lebenslauf“ und „Arbeitszeugnis“! Nutzen Sie zur Interpretation der Arbeitszeugnisse auch das Informationsschreiben der Personalberatung RRQ (Material 5).

   Zur besseren Vergleichbarkeit der Bewerbungen ist ein Bewertungsschema, in dem die Bewertungskriterien katalogisiert sind, empfehlenswert. Entscheiden Sie auf der Basis des Bewertungsschemas in der Gruppe, welche beiden Personen Sie aufgrund der eingereichten Bewerbungsunterlagen zu einem Vorstellungsgespräch einladen!

   Bereiten Sie sich in der Gruppe darauf vor, Ihr Ergebnis der gesamten Lerngruppe zu präsentieren!

2. Es ist nur fair, Bewerber, die oft mehrere Bewerbungen verschickt haben, über den aktuellen Stand des Bewerbungsverfahrens zu informieren. Frau Ohlsen (ohl), Telefondurchwahl 266, ist für den Schriftwechsel mit Bewerbern zuständig.[1] Bisher hat sie die Briefe an die Bewerber immer einzeln formuliert. Nun soll dieser Bereich des Schriftverkehrs durch Standardbriefe automatisiert werden.

   2.1 Sie haben bereits individuelle Vordrucke für wiederkehrende Arbeitsabläufe gestaltet. Deshalb sollen Sie Frau Ohlsen bei der Automatisierung der Korrespondenz unterstützen. Erstellen Sie mit MS Word je einen Standardbrief als Dokumentvorlage mit Steuerelementen für die variablen Textstellen für eine Absage und eine Einladung zum Vorstellungsgespräch! Nutzen Sie dazu den Geschäftsbriefvordruck der Heinrich KG.[2]

   Schützen Sie die Vorlage, indem Sie Ihren Namen als Kennung eingeben und speichern Sie die Briefe unter Absage bzw. Einladung.

1 Bewerber sollten eine Jobabsage per E-Mail nicht als unhöflich empfinden. Eine elektronische Absage ist heute in vielen Branchen absolut gebräuchlich und legitim.

2 Geeignete Dokumentvorlagen finden Sie auf der Internetseite des Merkur Verlages – www.merkur-verlag.de – mithilfe der Schnellsuche (Eingabe „1672“) in der Mediathek (->„Download“).

2.2 Schreiben Sie nach dem Personalauswahlverfahren

- eine Absage an einen Bewerber,
- eine Einladung zum Vorstellungsgespräch in zwei Wochen um 09:00 Uhr.

Speichern Sie die Briefe unter dem Nachnamen des Bewerbers!

3. Versetzen Sie sich in die Rolle der Personen, die Sie zum Vorstellungsgespräch einladen werden. Bereiten Sie sich auf das Vorstellungsgespräch vor, indem Sie eine Stichwortliste mit „offenen" Fragen an den Arbeitgeber, die Heinrich KG, erstellen!

4. Listen Sie stichwortartig Unterlagen auf, die ...

... von neu eingestellten Mitarbeitern anzufordern sind.	➤ ➤ ➤ ➤ ➤
... neu eingestellte Mitarbeiter erhalten.	➤ ➤ ➤ ➤ ➤

5. Erstellen Sie mit MS Word einen möglichen Ablaufplan für den ersten Tag von neuen Mitarbeitern in der Heinrich KG, welchen Sie ihnen zur ersten Orientierung nach der Einstellung mitgeben können!

Material 1: Bewerbungsunterlagen von Gisa Schneider

Gisa Schneider ✦ Alter Wall 42 ✦ 20457 Hamburg ✦ Telefon: 040 369499

Heinrich KG
Frau Ohlsen
Rahlstedter Str. 144
22143 Hamburg

Hamburg, 22.11.2026

Bewerbung auf Ihre Stellenausschreibung am 14. November 2026

Sehr geehrte Frau Ohlsen,

mit großem Interesse habe ich Ihr Stellenangebot im „Hamburger Abendblatt“ gelesen. Ich bewerbe mich um die Stelle als Einkaufssachbearbeiterin.

Wie Sie aus den beigefügten Unterlagen ersehen können, war ich bis April 2024 bei der Möbel Bock GmbH beschäftigt. In diesem Unternehmen, in dem ich auch meine Ausbildung zur Kauffrau für Büromanagement absolviert habe, war ich zuletzt eigenverantwortlich für den Einkauf von Büro- und Sitzmöbeln sowie Accessoires für die individuelle Gestaltung von Wohnräumen zuständig.

2024 habe ich die Stelle bei der Möbel Bock GmbH aufgegeben, um mich zunächst um die Erziehung meines Sohnes zu kümmern.

Ein Arbeitsplatzwechsel meines Mannes führte mich 2026 nach Hamburg.

Hoch motiviert möchte ich nun an meine letzte Tätigkeit anknüpfen, in der ich wertvolle Kenntnisse und Erfahrungen in der Möbelbranche sammeln konnte, die sicherlich auch Ihrem Unternehmen von Nutzen sein könnten.

Gern stelle ich mich Ihnen in einem persönlichen Gespräch vor und freue mich über eine Einladung. Sie können mich auch gern telefonisch kontaktieren.

Mit freundlichen Grüßen

Gisa Schneider

Anlagen

Lebenslauf

Name:	Gisa Schneider
Geburtsdatum:	30-03-1998
Geburtsort:	Bremen
Familienstand:	verheiratet, ein Kind
Wohnort:	Alter Wall 42 20457 Hamburg

Bildungsweg	2004 – 2008	Grundschule in Bremen
	2008 – 2014	Realschule in Bremen, Abschluss: FOR
	2014 – 2016	Höhere Handelsschule in Bremen, Abschluss: FHR
	2016 – 2018	Ausbildung zur Kauffrau für Büromanagement bei der Möbel Bock GmbH in Bremen
Berufstätigkeit	07-2018 bis 12-2018	Mitarbeiterin im Verkauf bei der Möbel Bock GmbH in Bremen
	01-2019 bis 04-2024	Sachbearbeiterin im Einkauf bei der Möbel Bock GmbH in Bremen
EDV	sicherer Umgang mit den gängigen MS-Office-Programmen	
Fremdsprachen	gute Englischkenntnisse in Wort und Schrift	

Hamburg, 22.11.2026

Gisa Schneider

Fortsetzung:

Möbel Bock GmbH

Bremen, 15. Mai 2024

Arbeitszeugnis

Frau Gisa Schneider, geboren am 30. März 1998 in Bremen, war in der Zeit vom 1. September 2016 bis zum 30. April 2024 in unserem Unternehmen beschäftigt. Zunächst wurde sie in einer verkürzten zweijährigen Ausbildung zur Kauffrau für Büromanagement ausgebildet; die Prüfung vor der IHK bestand sie mit guten Ergebnissen.

Nach ihrer Ausbildung wurde Frau Schneider für etwa ein halbes Jahr als Mitarbeiterin im Verkauf eingesetzt; anschließend wurde ihr als Sachbearbeiterin die Beschaffung von Büro- und Sitzmöbeln sowie Accessoires für die individuelle Gestaltung von Wohnräumen übertragen. In dieser verantwortungsvollen Funktion arbeitete Frau Schneider stets zu unserer vollen Zufriedenheit.

Durch ihre freundliche, gewinnende Art und ihr kompetentes Auftreten war sie bei Vorgesetzten, Mitarbeitern und unserem Kunden- und Lieferantenkreis gleichermaßen geschätzt und anerkannt.

Frau Schneider verlässt unser Unternehmen auf eigenen Wunsch.

Für die geleistete Arbeit bedanken wir uns und wünschen Frau Schneider alles Gute und viel Erfolg für ihren beruflichen und privaten Lebensweg. Unsere Türen stehen ihr jederzeit offen.

Möbel Bock GmbH

Annette Bock
Geschäftsführerin

Heinrich KG
Büromöbel und Zubehör

Anmerkung zu Bewerber 1: Gisa Schneider

Heinrich KG
Geschäftsführung: Gerda Heinrich
Amtsgericht Hamburg: HRA 1101
St-Nr.: 27/430/0027
USt-ID Nummer: DE 68 609 3911

Bankverbindungen:
Hamburger Sparkasse
IBAN: DE07 2005 0550 1120 2399 08
BIC:HASPDEHHXXX

Postbank Hamburg
IBAN: DE61 2001 0020 0064 0697 54
BIC:PBNKDEFF200

Material 2: Bewerbungsunterlagen von Carsten König

Carsten König
Berliner Allee 77
22850 Norderstedt
Tel.: 040 225546

Heinrich KG
Frau Ohlsen
Rahlstedter Str. 144
22143 Hamburg

Norderstedt, 27.11.2026

Betreff: Stellenanzeige im Hamburger Abendblatt vom 14. November 2026

Sehr geehrte Frau Ohlsen,

Ihre Anzeige im Hamburger Abendblatt habe ich mit Interesse gelesen.

Wie Sie dem beigefügten Lebenslauf entnehmen können, arbeite ich seit 2012 in der Möbelbranche. Während dieser Zeit habe ich umfangreiche Warenkenntnisse erworben, die ich auch weiterhin in einem Unternehmen dieser Branche einsetzen möchte.

Mein aktueller Arbeitgeber, die Palido Möbelfabrik AG, schließt zum Ende des Jahres seine Niederlassung in Bad Bramstedt; das Angebot, im Zentralvertrieb in Osnabrück als Sachbearbeiter im Verkauf weiterbeschäftigt zu werden, kann ich leider wegen familiärer Umstände nicht annehmen.

Ich würde mich sehr freuen, wenn wir in einem gemeinsamen Gespräch die Möglichkeit hätten, über weitere Einzelheiten zu sprechen. Ich stehe Ihnen jederzeit für einen Vorstellungstermin zur Verfügung.

Freundliche Grüße nach Hamburg

Carsten König

Anlagen
Lebenslauf
Arbeitszeugnis

Lebenslauf

Name:	Carsten König	
Geburtsdatum:	16-05-1981	
Geburtsort:	Lübeck	
Familienstand:	verheiratet, 2 Kinder	
Schulbildung:	1987 - 1991	Grundschule Lübeck
	1991 - 1997	Realschule Lübeck
beruflicher Werdegang:	1997 - 2000	Ausbildung zum Kaufmann im Großhandel bei der Hanning KG, Elmshorn
	2000 - 2002	Wehrdienst
	2002 - 2006	Kontokorrentbuchhalter bei der Hanning KG, Elmshorn
	2006 - 2012	Sachbearbeiter im Verkauf bei der Plage Büromaterial Vertriebs GmbH, Hamburg
	seit 2012	Sachbearbeiter im Einkauf bei der Palido Möbelfabrik AG, Bad Bramstedt

Norderstedt, 01.11.2026

Carsten König

Fortsetzung:

Palido Möbelfabrik AG

Niederlassung Bad Bramstedt • Tegelbarg 25 • 24576 Bad Bramstedt

Zwischenzeugnis

Herr Carsten König, geboren am 16. Mai 1981 in Lübeck, ist seit dem 1. Juli 2012 in der Einkaufsabteilung als Einkaufssachbearbeiter speziell für die Produktgruppe „Sitz- und Büromöbel" zuständig.

Herr König erledigt Aufgaben in seinem Arbeitsbereich jederzeit pünktlich und korrekt; dabei hat er unseren Erwartungen immer zu unserer vollen Zufriedenheit entsprochen.

Herr König verfügt über ein ausgezeichnetes Organisationstalent und solide Fachkenntnisse, die er bei seiner Arbeit sicher und effizient einsetzt.

Herr König ist ein meinungs- und diskussionsfreudiger Mitarbeiter, der Kritik übt, aber auch akzeptieren kann. Seine Zusammenarbeit mit den Kollegen, Lieferanten und Vorgesetzten war gut.

Herr König verlässt unser Haus, da wir die Niederlassung Bad Bramstedt zum Ende des Jahres schließen. Wir danken ihm für die bisher geleistete Arbeit und wünschen ihm für die Zukunft alles Gute.

Palido Möbelfabrik AG
Bad Bramstedt, 08.09.2026

Dr. Anger
Leiter der Personalabteilung

Heinrich KG
Büromöbel und Zubehör

Anmerkung zu Bewerber 2: Carsten König

Heinrich KG
Geschäftsführung: Gerda Heinrich
Amtsgericht Hamburg: HRA 1101
St-Nr.: 27/430/0027
USt-ID Nummer: DE 68 609 3911

Bankverbindungen:
Hamburger Sparkasse
IBAN: DE07 2005 0550 1120 2399 08
BIC:HASPDEHHXXX

Postbank Hamburg
IBAN: DE61 2001 0020 0064 0697 54
BIC:PBNKDEFF200

Material 3: Bewerbungsunterlagen von Ina Tischler

Ina Tischler ▸ Ankerstr. 16 ▸ 26122 Oldenburg ▸ Tel.: 0441 202287

Heinrich KG
Frau Ohlsen
Rahlstedter Str. 144
22143 Hamburg

Oldenburg, 22. 11. 2026

Bewerbung als Ihre Einkaufssachbearbeiterin

Sehr geehrte Frau Ohlsen,

mit Freude habe ich an diesem Wochenende von Ihrer Anzeige im Hamburger Abendblatt erfahren. Sie suchen eine Sachbearbeiterin für den Einkauf. Ich bin die richtige Frau für Sie.

Wie Sie aus den weiteren Unterlagen ersehen können, habe ich während meiner noch jungen Berufstätigkeit schon in den unterschiedlichsten Branchen und Positionen wertvolle Kenntnisse und Erfahrungen sammeln können, die ich jetzt in Ihrem Unternehmen für alle Gewinn bringend einsetzen möchte.

Zurzeit bin ich beim Möbelhaus Ulla Austermann in Oldenburg für die Erfassung und Kontrolle der Wareneingänge eigenverantwortlich zuständig; die Aufgabenstellungen des Einkaufs sind mir also bestens vertraut.

Bitte geben Sie mir kurzfristig Gelegenheit, Sie in einem Gespräch von dem Nutzen einer Zusammenarbeit zu überzeugen.

Meine jetzige Stelle könnte ich sofort kündigen.

Mit freundlichen Grüßen

Ina Tischler

Anlagen
Lebenslauf
Arbeitszeugnis

Lebenslauf

Name:	Ina Tischler
Geburtstag:	12. Juni 2000
Geburtsort:	Bad Iburg
Familienstand:	ledig
Wohnort:	Ankerstr. 16, 26122 Oldenburg

Schulbildung:	2006 – 2010	Grundschule Bielefeld
	2010 – 2016	Städtisches Gymnasium Bielefeld
	2016 – 2018	Höhere Handelsschule Bielefeld
Berufsausbildung:	2018 – 2021	Ausbildung zur Kauffrau für Büromanagement bei der Getränke-GmbH, Bielefeld
Berufstätigkeit:	2021 – 2022	Sachbearbeiterin im Einkauf bei der Getränke-GmbH, Bielefeld
	2022 – 2023	Mitarbeiterin im Verkauf bei der Hornkracher KG, Malerbedarf, Bremen
	2023 – 2024	Verkaufsberaterin im Einrichtungshaus Möbelwelt GmbH, Hannover
	2024 – 2025	Reklamationsannahme und -bearbeitung bei der Firma Küchen Meyer, Bramsche
	2025 – heute	Wareneingangskontrolle beim Möbelhaus Ulla Austermann, Oldenburg
Sprachprüfung:	2024	Certificate in Advanced English (CAE) Einstufung im GER: B1

Ina Tischler

Oldenburg, 22.11.2026

Fortsetzung:

KÜCHEN MEYER

Arbeitszeugnis

Frau Ina Tischler, geboren am 12. Juni 2000 in Bad Iburg, war vom 1. Oktober 2024 bis zum 15. September 2025 in unserem Unternehmen beschäftigt. Sie war zuständig für die Annahme und Bearbeitung der Kundenreklamationen.

Frau Tischler zeigte großes Interesse für ihre Arbeit und war stets mit Eifer bei der Sache. Die in sie projizierten Erwartungen wurden nahezu in jeder Hinsicht erfüllt.

Die Zusammenarbeit mit Mitarbeitern und Vorgesetzten verlief zumeist reibungslos. Großes Verständnis zeigte Frau Tischler für die Anliegen der Kunden.

Es ist uns bekannt, dass Frau Tischler ein neues Betätigungsfeld sucht, das ihren besonderen Neigungen und Fähigkeiten stärker entspricht. Wir sind nicht in der Lage, ihr ein entsprechendes Betätigungsfeld anzubieten.

Wir bedanken uns an dieser Stelle für die Zusammenarbeit und wünschen Frau Tischler für ihren weiteren beruflichen Werdegang in einem anderen Unternehmen alles Gute.

Küchen Meyer
Bramsche, 15.09.2025
Kai Kiel
(Leitung Personalwesen)

Heinrich KG
Büromöbel und Zubehör

Anmerkung zu Bewerber 3: Ina Tischler

Heinrich KG
Geschäftsführung: Gerda Heinrich
Amtsgericht Hamburg: HRA 1101
St-Nr.: 27/430/0027
USt-ID Nummer: DE 68 609 3911

Bankverbindungen:
Hamburger Sparkasse
IBAN: DE07 2005 0550 1120 2399 08
BIC:HASPDEHHXXX

Postbank Hamburg
IBAN: DE61 2001 0020 0064 0697 54
BIC:PBNKDEFF200

Material 4: Bewerbungsunterlagen von Frauke Einschütz

Frauke Einschütz • Strandkai 108 • 20457 Hamburg • Tel.: 040 349943

Hamburg, 21.11.2026

Heinrich KG
Frau Ohlsen
Rahlstedter Str. 144
22143 Hamburg

Ihre Anzeige im Hamburger Abendblatt vom 14. November 2026
Einkaufssachbearbeiter (m/w/d)

Sehr geehrte Frau Ohlsen,

in der o. a. Anzeige beschreiben Sie einen Arbeitsbereich, der mich sehr interessiert.

Die Erfahrungen aus meiner mehrjährigen beruflichen Praxis decken sich mit den von Ihnen formulierten Anforderungen. Ebenso können Sie von mir gute Fähigkeiten im Umgang mit Mitarbeitern sowie Lieferanten erwarten. Diese Kompetenzen habe ich durch meine derzeitige Tätigkeit als Einkäuferin im Außendienst erworben.

Auf Grund meiner beruflichen Aktivitäten in verschiedenen Branchen bin ich flexibel, kommunikationsstark und teamfähig. Umfangreiche kaufmännische Kenntnisse, die versierte Anwendung des gängigen MS-Office-Softwarepakets gehören ebenso zu meinem Profil wie wertvolles Wissen über neue Einkaufsstrategien.

Ich freue mich, Ihnen in einem persönlichen Gespräch einen noch umfassenderen Eindruck von mir zu vermitteln.

Mit freundlichen Grüßen

Frauke Einschütz

Frauke Einschütz

Anlagen

Lebenslauf

zu meiner Person
Frauke Einschütz
geboren am 05.09.1994 in Bielefeld
verheiratet

angestrebte Position
Einkaufssachbearbeiterin

beruflicher Werdegang	
11/2022 – heute	Blome Büromöbel OHG in Hamburg Einkäuferin im Außendienst
08/2017 – 10/2022	Zurbuchen KG in Hamburg Einkaufssachbearbeiterin
schulische und berufliche Ausbildung	
08/2014 – 07/2017	Pegasus GmbH in Bielefeld Ausbildung zur Kauffrau für Büromanagement Abschluss: Kauffrau für Büromanagement
08/2005 – 07/2014	Helmholtz-Gymnasium Bielefeld Abschluss: AHR
Weiterbildung	
01/2025	Deutsche Gesellschaft für Qualität Lieferantenmanagement
06/2023	Akademie für Einkauf und Logistik Lieferantenbewertung im ERP-System
02/2021	WBS Training AG Kaufvertragsstörungen
Sonstiges	
Sprachen	Englisch in Wort und Schrift
Software-Kenntnisse	ERP-System Navision, MS-Office-Softwarepaket
Interessen	Mountainbike und Handball

Hamburg, 21.11.2026

Frauke Einschütz

Fortsetzung:

Zurbuchen KG
Kehrwieder 4
20457 Hamburg

Arbeitszeugnis

Frau Frauke Einschütz, geb. am 05. 09. 1994 in Bielefeld, trat am 01. 08. 2017 als Einkaufssachbearbeiterin in unser Unternehmen ein.

Aufgrund ihrer guten Auffassungsgabe konnte die Einarbeitung in ihren Aufgabenbereich als Einkaufssachbearbeiterin schnell und problemlos erfolgen. Schon bald arbeitete sie vollkommen selbstständig.

Zu den wesentlichen Tätigkeiten in ihrem Arbeitsbereich gehörten das Einholen von Angeboten, die Bearbeitung von Auftragsbestätigungen, die Terminüberwachung und die Reklamationsbearbeitung.

Frau Einschütz verfügt über erstklassige Fachkenntnisse, die sie in ihrer täglich anfallenden Arbeit sicher und effizient einsetzt. Stets erledigte sie alle ihr übertragenen Aufgaben zu unserer vollsten Zufriedenheit.

Besonders zu betonen ist ihre hohe Einsatzbereitschaft sowie ihre Loyalität gegenüber unserem Unternehmen. Durch ihre freundliche, kooperative Wesensart war sie bei Vorgesetzten und Kollegen gleichermaßen beliebt wie auch geschätzt. Auch gegenüber unseren Lieferanten war ihr Verhalten jederzeit vorbildlich.

Frau Einschütz ist zum 31. 10. 2022 auf eigenen Wunsch aus unserem Unternehmen ausgeschieden, um sich einer neuen Herausforderung zu stellen. Wir respektieren ihre Entscheidung, danken für die geleistete Arbeit und wünschen ihr für ihre berufliche wie auch private Zukunft alles Gute und weiterhin viel Erfolg.

Hamburg, 31. 10. 2022

Eva Evenbach	Aylin Allen
Eva Evenbach	*Aylin Allen*
Personalleiterin	*Abteilungsleiterin*

Heinrich KG
Büromöbel und Zubehör

Anmerkung zu Bewerber 4: Frauke Einschütz

Heinrich KG
Geschäftsführung: Gerda Heinrich
Amtsgericht Hamburg: HRA 1101
St-Nr.: 27/430/0027
USt-ID Nummer: DE 68 609 3911

Bankverbindungen:
Hamburger Sparkasse
IBAN: DE07 2005 0550 1120 2399 08
BIC:HASPDEHHXXX

Postbank Hamburg
IBAN: DE61 2001 0020 0064 0697 54
BIC:PBNKDEFF200

Material 5: Informationsschreiben der Personalberatung RRQ GmbH

Arbeitszeugnis

R Recht
R Recruiting
Q Qualifizierung

**„Gängige Formulierungen
bei der Leistungs- und Führungsbeurteilung"**

Jede(r) Arbeitnehmer(in) in Deutschland hat einen Anspruch auf die **„faire" und „objektive Beurteilung" seiner/ihrer Leistungen** in Form eines Arbeitszeugnisses. Das legt das Bürgerliche Gesetzbuch (BGB) fest. Im Folgenden sind übliche Formulierungen tabellarisch dargestellt:

Formulierung	Bedeutung
Er (sie) hat die ihm (ihr) übertragenen Aufgaben **stets zu unserer vollsten Zufriedenheit** erledigt.	**Sehr gute** Leistungen
Er (sie) hat die ihm (ihr) übertragenen Aufgaben **stets zu unserer vollen Zufriedenheit** erledigt.	**Gute** Leistungen
Er (sie) hat die ihm (ihr) übertragenen Aufgaben **zu unserer vollen Zufriedenheit** erledigt.	**Befriedigende** Leistungen
Er (sie) hat die ihm (ihr) übertragenen Aufgaben **zu unserer Zufriedenheit** erledigt.	**Ausreichende** Leistungen
Er (sie) hat die ihm (ihr) übertragenen Aufgaben **im Großen und Ganzen zu unserer Zufriedenheit** erledigt.	**Mangelhafte** Leistungen
Er (sie) hat sich bemüht, die ihm (ihr) übertragenen Aufgaben **zu unserer Zufriedenheit** zu lösen.	**Unzureichende** Leistungen
Er (sie) hat unseren Erwartungen **in jeder Hinsicht und in allerbester Weise** entsprochen.	**Sehr gute** Leistungen
Er (sie) hat unseren Erwartungen **in jeder Hinsicht und in bester Weise** entsprochen.	**Gute** Leistungen
Er (sie) hat unseren Erwartungen **in jeder Hinsicht** entsprochen.	**Befriedigende** Leistungen
Er (sie) hat unseren Erwartungen **entsprochen.**	**Unbefriedigende** Leistungen

In den vergangenen Jahren haben in Deutschland mehrere Arbeitsgerichte entschieden, dass negative Formulierungen im Zeugnis unzulässig sind.

Deshalb wurde eine „Geheimsprache" entwickelt, mit der auch ungünstige Beurteilungen positiv klingen. Auch wenn der Arbeitgeber das Zeugnis in bester Absicht schreibt, kann die Sache etwa für den Mitarbeiter übel ausgehen. Dann nämlich, wenn der Arbeitgeber mit der „Geheimsprache" nicht vertraut ist. Im ehrlichen Glauben, dem Mitarbeiter eine gute Leistung zu attestieren, kann die Wahl einer bestimmten Formulierung von anderen Arbeitgebern als ein eindeutig negatives Werturteil verstanden werden.

Tipp:
Falls Sie möchten, dass Ihr Zeugnis nicht mit der Geheimcodesprache interpretiert wird, können Sie folgende Formulierung vor dem Schlusssatz im Zeugnis setzen lassen:
„Dieses Zeugnis enthält keine verschlüsselten Formulierungen. Eine Interpretation im Sinne einer „Zeugnissprache" würde die Aussage dieses Zeugnisses nicht im Sinne der Verfasser wiedergeben."

„Verschlüsselte Zeugnisaussagen"

Formulierung	Bedeutung
Er (sie) hat alle Aufgaben ordnungsgemäß erledigt.	Bürokrat(in), der (die) keinerlei Initiative entwickelt.
Er (sie) ist mit seinem (ihrem) Vorgesetzten gut zurechtgekommen.	Mitläufer(in), der (die) sich gut anpasst.
Er (sie) hat sich im Rahmen seiner (ihrer) Tätigkeit eingesetzt.	Er (sie) hat getan, was er (sie) konnte, aber nichts geleistet.
Er (sie) war immer mit Interesse bei der Sache.	Er (sie) hat sich angestrengt, aber nichts geleistet.
Er (sie) war wegen seiner (ihrer) Pünktlichkeit stets ein gutes Vorbild.	Er (sie) war in jeder Hinsicht eine Niete.
Wir haben uns in gegenseitigem Einvernehmen getrennt.	Ihm (ihr) wurde gekündigt.
Er (sie) bemühte sich, seinen (ihren) Aufgaben gerecht zu werden.	Er (sie) hat versagt.
Alle Arbeiten erledigte er (sie) mit großem Fleiß und Interesse.	Er (sie) war eifrig, aber nicht gerade tüchtig.
Wir lernten ihn (sie) als umgänglichen Kollegen kennen.	Man sah ihn (sie) lieber von hinten als von vorne.
Durch seine (ihre) Geselligkeit trug er (sie) zur Verbesserung des Betriebsklimas bei.	Er (sie) neigt zu übertriebenem Alkoholgenuss.
Er (sie) zeigte für seine Arbeit Verständnis.	Er (sie) war ein Faulenzer.
Er (sie) war sehr tüchtig und wusste sich gut zu verkaufen.	Unangenehme(r) Mitarbeiter(in).

Schlusssatz:

Fehlt die Schlussfloskel (Bedauern über den Weggang, Wünsche für die Zukunft) im Zeugnis, so wird dies in der Praxis als negativ für die Gesamtbeurteilung angesehen. Der Ausdruck „bemühte sich" bedeutet stets eine Abwertung.

Ein interessantes **Arbeitszeugnis-Quiz** findet sich unter:

https://www.zeit.de/karriere/bewerbung/2017-03/arbeitszeugnis-code-formulierungen-bedeutung#quiz_1722

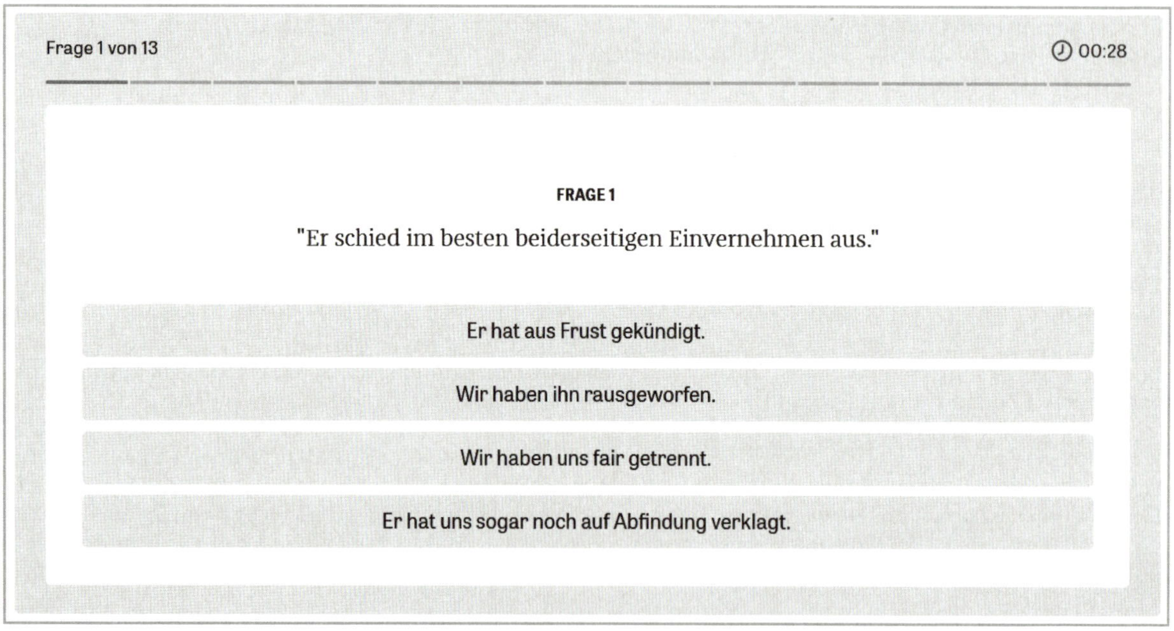

6 Assessment-Center zur Personalauswahl nutzen

Schulbuch Kap. 5.3.2.4

Situation:

Heinrich KG
Büromöbel und Zubehör

Der Bereichsleiterin Kornelia Gehrke ist in der Personalpolitik daran gelegen, möglichst faire Auswahlverfahren einzuführen, um so langfristig ein gutes Klima über die Hierarchien hinweg zu sichern.

Bewerbungsunterlagen eines potenziellen Stelleninhabers geben oft nur bedingt Aufschluss darüber, wie es etwa um seine Sozial- und Methodenkompetenz steht. Frau Gehrke will künftig – speziell bei der Besetzung von Stellen im unteren oder mittleren Management – ein Assessment-Center einsetzen, um neben der rein fachlichen Kompetenz auch soziale und emotionale Kompetenzen (Soft Skills) der Bewerber näher kennenzulernen.

Da dieses Auswahlverfahren grundsätzlich zeitaufwendig und relativ teuer ist, muss die Geschäftsleitung zunächst von der Notwendigkeit überzeugt werden. Für ein Meeting der Geschäftsleitung mit den drei Bereichsleitungen, das in der nächsten Woche stattfindet, hat Frau Gehrke ein entsprechendes Handout (Material 1) erstellt.

Arbeitsaufträge:

1. Bilden Sie arbeitsfähige Gruppen (vier bis sechs Personen) und diskutieren Sie in der Gruppe die Ziele sowie die Vorteile und Grenzen eines Assessment-Centers bei der Bewerberauswahl!

   Nutzen Sie dazu das von Frau Gehrke erstellte Handout (Material 1), das eingeführte Schulbuch und befragen Sie ggf. auch das Internet!

   Bereiten Sie sich in der Gruppe darauf vor, Ihr Ergebnis der gesamten Lerngruppe zu präsentieren!

Ziele des Assessment-Centers
➤ ______________________________
➤ ______________________________
➤ ______________________________

Vorteile	Grenzen
➤ ______________________	➤ ______________________
______________________	______________________
______________________	______________________
➤ ______________________	➤ ______________________
______________________	______________________
______________________	______________________
➤ ______________________	➤ ______________________
______________________	______________________
______________________	______________________

2. Für die Besetzung der neu ausgeschriebenen Stelle „Assistenz der Personalleitung (m/w/d)" greift Frau Gehrke bei der Auswahl auf ein Assessment-Center zurück. Zu diesem Auswahlverfahren wurden drei Bewerberinnen und zwei Bewerber eingeladen.

   Folgender Ablauf des Assessment-Centers ist vorgesehen:

08:30 bis 09:00 Uhr	Begrüßung und Einführung in den Ablauf
09:00 bis 10:00 Uhr	Selbstpräsentation der Kandidaten in englischer Sprache
10:00 bis 10:15 Uhr	Pause
10:15 bis 11:15 Uhr	Postkorbübung mit anschließendem Interview
11:15 bis 12:00 Uhr	Führen eines Mitarbeitergesprächs
12:00 bis 13:00 Uhr	Gemeinsames Mittagessen
13:00 bis 15:00 Uhr	Erarbeitung einer Präsentation (Gruppenarbeit)
15:00 bis 15:15 Uhr	Pause
15:15 bis 16:30 Uhr	Präsentation
16:30 bis 17:30 Uhr	Auswertung durch Assessoren
17:30 bis 19:00 Uhr	Besprechung der Ergebnisse

   Neben Fachwissen können im Assessment-Center auch andere Kompetenzen wie etwa Teamfähigkeit, analytisches Denken, Auftreten und Durchsetzungsvermögen überprüft werden.

   Nennen Sie sechs weitere in einem Assessment-Center überprüfbare Kompetenzen!

   ➤ ____________________ ➤ ____________________

   ➤ ____________________ ➤ ____________________

   ➤ ____________________ ➤ ____________________

3. Das Assessment-Center muss in der Woche vom 12. bis zum 16. Januar durchgeführt werden. Frau Gehrke besteht darauf, dass an diesem Termin neben der Geschäftsleitung auch die drei Bereichsleitungen teilnehmen:

   - Gerda Heinrich (Geschäftsleitung)
   - Kornelia Gehrke (Leitung Personalwesen)
   - Bärbel Oswald (Leitung Kaufmännischer Bereich)
   - Leo Helbig (Leitung Technischer Bereich)

   In den Terminplaner dieser Personen finden sich folgende Eintragungen:

Frau Gerda Heinrich	12.01.	Urlaub
	14.01.	Teilnahme an einem Kongress der Möbelbranche in Köln
	15.01.	Internes Treffen der Bereichsleitungen
Frau Kornelia Gehrke	13.01.	Abteilungsmeeting
	16.01.	Moderation einer Podiumsdiskussion an der FH Fresenius
Frau Bärbel Oswald	12.01.	Besuch bei der Innovation AG
	14.01.	Teilnahme am Seminar „IFRS Bilanzierung" in Berlin
Herr Leo Helbig	13.01.	Besuch der Industriefachmesse METAVAK – diese findet am 12. und 13.01. in Hardenberg statt
	15.01.	Abteilungsmeeting

   Unterbreiten Sie Frau Gehrke – unter Einbezug dieser Informationen – zwei geeignete Terminvorschläge und begründen Sie diese!

   ____

   ____

   ____

   ____

Material 1: Handout Assessment-Center

Besetzung von Stellen unter Einbeziehung eines Assessment-Centers

Das Assessment-Center wird von immer mehr Unternehmen eingesetzt. Ursprünglich nur für die Besetzung von höheren Funktionen in der Wirtschaft gedacht, ist es mittlerweile ein Standardverfahren zur Rekrutierung von Personal. Das Assessment-Center wird auf allen Hierarchieebenen angewandt – vom Geschäftsführer bis zum Auszubildenden.

Das Assessment-Center dauert in der Regel mindestens einen halben Tag, kann sich aber durchaus über mehrere Tage erstrecken. Im Rahmen des Assessment-Centers müssen die Bewerber eine Anzahl von Aktivitäten durchführen – die Aufgaben und Übungen sind dabei teils allein, teils in der Gruppe zu lösen.

Die Zusammensetzung der Aktivitäten basiert auf abgestimmten Verhaltenskriterien und dem spezifischen Anforderungsniveau der vakanten Stelle. Eine verlässliche Definition zu den Aufgaben und Übungen gibt es nicht. Die Erscheinungsformen variieren von Unternehmen zu Unternehmen. Dennoch gibt es Aufgaben und Übungen, die häufig zur Anwendung kommen. Beispiele dafür sind: eine Selbstpräsentation, ein Job-Interview, ein IQ-Test, eine Gruppendiskussion, eine Postkorbübung, ein Rollenspiel oder eine Fallstudie.

In vielen der praxisnahen Aktivitäten wird das Fachwissen nur vordergründig geprüft, der Fokus liegt stets auf der Persönlichkeit des Bewerbers. Das Assessment-Center soll über die beobachteten Personen tiefgehende Einblicke geben in Bezug auf soziales Verhalten, Konzentrationsfähigkeit, Allgemeinwissen und Problemlösungskompetenz. Merkmale wie beispielsweise Führungsfähigkeiten, Initiative, Kommunikationsfähigkeit, Planung, Flexibilität, Motivation, analytisches Denken, Präsentationsgeschick, Teamfähigkeit, Stressresistenz, Zeitmanagement und Organisationstalent werden gesondert betrachtet.

Für ein Unternehmen ist es essenziell, dass die Mitarbeiter über entsprechende Merkmale verfügen. Denn der Betriebsalltag und der ständig zunehmende Wettbewerb erfordern es, in kürzester Zeit umsetzbare, marktgerechte Lösungen anzubieten. Vielfach bestimmen die Soft Skills der Verantwortlichen über ein gutes Betriebsklima und den Geschäftserfolg.

Im Allgemeinen werden die Teilnehmer des Assessment-Centers von einem heterogenen, besonders geschulten Beobachterteam (Assessoren) beurteilt. Häufig sind dies Spezialisten aus der Personalabteilung und erfahrene Führungskräfte. Gelegentlich werden auch externe Berater eingesetzt, beispielshalber Psychologen.

Ziel des Assessment-Centers ist es, die fachliche und persönliche Eignung der Kandidaten zu ermitteln und daraufhin ein valides Urteil zu fällen, welcher Kandidat am besten für die Stelle geeignet ist. Die auf der Basis des Anforderungsprofils der ausgeschriebenen Stelle erarbeiteten Beobachtungsbögen enthalten Kriterien zur Verhaltensbeobachtung. Dies stellt sicher, dass alle Beobachter dieselben Messkriterien bezogen auf eine Anforderung zugrunde legen. Damit werden auch die über mehrere Bewerber gewonnenen Informationen vergleichbar. Am Ende des Assessment-Centers werden die Bewertungsbögen von den Assessoren gemeinsam ausgewertet und eine Entscheidung für oder gegen einen Bewerber getroffen.

Ist das Assessment-Center ordentlich und gewissenhaft konzipiert, zudem noch passgenau auf die vakante Stelle zugeschnitten, dann kann es gravierende Fehler bei der Rekrutierung von Personal vermeiden. Dies spart letztlich auch Kosten, denn ein ungeeigneter Mitarbeiter verursacht unter Umständen einen höheren finanziellen Schaden, als ein Assessment-Center, das (immer) mit relativ hohen Kosten verbunden ist.

Kritisch zu hinterfragen ist, ob sich vom Verhalten in praxisnahen Simulationen auf späteres Verhalten schließen lässt. Des Weiteren ist zu bedenken, dass die im Rahmen eines Assessment-Centers getroffenen Aussagen nur eine begrenzte Gültigkeitsdauer haben, da sowohl die Stellenanforderungen als auch die beurteilten Bewerber Änderungen unterworfen sind.

Schulbuch Kap. 5.3.4

7 Einen Arbeitsvertrag erstellen

Situation:

Heinrich KG
Büromöbel und Zubehör

Die Geschäftsführung der Heinrich KG hat heute gemeinsam mit Franziska Ohlsen und dem Betriebsrat entschieden, dass Frauke Einschütz als Einkaufssachbearbeiterin eingestellt werden soll. In diesem Kontext ermuntert Frau Ohlsen den Auszubildenden Leon Laus dazu, sich darüber zu informieren, weshalb und durch welche Gesetze und Verordnungen der Staat die Vertragsfreiheit bei Arbeitsverträgen eingeschränkt hat. Im Anschluss daran soll Leon einen ersten „Entwurf" für einen „situationsgerechten" Arbeitsvertrag zwischen der Heinrich KG und Frau Einschütz erstellen.

Arbeitsaufträge:

1. Erläutern Sie kurz, weshalb der Staat die Vertragsfreiheit bei Arbeitsverträgen stark eingeschränkt hat!

2. In einem Arbeitsvertrag werden gemeinhin Rechte und Pflichten festgelegt, die das einzelne Arbeitsverhältnis regeln. Listen Sie zehn Gesetze bzw. Verordnungen auf, die dem Arbeitnehmer – bei der Festlegung der Inhalte und beim Abschluss eines Arbeitsvertrages – bestimmte „Mindestrechte" garantieren!

➤

➤

➤

➤

➤

➤

➤

➤

➤

➤

3. Vom Vorstellungsgespräch zu unterscheiden ist das Einstellungsgespräch, das erst stattfindet, nachdem eine Entscheidung für eine Person getroffen worden ist. Im Einstellungsgespräch werden im Allgemeinen auch die Inhalte des Arbeitsvertrages besprochen.

Stellen Sie in einer Checkliste wichtige Inhalte bzw. Punkte zusammen, die Ihrer Meinung nach in Arbeitsverträgen geregelt sein sollten!

Nutzen Sie dazu das Schulbuch und ggf. Internet-Adressen, die Sie über die inhaltliche Gestaltung und die unterschiedlichen Arten von Arbeitsverträgen informieren, beispielsweise:[1]

- http://www.frankfurt-main.ihk.de/recht/mustervertraege (Arbeitsvertrag Standard)
- http://www.ihk.de/schwerin/recht/wirtschaftsrecht/arbeitsrecht/

Checkliste Arbeitsvertrag
Soll-Inhalte
➤ ______
➤ ______
➤ ______
➤ ______
➤ ______
➤ ______
➤ ______
➤ ______
➤ ______
➤ ______
Kann-Inhalte
➤ ______
➤ ______
➤ ______
➤ ______
➤ ______
➤ ______

1 Alle Internetadressen zuletzt abgerufen im Januar 2026.

4. Suchen Sie im Internet nach Vorlagen, die Sie bei der Erstellung von Arbeitsverträgen unterstützen können (beispielsweise auf Seiten der IHK) und erstellen Sie danach mit MS Word einen „situationsgerechten" Arbeitsvertrag zwischen der Heinrich KG und Frauke Einschütz!

   Berücksichtigen Sie dabei die Vereinbarung einer Probezeit von sechs Monaten und die Materialien 1 bis 3.

5. Frauke Einschütz hat eine freudige Nachricht zu verkünden: Sie erwartet Zwillinge und hat dies auch schon offiziell ihrem Arbeitgeber mitgeteilt. Da sie erst unmittelbar zuvor ihre Stelle bei der Heinrich KG angetreten hat, möchte sie nach Möglichkeit gerne so lange wie möglich arbeiten.

   Sie bittet nun um Informationen über die Mutterschutzfristen und ihre Rechte und Pflichten in der Schwangerschaft. Recherchieren Sie diese Informationen. Nutzen Sie dazu unter anderem den folgenden Auszug aus dem Mutterschutzgesetz (MuSchG):

INFOTEXT:

Auszug aus dem Mutterschutzgesetz

§ 3 Schutzfristen vor und nach der Entbindung

(1) Der Arbeitgeber darf eine schwangere Frau in den letzten sechs Wochen vor der Entbindung nicht beschäftigen (Schutzfrist vor der Entbindung), soweit sie sich nicht zur Arbeitsleistung ausdrücklich bereit erklärt.

Sie kann die Erklärung nach Satz 1 jederzeit mit Wirkung für die Zukunft widerrufen.

(...)

(2) Der Arbeitgeber darf eine Frau bis zum Ablauf von acht Wochen nach der Entbindung nicht beschäftigen (Schutzfrist nach der Entbindung). Die Schutzfrist nach der Entbindung verlängert sich auf zwölf Wochen bei Frühgeburten, bei Mehrlingsgeburten und wenn vor Ablauf von acht Wochen nach der Entbindung bei dem Kind eine Behinderung (...) festgestellt wird.

(...)

6. Um Familie und Beruf besser miteinander vereinen zu können, interessiert sich Frauke Einschütz nun gezielt für die Möglichkeit von Teilzeitarbeit. Recherchieren Sie Möglichkeiten der Teilzeitarbeit mithilfe der gesetzlichen Grundlage.

Material 1: Informationsschreiben der Personalberatung RRQ GmbH

Arbeitsvertragsrecht

R Recht
R Recruiting
Q Qualifizierung

Ein Arbeitsvertrag kann grundsätzlich schriftlich, mündlich oder stillschweigend durch konkludentes (= schlüssiges) Handeln abgeschlossen werden. Der Arbeitgeber hat allerdings gemäß Nachweisgesetz die wesentlichen Vertragsbedingungen schriftlich niederzulegen, zu unterzeichnen und auszuhändigen.

Dafür gelten gem. § 2 NachwG die folgenden Fristen:

- Bereits spätestens am **ersten Tag** der Arbeitsleistung muss die Niederschrift der Angaben zu den Vertragsparteien (Name, Anschrift), zur Zusammensetzung und Höhe des Arbeitsentgelts sowie zur vereinbarten Arbeitszeit dem Arbeitnehmer ausgehändigt werden.
- Die Niederschrift der Angaben zum Beginn des Arbeitsverhältnisses und – sofern vereinbart – zur Dauer der Probezeit sowie zum Umgang mit Überstunden und Arbeit auf Abruf müssen dem Arbeitnehmer spätestens am **siebten Kalendertag** nach dem vereinbarten Beginn des Arbeitsverhältnisses ausgehändigt werden.
- Spätestens **einen Monat nach dem vereinbarten Beginn** des Arbeitsverhältnisses muss dem Arbeitnehmer die Niederschrift aller übrigen Angaben ausgehändigt werden.

Hintergrund:

Arbeitsverträge sind sogenannte *Dienstverträge.* Im Gegensatz zum *Werkvertrag* wird bei ihnen nicht der *Erfolg,* sondern nur die *Leistung* geschuldet. In § 611 BGB heißt es dazu: „Durch den Dienstleistungsvertrag wird derjenige, welcher Dienste zusagt, zur Leistung der versprochenen Dienste, der andere Teil zur Gewährung der vereinbarten Vergütung verpflichtet." Arbeitsverträge bedürfen zudem der besonderen Sorgfalt, weil sie über spezifische Bestimmungen (Urlaub, freiwillige Arbeitgeberleistungen und Prämien) das soziale Verhältnis zwischen Arbeitgebern und Arbeitnehmern erheblich mitbestimmen.

Arbeitsverträge sind oft mehrere DIN-A4-Seiten lang. Das gilt insbesondere für Arbeitsverträge von höher qualifizierten Mitarbeitern, die im Unternehmen mehr Verantwortung tragen.

Umfangreiche und aktuelle Informationen zum Thema Arbeitsrecht finden sich im Internet etwa unter:

- www.bund-verlag.de
- www.wirtschaftswissen.de/personalmanagement/arbeitsrecht
- www.igmetall.de
- www.spiegel.de/thema/arbeitsrecht
- www.focus.de/karriere/arbeitsrecht

Hinweis:

Arbeitgeber und Arbeitnehmer können gemäß dem Gesetz über Teilzeitarbeit und befristete Arbeitsverträge (TzBfG) auch befristete Arbeitsverträge abschließen. Dies muss wie Berufsausbildungsverträge schriftlich geschehen. Eine Befristung ohne sachlichen Grund ist bis zur Dauer von zwei Jahren zulässig. Hierbei kann der befristete Arbeitsvertrag von vornherein auf zwei Jahre ausgelegt sein oder dreimal bis zu einer Gesamtdauer von zwei Jahren verlängert werden. Liegen sachliche Gründe wie z. B. Vertretung vor, ist auch eine Verlängerung über zwei Jahre hinaus möglich.

Material 2: Auszug aus dem Gehaltstarifvertrag

Gehaltstarifvertrag

Zwischen

AGA Unternehmensverband Großhandel, Außenhandel, Dienstleistung e.V.

- einerseits -

und

ver.di Vereinigte Dienstleistungsgewerkschaft Landesbezirk Hamburg

- andererseits -

wird Folgendes vereinbart:

§ 1 Geltungsbereich

Räumlich: Für das Gebiet der Freien und Hansestadt Hamburg sowie Umgebung ...

Fachlich: Der fachliche Geltungsbereich umfasst alle Unternehmen und Betriebe im Import, Export, Großhandel, ...

Persönlich:
a) Für alle Firmen des fachlichen Geltungsbereichs.
b) Für die kaufmännischen und technischen Angestellten; ausgenommen Prokuristen und Generalbevollmächtigte, leitende Angestellte, die zur selbständigen Einstellung und Entlassung von Arbeitnehmern berechtigt sind.

§ 2 Durchführungsbestimmungen

Allgemeine Bestimmungen

1. Beziehen Angestellte außer Gehalt Provisionen und (oder) Tantiemen, so muss ihr Einkommen das tarifliche Monatsgehalt im Durchschnitt des Jahres bzw. bis zu einem früheren Ausscheiden aus dem Betrieb erreichen.
2. Zuschläge und/oder Zulagen können jeweils pauschaliert werden.
3. Zur Ermittlung des Stundenentgelts (Basis 38,5-Stunden-Woche) wird das tarifliche Monatsgehalt durch 167 geteilt.
4. Teilzeitbeschäftigte erhalten ein anteiliges Gehalt im Verhältnis ihrer vereinbarten Wochenarbeitszeit zur tariflichen Wochenarbeitszeit.
5. Die im Gehaltsgruppenplan aufgeführten Tätigkeitsbeispiele gelten für männliche und weibliche Arbeitnehmer gleichermaßen.

Eingruppierungsgrundsätze

1. Die Angestellten werden entsprechend der von ihnen ausgeübten Tätigkeit in die Gehaltsgruppen eingruppiert. Basis für die Eingruppierung sind die festgelegten Tätigkeitsmerkmale. Die diesen zugeordneten Tätigkeitsbeispiele sind nicht abschließend und lediglich als Erläuterungen heranzuziehen. Die Zuordnung von Tätigkeitsbeispielen zu einer bestimmten Gruppe bedeutet, dass sie deren Tätigkeitsmerkmale typischerweise erfüllen. Entspricht die im Einzelfall ausgeübte Tätigkeit aufgrund der Anforderungen an die Qualifikation überwiegend den Tätigkeitsmerkmalen einer anderen Gruppe, so erfolgt die Zuordnung zu dieser anderen Gruppe. ...
2. Berufs-, Positions-, Funktionsbezeichnungen, Dienststellungen und Ähnliches begründen keinen Anspruch auf eine Eingruppierung in eine bestimmte Gehaltsgruppe.
3. Soweit die Tätigkeitsmerkmale einer Gehaltsgruppe einer bestimmten Berufsausbildung entsprechen, ein/eine Angestellter/e eine solche aber nicht durchlaufen hat, ist er/sie in diese Gehaltsgruppe dennoch einzustufen, wenn seine/ihre Tätigkeit die Anforderungen dieser Gruppe erfüllt.
4. Eine bestimmte Berufsausbildung begründet keinen Anspruch auf Einstufung in eine bestimmte Gehaltsgruppe, wenn die ausgeübte Tätigkeit diese Berufsausbildung nicht erfordert.
5. Übt ein/eine Angestellter/e Tätigkeiten aus, die unterschiedlichen Gehaltsgruppen zuzuordnen sind, so erfolgt seine/ihre Eingruppierung in die Gehaltsgruppe, die seiner/ihrer überwiegenden Tätigkeit entspricht.

   Bei Ereignissen, die aufgrund dieses Tarifvertrages die Eingruppierung in eine andere Gehaltsgruppe oder eine andere Berufs- oder Tätigkeitsjahrstufe bedingen, tritt die Veränderung rückwirkend mit dem 1. des Monats in Kraft, in den das Ereignis fällt.

   Bei der Berechnung der Tätigkeitsjahre bleiben Unterbrechungen der Berufstätigkeit bis zu 6 Monaten unberücksichtigt, sofern sie durch die Teilnahme an Umschulungs- oder Fortbildungsmaßnahmen sowie durch unverschuldete Arbeitslosigkeit bedingt sind.

   Kommt es über die Zuordnung von Tätigkeiten zu keiner Einigung mit dem Betriebsrat bzw. können nicht aufgeführte Tätigkeiten nicht im Einvernehmen mit dem Betriebsrat entsprechend vergleichbaren Tätigkeiten eingruppiert werden, so sind zur Entscheidungsfindung die Tarifvertragsparteien hinzuzuziehen.

6. Hat ein/eine Angestellter/e die Vertretung für eine andere berufliche Position übernommen, die einer höheren Gehaltsgruppe zugeordnet ist, so erhält er/sie für die Dauer der Vertretung eine Zulage, falls die Stellvertretung in einem Kalenderjahr länger als 6 Wochen andauert. Die Zahlung erfolgt rückwirkend vom ersten Tag der Vertretung an. Die Höhe der Zulage bestimmt sich nach der Differenz zwischen dem Mindestgehalt der normalen und der höherwertigen beruflichen Position.
7. Aus Anlass des Inkrafttretens dieses Tarifabkommens dürfen bereits bestehende bessere Einkommensbedingungen nicht verschlechtert werden.
8. Die Tarifgehälter sind Mindestgehälter.

§ 3 Gehaltsgruppenplan und Gehaltssätze[1]

Gruppe 1

Hilfstätigkeiten, die Vorkenntnisse nicht erfordern und jederzeit von anderen Beschäftigten ausgeführt werden können, z. B. Bürohilfen 2.457,00 Euro

Gruppe 2

Tätigkeiten, die Kenntnisse oder Fertigkeiten erfordern, für die eine planmäßige Einarbeitung, aber keine Berufsausbildung erforderlich ist.[2]

Einfache Büroarbeiten, wie z. B.

- Führen von einfachen Karteien und Statistiken, Aufnehmen einfacher Diktate und deren Übertragen
- Bedienen von Fernsprechanlagen und anderen Telekommunikationsgeräten
- Fakturieren nach vorbereiteten Unterlagen, Übertragen von vorkontierten Belegen auf Konten, Prüfen von Eingangsrechnungen auf rechnerische Richtigkeit
- Bote/-in mit zusätzlichen Anforderungen

Anfangsgehalt in der Gruppe	2.634,00 Euro
nach 3 Berufsjahren	2.764,00 Euro

Gruppe 3

Tätigkeiten, die eine abgeschlossene Berufsausbildung, z. B. als Kaufmann/-frau im Groß- und Außenhandel, Bürokaufmann/-frau, Kaufmann/-frau für Bürokommunikation, Kaufmann/-frau für Spedition und Logistikdienstleistungen erfordern.

Die Kenntnisse und Fertigkeiten können auch durch eine einschlägige praktische Tätigkeit von in der Regel vier Jahren erworben worden sein. Der Besuch einer Handelsschule oder Fachschule mit erfolgreich abgelegter Prüfung wird auf diese Frist angerechnet.[3] Z. B.

- Erledigen von Routinekorrespondenz
- Anbieten und Verkaufen von Waren und Dienstleistungen
- Telefonische Auftragsannahme
- Fachkundiges Kontrollieren ein- und ausgehender Waren
- Fachkundiges Bearbeiten von Aufgaben in Versand und Lager
- Bearbeitung von Sach- und Kontokorrentkonten auch mit DV-Unterstützung
- Bedienen von Telefonanlagen u. a. Telekommunikationsgeräten mit erhöhten Anforderungen
- Kassieren
- Übertragen von numerischen und Alphadaten auf Datenträger

Anfangsgehalt in der Gruppe	2.771,00 Euro
nach 3 Tätigkeitsjahren in der Gruppe	2.992,00 Euro
nach 5 Tätigkeitsjahren in der Gruppe	3.268,00 Euro

1 Stand: bis 1. April 2026.

2 Rückt ein/eine Angestellter/e aus der Gehaltsgruppe 2 in die Gehaltsgruppe 3 auf, so erhält er/sie das seinem/ihrem bisherigen Tarifgehalt folgende Tarifgehalt der Gehaltsgruppe 3. Die entsprechenden Tätigkeitsjahre gelten als zurückgelegt.

3 Als Tätigkeitsjahre in den Gruppen 3 und 4 gelten auch Tätigkeitsjahre in einer vergleichbaren Tätigkeit in einer anderen Branche. Die anrechenbaren Tätigkeiten sind im Arbeitsvertrag festzuhalten.
Ebenfalls zur Anrechnung kommen Tätigkeitsjahre in einer Tätigkeit außerhalb des Groß- und Außenhandels, wenn dabei Kenntnisse und Fertigkeiten erworben worden sind, die als Voraussetzung für eine erfolgreiche Tätigkeit im Betrieb dienen.

Gruppe 4

Tätigkeiten, die Fachkenntnisse voraussetzen, wie sie im Allgemeinen durch mehrjährige (in der Regel zweijährige) Tätigkeiten nach abgeschlossener Berufsausbildung, Fortbildung oder Aneignung zusätzlicher Kenntnisse für den jeweiligen Tätigkeitsbereich erworben werden.

Diese Kenntnisse und Berufserfahrungen können auch durch eine andere gleichwertige Ausbildung und entsprechende mehrjährige praktische Tätigkeit erworben worden sein.[1] Z. B.

- Import- und Export-Sachbearbeitung
- Ein- und Verkaufssachbearbeitung
- Führen von Verkaufsverhandlungen (Erst- und Fachverkäufer/-in, Telefonverkäufer/-in)
- Konten führen (Sach-, Debitoren-, Kreditorenkonten)
- Bearbeiten von Gewährleistungs- und Schadensersatzansprüchen
- Bearbeiten von Vorgängen im Personal- und Sozialwesen
- Erstellen von Lohn-, Gehalts- und Provisionsabrechnungen
- Sekretariatstätigkeiten mit dispositiven Aufgaben
- Telefonische Auftragsannahme mit Abwicklung oder mit erweiterten Warenkenntnissen oder Branchenkenntnissen
- Erledigen fremdsprachlicher Korrespondenz
- Führen eines Lagerbereichs
- Außendiensttätigkeit in der Einarbeitung (Reisende)
- Kassieren an Haupt-/Sammelkassen
- EDV-Operating

Anfangsgehalt in der Gruppe	3.380,00 Euro
nach 3 Tätigkeitsjahren in der Gruppe	3.629,00 Euro
nach 5 Tätigkeitsjahren in der Gruppe	3.998,00 Euro

Gruppe 5

Qualifizierte Tätigkeiten, die Branchen- und/oder einschlägige Spezialkenntnisse erfordern und weitgehend selbstständig ausgeführt werden. Z. B.

- Budgetierung und Kalkulation
- Führen und Überwachen eines Lagers
- Sekretariatstätigkeiten im Geschäftsleitungsbereich
- Erledigen schwieriger fremdsprachlicher Korrespondenz
- Übersetzen von schwierigen kaufmännischen oder technischen Texten
- Verkaufsberatung, Verkaufsförderung
- Außendiensttätigkeit nach der Einarbeitung (Reisende)
- Qualifizierte Sachbearbeitung im Personalbereich
- Konsoloperating

Anfangsgehalt in der Gruppe	4.112,00 Euro
nach 3 Tätigkeitsjahren in der Gruppe	4.473,00 Euro

1 Als Tätigkeitsjahre in den Gruppen 3 und 4 gelten auch die Tätigkeitsjahre in einer vergleichbaren Tätigkeit in einer anderen Branche. Die anrechenbaren Tätigkeiten sind im Arbeitsvertrag festzuhalten.
Ebenfalls zur Anrechnung kommen Tätigkeitsjahre in einer Tätigkeit außerhalb des Groß- und Außenhandels, wenn dabei Kenntnisse und Fertigkeiten erworben worden sind, die als Voraussetzung für eine erfolgreiche Tätigkeit im Betrieb dienen.

Gruppe 6

Besonders qualifizierte Tätigkeiten, die hohe Anforderungen an das fachliche Können stellen und mit Fach- oder Führungsverantwortung verbunden sind. Z. B.

a)

- Führung eines Zentrallagers
- Erstellen von Abschlüssen, Bilanzen
- Selbstständiges Bearbeiten schwieriger Aufgaben im Personal- und Sozialwesen
- Erstellung von Marktanalysen
- Controlling
- Durchführung von Revisions- und Organisationsaufgaben
- (Eigen-)Verantwortliches Bearbeiten schwieriger Speditions-, Transport-, Zoll-, Konsulats-, Versicherungs-, Steuer- und Finanzierungsfragen
- Anwendungsprogrammierer/-in

Anfangsgehalt in der Gruppe	4.962,00 Euro
nach 3 Tätigkeitsjahren in der Gruppe	5.464,00 Euro

b)

- Ein- und Verkaufsdisposition mit Abschlussvollmacht
- Erstellen von Bilanz- und Finanzanalysen
- Produktmarketing
- Organisationsprogrammierer/-in

6.042,00 Euro

§ 4 Arbeitszeit

Die Gehaltsmindestsätze gelten für eine wöchentliche Arbeitszeit von 38,5 Stunden (167 Stunden monatlich).

...

Material 3: Betriebsvereinbarung

Betriebsvereinbarung

auf der Grundlage der §§ 77, 87 BetrVG
zwischen der
Geschäftsleitung der Heinrich KG, Hamburg
und dem
Betriebsrat der Heinrich KG, Hamburg
(gültig ab 1. April 20..)

Heinrich KG
Büromöbel und Zubehör

1. Rauchverbot

Im gesamten Betriebsbereich herrscht grundsätzlich Rauchverbot. Davon ausgenommen sind:

- Schulungs- und Konferenzraum „Antje“
- Aufenthaltsräume „Björn“ und „Frieda“

2. Arbeitszeit

Grundsätzlich gelten die Bestimmungen des aktuellen Tarifvertrags, das gilt auch für Teilzeitarbeit. Die Verteilung der Arbeitszeit von 38,5 Stunden und der Pausen wird wie folgt vereinbart:

	Wochentag	Beginn der Arbeitszeit	Ende der Arbeitszeit	Pausen	Summe
gewerbliche Vollzeit-arbeitskräfte	Mo. – Fr.	Arbeitsbeginn ist um 07:00 Uhr. Die tägliche Arbeitszeit beträgt 7 Stunden und 45 Minuten. Die in jeder Arbeitswoche – im Vergleich zum derzeit gültigen Rahmentarifvertrag – geleistete Mehrarbeit von 15 Minuten wird pauschal mit zwei zusätzlichen Urlaubstagen abgegolten.		09:00 – 09:15 Uhr 11:45 – 12:15 Uhr	
Angestellte	Mo. – Do. Fr.	08:00 Uhr 08:00 Uhr	16:45 Uhr 15:15 Uhr	09:15 – 09:30 Uhr 13:00 – 13:30 Uhr 09:15 – 09:30 Uhr 13:00 – 13:30 Uhr	8,0 Std. 6,5 Std.
Auszubildende	Mo. – Do. Fr.	08:00 Uhr 08:00 Uhr	16:45 Uhr 15:15 Uhr	09:15 – 09:30 Uhr 13:00 – 13:30 Uhr 09:15 – 09:30 Uhr 13:00 – 13:30 Uhr	8,0 Std. 6,5 Std.
Kraftfahrer	Beginn und Ende der täglichen Arbeitszeit sowie die Pausenregelung richten sich nach der betrieblichen Übung. – Vgl. hierzu den Arbeitsvertrag für Kraftfahrer.				

3. Vermögenswirksame Leistungen

Die Heinrich KG erbringt für die anspruchsberechtigten Mitarbeiterinnen und Mitarbeiter monatlich vermögenswirksame Leistungen in Höhe von 30,00 €. Der Arbeitgeber kann sich mit bis zu maximal 40,00 € an den vermögenswirksamen Leistungen (Arbeitnehmersparzulage – staatliche Förderung) beteiligen. Es ist eine freiwillige Leistung.

Diese Betriebsvereinbarung verliert mit dem Inkrafttreten einer neuen Vereinbarung ihre Gültigkeit. Werden nur einzelne Arbeitszeitmodelle neu geregelt, so verliert diese Vereinbarung nur insoweit ihre Gültigkeit.

Hamburg, 15. März 20..

Betriebsrat der
Heinrich KG

Lea Burg

Geschäftsführung der
Heinrich KG

Gerda Heinrich

Schulbuch Kap. 6

8 Personalakten unter Berücksichtigung von Datenschutz und -sicherheit führen

Situation:

Heinrich KG
Büromöbel und Zubehör

Die Personalsachbearbeiterin Christine Christ erhält von der Bereichsleitung den Auftrag einen Personalfragebogen zu konzipieren, der bei der „Personalbeschaffung" eingesetzt und in den Personalakten hinterlegt werden soll.

Frau Christ unterhält sich mit der Auszubildenden Angela Angerer.

Angela meint: *„Eigentlich könnten wir doch so viel erfragen und erfassen, wie wir wollen, die Bewerber müssen ja nicht alle Fragen beantworten."*

Frau Christ erwidert: *„Das ist richtig, wenn wir die erhobenen Daten aber im ‚Bewerbertool' aufbewahren wollen, müssen wir u.a. die europäische Datenschutz-Grundverordnung beachten."*

Angela entgegnet: *„Ich denke, das gilt nur, wenn wir diese Daten digitalisieren und speichern oder an Dritte weitergeben. Aber für von uns angelegte Personalakten, die sich neben den Stammdaten auch die betriebliche Entwicklung des Personals ‚merken' und die wir nur für interne Zwecke nutzen, kann doch der Datenschutz nicht gelten! Im Übrigen überprüft die Einhaltung dieser Datenschutz-Grundverordnung in diesem Haus sowieso kein Mensch."*

Frau Christ widerspricht Angela energisch und legt dar: *„Bei uns wird grundsätzlich schon vor dem ersten Arbeitstag eines Mitarbeiters eine Personalakte angelegt, die sich auf die persönlichen Verhältnisse und die entsprechenden betrieblichen Tätigkeiten des Mitarbeiters bezieht und im Kontext mit dem Arbeitsverhältnis steht. Dabei werden die Forderungen der Datenschutz-Grundverordnung berücksichtigt und es wird dafür gesorgt, dass nur Beschäftigte der Personalverwaltung, die unmittelbar mit der Bearbeitung von Personalangelegenheiten beauftragt sind, Zugang zu diesen Akten haben.*[1] *Ich halte es durchaus für sinnvoll, dass Sie sich tief gehender mit der Thematik ‚Datenschutz und Datensicherheit' beschäftigen."*

Arbeitsaufträge:

1. Setzen Sie sich mit dem Thema „Datenschutz und Datensicherheit" auseinander. Nutzen Sie dazu den Informationstext „Datenschutz und Datensicherheit – ein Überblick" (Material 1), das Schulbuch und ggf. die folgenden Internetquellen:

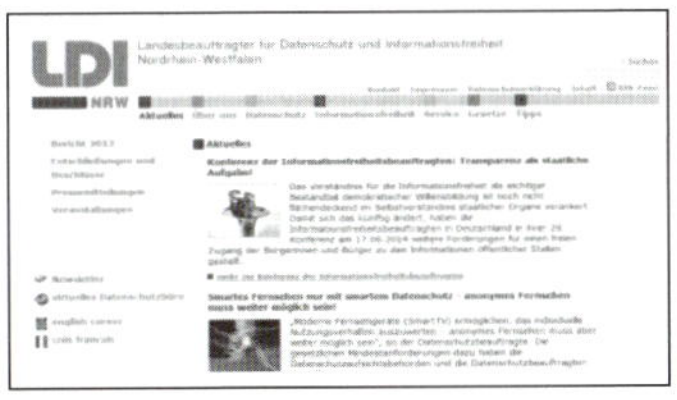

https://www.ldi.nrw.de/

Informiert über die Tätigkeit der Landesbeauftragten für Datenschutz und Informationsfreiheit Nordrhein-Westfalen.
Unter *Services* stehen Berichte, Tagungsbände und Informationsmaterialien kostenlos zur Verfügung.

Relevante Rechtsgrundlagen für den Datenschutz finden sich unter *Gesetze.*

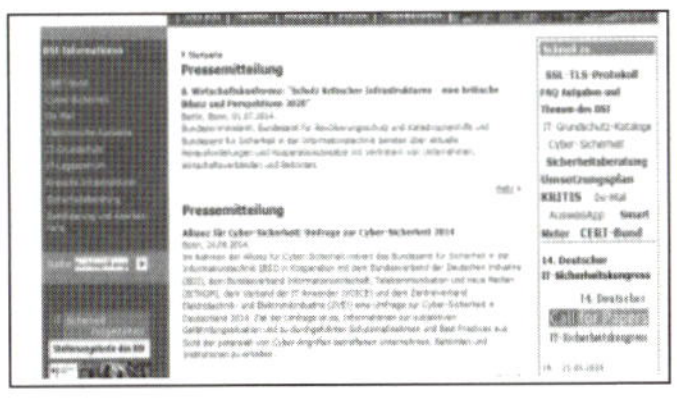

http://www.bsi.de/

Das Bundesamt für Sicherheit in der Informationstechnik (BSI) ist für eine Vielzahl von Themen rund um die IT-Sicherheit zuständig.

Sie reichen von A wie Akkreditierung über E wie Elektronische Signatur bis hin zu Z wie Zertifizierung.

http://www.bfdi.bund.de/

Der Bundesbeauftragte für den Datenschutz und die Informationsfreiheit stellt hier u. a. einen Leitfaden „Internet am Arbeitsplatz" zur Verfügung. Hilfreich für den Einstieg sind die Broschüren

- „BfDI INFO 1 – DSGVO – BDSG" und
- „BfDI INFO 4 – Die Datenschutzbeauftragten in Behörde und Betrieb".

1 Direkten Zugriff auf die Personalakte besitzen darüber hinaus auch die direkten Vorgesetzten.

Stellen Sie danach den Zweck der europäischen Datenschutz-Grundverordnung (EU-DSGVO) dar und erläutern Sie die Rechte der Betroffenen!

Zweck der europäischen Datenschutz-Grundverordnung (EU-DSGVO)
§§

Rechte der Betroffenen:

➤ ______________________________

____

➤ ______________________________

____

➤ ______________________________

____

➤ ______________________________

____

2. Erläutern Sie, welche betrieblichen Konsequenzen sich aus den Bestimmungen des Datenschutzes für die Heinrich KG ergeben!

____

____

____

____

____

____

____

____

____

3. Grenzen Sie „Datenschutz" und „Datensicherheit" im Hinblick auf das jeweilige Motiv, den Umfang, die vorgegebenen Regelungen sowie die Notwendigkeit der Durchführung voneinander ab!

	Datenschutz	Datensicherheit
Motiv		
Umfang		
Regelung		
Notwendigkeit der Durchführung		

4. Bei der Heinrich KG werden in der Personalverwaltung neben typischen Inhalten – wie persönliche und administrative Unterlagen – auch positive Entwicklungen der Mitarbeiter wie Eigeninitiative, Verantwortungsbewusstsein und Teamfähigkeit in den Personalakten erwähnt.

   Nennen Sie jeweils fünf typische persönliche und administrative Unterlagen, die in einer Personalakte aufbewahrt werden!

Persönliche Unterlagen	Administrative Unterlagen
➤	➤
➤	➤
➤	➤
➤	➤
➤	➤
➤	➤
➤	➤

5. Die Aufbewahrung von Personalakten in Hängeordnern soll in der Personalverwaltung der Heinrich KG schon in Kürze passé sein. Aus Gründen der Verwaltungseffizienz und der Kostenersparnis will die Abteilungsleitung alle körperlichen Unterlagen digitalisieren und in elektronischen Archiven verwahren.

   Befragen Sie u. a. das Betriebsverfassungsgesetz sowie die Datenschutz-Grundverordnung und das Bundesdatenschutzgesetz, um zu entscheiden, ob bei der Einführung von elektronischen Personalakten

   5.1 der bestehende Betriebsrat ein Mitbestimmungsrecht hat,

   5.2 alle „alten" Personalakten nach der Digitalisierung vernichtet werden können, um auf diese Weise Büroraum einzusparen,

   5.3 die Personalakten aus Gründen der Datensicherheit zu verschlüsseln sind!

6. Erläutern Sie die Bedeutung und die grundsätzlichen Aufgaben[1] eines Beauftragten für den Datenschutz bei der Heinrich KG!

   (Informieren Sie sich ggf. auch beim Datenschutzbeauftragten Ihres Ausbildungsbetriebs!)

7. Christine Christ beauftragt die Auszubildende Angela Angerer einen Einstellungsfragebogen mit MS Word unter Nutzung der Tabellenfunktion zu entwerfen, der zulässige und relevante Daten für die Heinrich KG enthält und an potenzielle Bewerber verschickt werden kann. Die Datei ist unter „Einstellungsfragebogen.docx" zu speichern und Frau Christ zu präsentieren.

   Versetzen Sie sich in die Rolle von Angela, indem Sie den Einstellungsfragebogen erstellen, abspeichern und präsentieren!

1 Die Arbeitsgrundlage für die Tätigkeit eines betrieblichen Datenschutzbeauftragten ist das sogenannte Verzeichnis von Verarbeitungstätigkeiten. In diesem ist schriftlich zu erfassen, welche Regeln im Betrieb für den Umgang mit persönlichen Daten gelten und welche Daten erhoben werden. Dazu gehören beispielsweise Regelungen bzgl. der Nutzung von Computern, Telefon, Telefax, Internet, E-Mail usw. durch die Beschäftigten. Das Verzeichnis ist durch den Verantwortlichen bzw. Auftragsverarbeiter intern zu führen.

Material 1: Informationsschreiben der Personalberatung RRQ GmbH

Datenschutz und Datensicherheit – ein Überblick

R Recht
R Recruiting
Q Qualifizierung

Datenschutz

Daten über die Privatsphäre eines jeden Bürgers werden bei verschiedenen Stellen gesammelt, so z. B. beim Einwohnermeldeamt der Gemeinde, in der Schule, beim Arbeitgeber, beim Lieferer, bei der Krankenkasse. Durch den raschen Vormarsch der elektronischen Datenverarbeitung in Verwaltung und Wirtschaft wird die Speicherung, Auswertung und Weitergabe solcher Daten an Dritte wesentlich erleichtert.

Die moderne Computertechnologie ermöglicht es,

- riesige Datenmengen zu beherrschen,
- eine wirksame Steuerung schnellster Datenflüsse vorzunehmen,
- Daten zusammenzuführen und miteinander zu verknüpfen,
- auf Datenbestände auch über größte Entfernungen hinweg zugreifen zu können und
- Daten zeitlich unbegrenzt zu speichern.

Mit dem Grad der Automatisierung steigt die Gefahr des Missbrauchs der gespeicherten Informationen in der Weise, dass die zu einem bestimmten Zweck vom Bürger erhobenen Daten für einen anderen, dem Betroffenen unbekannten Zweck wieder verwendet werden. Die unkontrollierte Ausnutzung aller Möglichkeiten der Technik gefährdet den Bürger in seinen Freiheitsrechten. Um den Bürger vor einer missbräuchlichen Verwendung seiner personenbezogenen Daten bei ihrer Speicherung, Übermittlung, Veränderung und Löschung (Datenverarbeitung) zu schützen, wurde die europäische Datenschutz-Grundverordnung (EU-DSGVO) erlassen.

DER DATENSCHUTZ UMFASST ALLE MASSNAHMEN ZUM SCHUTZ PERSONENBEZOGENER DATEN VOR MISSBRÄUCHLICHER VERWENDUNG.

Personenbezogene Daten sind danach Einzelangaben über persönliche oder sachliche Verhältnisse einer bestimmten oder bestimmbaren natürlichen Person (Daten über juristische Personen wie Verein, Aktiengesellschaft, GmbH usw. unterliegen nicht dem Schutz des Gesetzes), wie z. B. Zensuren, Geburtsdatum, Beruf, gesundheitliche Verhältnisse, religiöse oder politische Anschauung, Kreditwürdigkeit usw.

Die EU-DSGVO betrifft sowohl die Datenverarbeitung durch Behörden und sonstige öffentliche Stellen des Bundes als auch den Bereich der Privatwirtschaft. Im privatwirtschaftlichen Bereich betrifft das Gesetz letztlich alle Unternehmen, fallen doch in jedem Unternehmen Daten über Mitarbeiter, Kunden und Lieferanten an.

Das Gesetz erlaubt die Verarbeitung von personenbezogenen Daten nur unter bestimmten Voraussetzungen, den sogenannten Erlaubnistatbeständen. Diese können gleichzeitig als **Rechte der Betroffenen** gewertet werden (im Sinne der EU-DSGVO):

1. Damit der Betroffene weiß, wer Informationen über ihn besitzt, ist er bei erstmaliger Speicherung von Daten zu seiner Person zu benachrichtigen, es sei denn, dass er auf andere Weise Kenntnis von der Speicherung erlangt hat (z. B. durch Abschluss eines Kaufvertrages) oder diese Angaben allgemein zugänglichen Quellen (z. B. dem Telefonbuch) entnommen sind (Art. 13).
2. Jedem Betroffenen ist auf dessen Verlangen Auskunft über die zu seiner Person gespeicherten Daten zu geben, allerdings kann hierfür ein Entgelt verlangt werden (Art. 15).
3. Personenbezogene Daten sind zu berichtigen, wenn sie unrichtig sind (Art. 16).
4. Die Verarbeitung der personenbezogenen Daten ist einzuschränken, wenn ihre Richtigkeit vom Betroffenen bestritten wird und sich weder die Richtigkeit noch die Unrichtigkeit feststellen lässt (Art. 18).
5. Personenbezogene Daten sind zu löschen, wenn ihre Speicherung unzulässig war, ihre Kenntnis für die Erfüllung des Zwecks der Speicherung nicht mehr erforderlich ist, es sich um Daten über gesundheitliche Verhältnisse, strafbare Handlung, Ordnungswidrigkeiten sowie religiöse oder politische Anschauungen handelt, deren Richtigkeit von der speichernden Stelle nicht bewiesen werden kann (Art. 17).
6. Jeder Betroffene hat das Recht, seine personenbezogenen Daten zu erhalten und einem anderen Verantwortlichen zur Verfügung zu stellen (Art. 20).

Durch die EU-DSGVO wird die ordnungsgemäße Verwendung personenbezogener Daten nicht eingeschränkt. So betont der Gesetzgeber ausdrücklich, dass solche Daten für eigene Zwecke grundsätzlich verarbeitet werden dürfen, wenn es im Rahmen der Zweckbestimmung eines Vertragsverhältnisses geschieht (z. B. Kaufvertrag mit Kunden oder Lieferanten, Arbeitsvertrag) oder zur Wahrung berechtigter Interessen erforderlich ist und kein Grund zur Annahme besteht, dass dadurch schutzwürdige Belange des Betroffenen beeinträchtigt werden (Art. 6). Im Zweifel ist die Einwilligung des Betroffenen einzuholen (Art. 7).

Um die schutzwürdigen Belange der Betroffenen zu gewährleisten, sind die Unternehmer verpflichtet, geeignete technische und organisatorische Maßnahmen zu treffen (Art. 32 EU-DSGVO). Die folgenden Maßnahmen sind Beispiele im Sinne des Art. 32 EU-DSGVO:

	Anforderungen	mögliche Sicherungsmaßnahmen
1	**Zugangskontrolle:** Unbefugten ist der Zugang zu Datenverarbeitungsanlagen, mit denen personenbezogene Daten verarbeitet werden, zu verwehren.	➤ Sicherheitszonen und/oder -schlösser ➤ Ausweis-/Code-Leser ➤ Pförtner ➤ Einbruchsicherungen
2	**Datenträgerkontrolle:** Es ist zu verhindern, dass Datenträger unbefugt gelesen, kopiert, verändert oder entfernt werden können.	➤ Bestandsführung ➤ Stichprobenkontrollen ➤ Datenträgerschleuse ➤ Entnahmescheine ➤ Taschenkontrolle
3	**Speicherkontrolle:** Die unbefugte Eingabe in den Speicher sowie die unbefugte Kenntnisnahme, Veränderung oder Löschung gespeicherter personenbezogener Daten ist zu verhindern.	➤ Autorisation der Benutzer ➤ Identifikation der Benutzer ➤ Datei-Passwort ➤ Einschränkung der Zugriffsrechte ➤ Protokolle
4	**Benutzerkontrolle:** Es ist zu verhindern, dass Datenverarbeitungssysteme mithilfe von Einrichtungen zur Datenübertragung von Unbefugten genutzt werden können.	➤ Terminal-Identifikation ➤ Benutzer-Identifikation ➤ Betriebsschloss am Terminal ➤ Ausweisleser am Terminal ➤ Überprüfung eines persönlichen Merkmals
5	**Zugriffskontrolle:** Es ist zu gewährleisten, dass die zur Benutzung eines Datenverarbeitungssystems Berechtigten durch selbsttätige Einrichtungen ausschließlich auf die ihrer Zugriffsberechtigung unterliegenden personenbezogenen Daten zugreifen können.	➤ Datei-Passwort ➤ Einschränkung der Zugriffsrechte ➤ Sicherheitscode für Transaktionen ➤ Protokollierung unberechtigter Zugriffsversuche
6	**Übermittlungskontrolle:** Es ist zu gewährleisten, dass überprüft und festgestellt werden kann, an welche Stellen personenbezogene Daten durch selbsttätige Einrichtungen zur Datenübertragung übermittelt werden können.	➤ Konfiguration ➤ Autorisierte Benutzer
7	**Eingabekontrolle:** Es ist zu gewährleisten, dass nachträglich überprüft und festgestellt werden kann, welche personenbezogenen Daten zu welcher Zeit von wem in Datenverarbeitungssysteme eingegeben worden sind.	➤ Eingabe-Protokoll ➤ Aufbewahrung der Urbelege ➤ Auftragsbegleitzettel ➤ Bearbeitungsrichtlinien
8	**Auftragskontrolle:** Es ist zu gewährleisten, dass personenbezogene Daten, die im Auftrag verarbeitet werden, nur entsprechend den Weisungen des Auftraggebers verarbeitet werden können.	➤ Vertragsgestaltung ➤ Klare Weisungen ➤ Richtlinien ➤ Kontrolle der Einhaltung der Richtlinien
9	**Transportkontrolle:** Es ist zu gewährleisten, dass bei der Übertragung personenbezogener Daten sowie beim Transport von Datenträgern diese Daten nicht unbefugt gelesen, verändert oder gelöscht werden können.	➤ Sicherheit der Übertragungsleitungen ➤ Verschlüsselung ➤ Verpackungs- und Versandvorschriften ➤ Prüfung der Abholberechtigung
10	**Organisationskontrolle:** Die innerbetriebliche Organisation ist so zu gestalten, dass sie den besonderen Anforderungen des Datenschutzes gerecht wird.	➤ Funktionstrennung ➤ Dokumentation ➤ Richtlinien ➤ Datenschutz-Bewusstsein fördern

Für die Einhaltung dieser Vorschriften ist ein *Datenschutzbeauftragter* verantwortlich. Nach Art. 37 EU-DSGVO bzw. § 38 BDSG müssen Daten verarbeitende Stellen einen Datenschutzbeauftragten benennen, wenn sie personenbezogene Daten automatisiert erheben, verarbeiten oder nutzen und damit *mindestens 20 Personen* beschäftigen. Bei der Berechnung der Beschäftigtenzahl werden alle Personen mitgezählt, die *tatsächlich* auf die automatisierte Datenverarbeitung zugreifen. Zusätzlich ist ein Datenschutzbeauftragter immer zu benennen, wenn es sich um eine öffentliche Behörde handelt oder die Kerntätigkeit die Verarbeitung/Überwachung von Personen bzw. ihrer Daten ist (z. B. Auskunftei).

Nicht entscheidend ist, wie häufig oder intensiv auf die Daten zugegriffen wird. Es ist ausreichend, dass es zur *regelmäßigen Aufgabenwahrnehmung* der Beschäftigten gehört, personenbezogene Daten automatisiert zu verarbeiten. Damit werden die Unternehmensleitung selbst sowie auch Teilzeitkräfte und Beschäftigte von Zeitarbeitsfirmen während ihrer Tätigkeit im Unternehmen mitgezählt. In der Person des Datenschutzbeauftragten schließt sich der Kreis der Kontroll- und Schutzmaßnahmen. Hinsichtlich seiner Kontrollaufgaben ist er unabhängig und nicht an Weisungen der Unternehmensleitung gebunden. Betroffene Personen können sich unmittelbar an ihn wenden.

Datensicherheit

Der Begriff Datensicherung wird nicht einheitlich gebraucht. Eine übliche Definition ist folgende:

DIE DATENSICHERUNG UMFASST ALLE MASSNAHMEN ZUR SICHERUNG VON DATEN, DATENTRÄGERN UND PROGRAMMEN VOR ÜBERTRAGUNGSFEHLERN, VERFÄLSCHUNGEN, VERNICHTUNG, DIEBSTAHL UND UNBERECHTIGTEM ZUGRIFF.

Mit Maßnahmen sind dabei diejenigen gemeint, die ein DV-Anwender bewusst ergreifen kann. Man kann diese Maßnahmen erweitern um diejenigen, die im System eingebaut sind, z. B. das Überprüfen von Prüfbits. Mit Daten sind üblicherweise diejenigen gemeint, die bereits in digitaler Form vorhanden sind, die sich also bereits in DV-Anlagen befinden. Hinzunehmen kann man auch die Dateneingabe. [Nach dem engen Begriff Datensicherung würde es als sicher zu bezeichnen sein, wenn falsch eingegebene Daten in dieser Form unverändert erhalten bleiben.]

Nach dem erweiterten Verständnis von Datensicherung bzw. Datensicherheit gilt Folgendes:
Bei der hohen Geschwindigkeit, mit der Daten von EDV-Anlagen gelesen, verarbeitet, ausgegeben und übertragen werden, aber auch durch den Einsatz des Menschen bei der Datenerfassung und Bedienung der Anlagen können Fehler auftreten. Auch einer absichtlichen Verfälschung oder Veruntreuung von Daten ist entgegenzuwirken.

Mögliche Gefahren drohen somit aus

- Fehlern bei der Erfassung der Daten,
- unbeabsichtigtem Verlust gespeicherter Daten und
- Fehlern der Übertragung von Daten,
- absichtlichem Missbrauch.

Diesen Gefahrenquellen gemäß sind technische und organisatorische Maßnahmen zur Datensicherung zu treffen.

- **Maßnahmen im Bereich der Datenerfassung**

  Prüfziffernverfahren

  Mit dem Prüfziffernverfahren sollen Tippfehler bei der Dateneingabe von der Anlage selbstständig erkannt werden. Dazu werden numerische Ordnungsbegriffe wie Personalnummern, Artikelnummern, Kundennummern, Liefernummern, Kontonummern usw. um eine Prüfziffer erweitert. Bei der Dateneingabe wird die Prüfziffer vom System für den eingegebenen Ordnungsbegriff neu berechnet. Stimmen eingegebene und errechnete Prüfziffer nicht überein, meldet die Anlage den Fehler und fordert die erneute Eingabe. Zur Berechnung der Prüfziffern sind verschiedene Verfahren entwickelt worden.

  Plausibilitätskontrolle

  Mithilfe der Plausibilitätskontrolle sollen logische Eingabefehler aufgedeckt werden. Die Anlage überprüft, ob eine Eingabe vernünftigerweise so möglich ist. Diese Plausibilitätskontrollen müssen vom Programmierer im Anwenderprogramm vorgesehen sein. So kann z. B. bei der Datumseingabe durch das Programm geprüft werden, ob nicht mehr als 31 Tage und 12 Monate eingegeben wurden. Die Eingabe des Tagesdatums 35 würde zurückgewiesen. In gleicher Weise können auch Preisangaben, Mengenangaben usw. auf ihre Zulässigkeit hin überprüft werden.

  Andere Plausibilitätsprüfungen beziehen sich auf die eingegebene Zeichenart. So kann in einem bestimmten Datenfeld nur die Eingabe von Buchstaben, nicht aber von Ziffern erlaubt sein und umgekehrt.

- **Maßnahmen im Bereich der Datenübertragung**

  Ein Prüfbit oder Paritätsbit ist ein zusätzlich zu einem Schriftzeichen oder Steuerzeichen hinzugefügtes Bit, das der Sicherung des entsprechenden Zeichens dient. Diese einfache Bitfehlererkennung wird dadurch erreicht, dass dem codierten Zeichen ein zusätzliches Prüfbit hinzugefügt oder bewusst nicht hinzugefügt wird, damit die Summe aller Bits eines Zeichens gerade (oder ungerade) wird. Wird für die Fehlererkennung der Bitfehler eine gerade Parität genutzt und ist die Summe eines codierten Zeichens ungerade, dann wird ein Prüfbit hinzugefügt. Im anderen Fall wird kein Prüfbit hinzugefügt. Das Ergebnis, welches um ein Bit länger ist als das Informationswort, wird Codewort genannt. Hat das Zeichen am Empfangsort eine falsche Parität, dann steht fest, dass die Übertragung fehlerhaft war und das ein Bit falsch übertragen wurde. Da nicht bekannt ist, wo innerhalb des Codewortes der Fehler aufgetreten ist, ist keine Fehlerkorrektur möglich. Für die Fehlerkorrektur gibt es Weiterentwicklungen wie das mehrdimensionale Parityverfahren den Hamming-Code oder das Fehlerkorrekturverfahren.

- **Maßnahmen gegen unbeabsichtigten Verlust von Daten**
  Bei Stromausfall würden alle Daten im Speicherwerk der Zentraleinheit gelöscht. Hiergegen kann sich der DV-Anwender beispielsweise durch den Einbau einer Notstromanlage schützen, die die DV-Anlage so lange mit Strom versorgt, bis die Daten auf einem magnetischen Datenträger sichergestellt sind.
- **Maßnahmen gegen mutwillige Veränderung bzw. Zerstörung („Computerkriminalität")**
  Mithilfe eines Passwortes lassen sich Programme und Dateien vor unberechtigter Benutzung schützen.

  Ferner können die Programme mit Rangstufen (1–9) versehen werden. Auch jedem Benutzer wird eine Rangstufe zugeordnet. Nur zu Programmen bis zu seiner Rangstufe hat er Zugriff.

  Trennung zwischen Programmierung, Anlagenbedienung und Datenerfassung bzw. -eingabe.

  Lückenlose Erfassung aller Vorgänge, die sich auf der EDV-Anlage vollziehen, nach Datum, Zeit, Benutzer und Programm in einem Maschinenprotokoll welches das Betriebssystem der Anlage selbstständig erstellt.

  Ein besonderes Problem ist die Sicherung gegen „Computerviren". Das sind selbstständige Programme, welche die in fremden EDV-Anlagen befindlichen Programme zerstören, sich vermehren und enormen Schaden anrichten, wenn sie etwa auf dem Wege der Datenfernübertragung in diese Rechnersysteme eindringen können. Mit Virenscannern können Viren aufgespürt und entfernt werden. Wichtig für Virenscanner ist die Aktualität, da ständig neue Viren erscheinen.

  Da Computerkriminalität in der Wirtschaft oft hohe Schäden verursacht, wurden entsprechende Paragraphen in das Strafgesetzbuch aufgenommen.

Beispiele:

§ 202 a: Ausspähen von Daten

Wer unbefugt sich oder einem anderen Zugang zu Daten, die nicht für ihn bestimmt und die gegen unberechtigten Zugang besonders gesichert sind, unter Überwindung der Zugangssicherung verschafft, wird mit Freiheitsstrafe bis zu drei Jahren oder mit Geldstrafe bestraft.

§ 263 a: Computerbetrug

(1) Wer in der Absicht, sich oder einem Dritten einen rechtswidrigen Vermögensvorteil zu verschaffen, das Vermögen eines anderen dadurch beschädigt, dass er das Ergebnis eines Datenverarbeitungsvorgangs durch unrichtige Gestaltung des Programms, durch Verwendung unrichtiger oder unvollständiger Daten, durch unbefugte Verwendung von Daten oder sonst durch unbefugte Einwirkung auf den Ablauf beeinflusst, wird mit Freiheitsstrafe bis zu fünf Jahren oder mit Geldstrafe bestraft.

§ 303 a: Datenveränderung

(1) Wer rechtswidrig Daten löscht, unterdrückt, unbrauchbar macht oder verändert, wird mit Freiheitsstrafe bis zu zwei Jahren oder mit Geldstrafe bestraft.

§ 303 b: Computersabotage

(1) Wer eine Datenverarbeitung, die für einen anderen von wesentlicher Bedeutung ist, dadurch erheblich stört, dass er

1. eine Tat nach § 303 a Abs. 1 begeht,
2. Daten (§ 202 a Abs. 2) in der Absicht, einem anderen Nachteil zuzufügen, eingibt oder übermittelt oder
3. eine Datenverarbeitungsanlage oder einen Datenträger zerstört, beschädigt, unbrauchbar macht, beseitigt oder verändert,

wird mit Freiheitsstrafe bis zu drei Jahren oder mit Geldstrafe bestraft.

(2) Handelt es sich um eine Datenverarbeitung, die für einen fremden Betrieb, ein fremdes Unternehmen oder eine Behörde von wesentlicher Bedeutung ist, ist die Freiheitsstrafe bis zu fünf Jahren oder Geldstrafe.

§ 269 Fälschung beweiserheblicher Daten

(1) Wer zur Täuschung im Rechtsverkehr beweiserhebliche Daten so speichert oder verändert, dass bei ihrer Wahrnehmung eine unechte oder verfälschte Urkunde vorliegen würde, oder derart gespeicherte oder veränderte Daten gebraucht, wird mit Freiheitsstrafe bis zu fünf Jahren oder mit Geldstrafe bestraft.

EIN GEBOT ZUR DATENSICHERUNG DURCH DEN GESETZGEBER GIBT ES NICHT;
DAFÜR IST JEDER BETREIBER/NUTZER EINER DV-ANLAGE SELBST VERANTWORTLICH.

ALLERDINGS BESTEHEN GESETZLICHE AUFBEWAHRUNGSFRISTEN, Z. B. IM STEUERRECHT.
DIESE FRISTEN GELTEN JEDOCH UNABHÄNGIG VOM EINSATZ EINER DV-ANLAGE.

Schulbuch Kap. 6.2

9 Ein Human Resource Information System einführen

Situation:

Seit dem letzten Monat wird in der Heinrich KG nicht nur die Verwaltung des Personals und der Arbeitsplätze, sondern auch das Personalmanagement auf ein neues, professionelles Human Resource Information System (kurz: HRIS)[1] umgestellt.

Heinrich KG
Büromöbel und Zubehör

In der Umstellungsphase werden die abrechnungsrelevanten Lohndaten aller Mitarbeiter aus Sicherheitsgründen zusätzlich in Papierform (Personalstammblätter) vorgehalten.

Arbeitsverträge, Zeugnisse, Bewerbungsunterlagen und Regelbeurteilungen, Urlaubszeiten, Fehlzeiten, Unterlagen für die Entgeltabrechnung, Abmahnungen und sonstige persönliche Unterlagen sammeln die verantwortlichen Mitarbeiter im Personalwesen – bis zur völligen Umstellung auf „die digitalisierte Personalakte“ – wie bisher in „Papierakten“, die unzugänglich für nicht autorisierte Personen aufbewahrt werden.

So ist sichergestellt, dass Geschäftsführung und Personaler in der Umstellungsphase jederzeit einen Zugriff auf alle wichtigen Daten der Beschäftigten haben.

Arbeitsaufträge:

1. Erläutern Sie, was ein Human Resource Information System ist und aus welchen Elementen es besteht!

____

____

____

____

____

____

____

____

2. Nennen Sie zu den folgenden Punkten jeweils drei relevante Informationen, die vermutlich bereits im neuen Human Resource Information System (Personalinformationssystem) der Heinrich KG erfasst sind:
   - Persönliche Daten,
   - Lohn- und Gehaltsdaten,
   - Personaleinsatz- und Zeitdaten,
   - Personalbeurteilungen und
   - Gesundheitsdaten.

1 Dazu müssen alle personenrelevanten Daten in einer zentralen Datenbank gespeichert werden. Um den Ansprüchen des Datenschutzes zu genügen, ist darauf zu achten, dass nur autorisierte Personen Zugriff auf diese Daten haben. Eine solche Datensammlung wird auch als **Personalinformationssystem** (PIS) bezeichnet. Für den Einsatz des HRIS bzw. PIS war die vorherige Zustimmung des Betriebsrats der Heinrich KG erforderlich.

Persönliche Daten	➤ ______ ➤ ______ ➤ ______
Lohn- und Gehaltsdaten	➤ ______ ➤ ______ ➤ ______
Personaleinsatz- und Zeitdaten	➤ ______ ➤ ______ ➤ ______
Personalbeurteilungsdaten	➤ ______ ➤ ______ ➤ ______
Gesundheitsdaten	➤ ______ ➤ ______ ➤ ______

3. Ein Human Resource Information System kann das Personalmanagement gerade bei den dispositiven Prozessen in den verschiedensten Bereichen unterstützen.
   Nennen Sie drei dieser Bereiche und erläutern Sie deren Ziel bzw. Aufgabe!

➤ ______

______

______

➤ ______

______

______

➤ ______

______

______

4. Nennen Sie sechs wichtige Kennzahlen oder Auswertungen aus dem Personalwesen der Heinrich KG, die durch den gezielten Einsatz des Human Resource Information Systems leichter erstellt werden können!

➤ ____________________

➤ ____________________

➤ ____________________

➤ ____________________

➤ ____________________

➤ ____________________

5. Das Human Resource Information System der Heinrich KG soll konsequenterweise auch nach außen geöffnet werden, also externen Stellen einen kontrollierten Zugriff als Schnittstelle ermöglichen.

   Listen Sie sechs Institutionen auf, für die diese Möglichkeit unbedingt realisiert werden sollte!

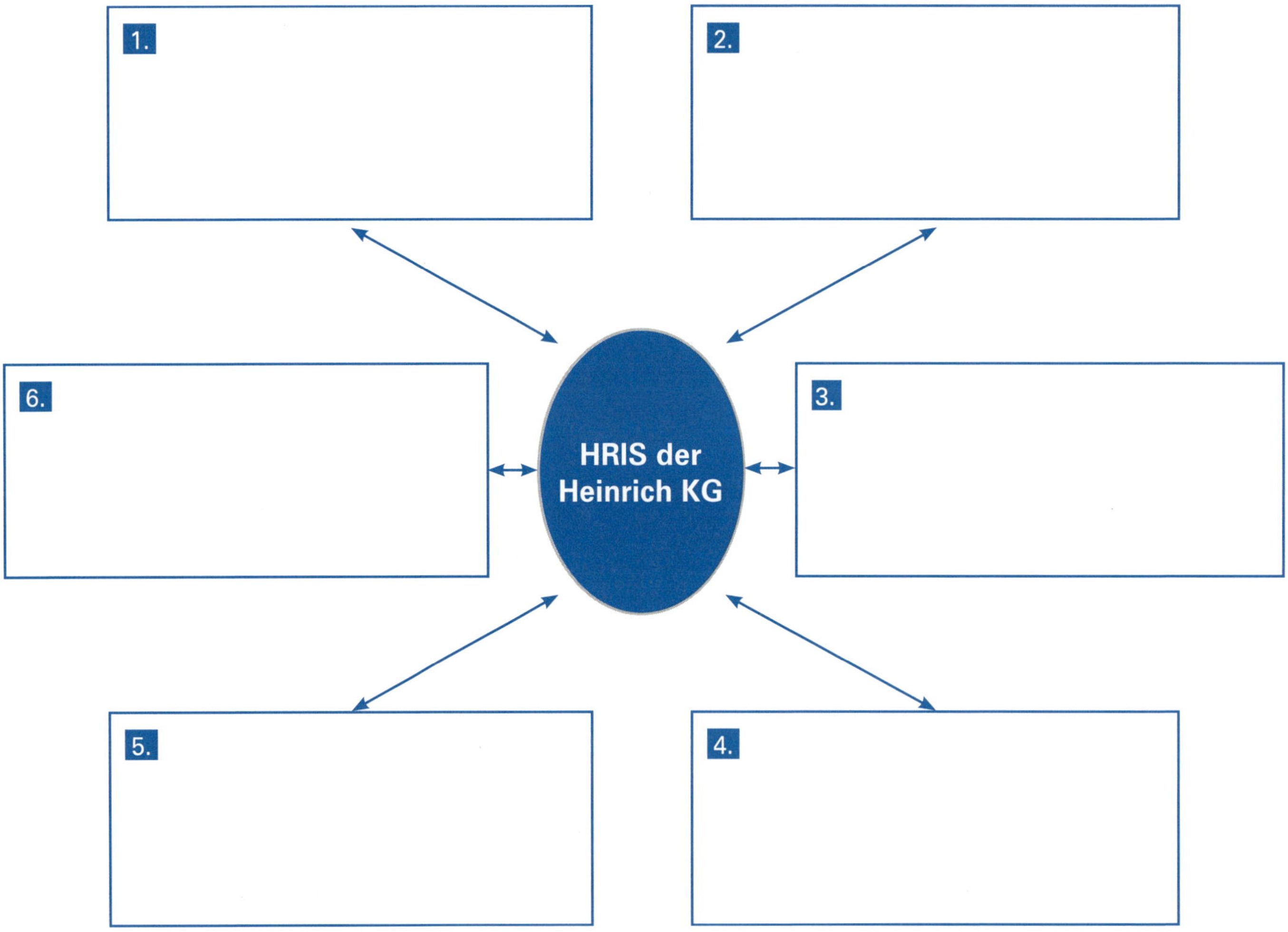

10 Die Arbeitszeit flexibel gestalten

Schulbuch Kap. 6.6

Situation:

Angesichts der zunehmenden Digitalisierung scheint der „starre“ Acht-Stunden-Tag im Büro vom Aussterben bedroht. Mittlerweile setzen auch die Geschäftsleitung und der Betriebsrat der Heinrich KG auf eine flexiblere Ausgestaltung der (täglichen) Arbeitszeit. In einer neuen Betriebsvereinbarung wurden u. a. folgende Regelungen beschlossen:

Heinrich KG
Büromöbel und Zubehör

Für die im „Kaufmännischen Bereich“ und im „Personalwesen“ Beschäftigten mit Ausnahme der Auszubildenden gilt die gleitende Arbeitszeit. Die Beschäftigten können über Beginn, Mittagspause und Ende ihrer Arbeitszeit im Rahmen der nachfolgenden Richtlinien selbst entscheiden. [...]

Gleitzeit

Die tarifvertragliche Regelarbeitszeit von 38,5 Wochenstunden kann von den Beschäftigten innerhalb folgender Grenzen selbst bestimmt werden:

Arbeitsbeginn:	zwischen 08:00 und 09:30 Uhr
Mittagspause:	zwischen 12:30 und 14:00 Uhr (mindestens 30 Minuten)
Arbeitsende:	montags bis donnerstags zwischen 16:00 und 17:30 Uhr freitags zwischen 13:30 und 15:00 Uhr

Kernzeit

Die Anwesenheitspflicht der Beschäftigten erstreckt sich arbeitstäglich vormittags auf die Zeit von 09:30 bis 12:30 Uhr und montags bis donnerstags nachmittags auf die Zeit von 14:00 bis 16:00 Uhr, es sei denn, Beschäftigte erfüllen betriebliche Aufgaben außerhalb des Hauses. Die Pflicht zur Anwesenheit kann bei betrieblicher Notwendigkeit im Einzelfall beispielsweise durch Anweisung des direkten Vorgesetzten erweitert werden. Diese Zeiten werden nicht der Kernarbeitszeit zugerechnet. [...]

Elektronische Zeiterfassung

Beschäftigte, die die Regelarbeitszeit überschreiten, erhalten keine Überstundenzuschläge, sondern die geleistete Arbeitszeit in Form von Freizeit zurück. [. . .]

Arbeitsaufträge:

1. Beschreiben Sie jeweils drei Vorteile für die Einführung flexibler Arbeitszeiten aus Sicht der Beschäftigten und aus Sicht der Geschäftsleitung!

Vorteile aus Sicht der Beschäftigten

➤ ____________________

➤ ____________________

➤ ____________________

Vorteile aus Sicht der Geschäftsleitung

➤ ____________________

➤ ____________________

➤ ____________________

2. Erläutern Sie die Begriffe Gleitzeit und Kernzeit!

Gleitzeit	Kernzeit

3. In Betrieben, in denen ein Betriebsrat besteht, hat dieser im Hinblick auf die Einführung von Gleitzeit ein Mitbestimmungsrecht, vgl. § 87 Nr. 2 Betriebsverfassungsgesetz. Außerdem behält das Arbeitszeitgesetz (ArbZG) auch bei Gleitzeit seine Gültigkeit.

   Dokumentieren Sie die für Arbeitnehmer im ArbZG festgelegten Regelungen zur werktäglichen Arbeitszeit, zur Ruhepause und zur Ruhezeit!

Werktägliche Arbeitszeit
Ruhepause
Ruhezeit

4. Es gibt inzwischen eine große Auswahl an Arbeitszeitmodellen. Modelle, die sich in der Praxis häufig wiederfinden, sind Teilzeitarbeit, Funktionszeit, Vertrauensarbeitszeit und Jobsharing.

   Erläutern Sie, was unter diesen Arbeitszeitmodellen jeweils zu verstehen ist!

Teilzeitarbeit
Funktionszeit
Vertrauensarbeitszeit
Jobsharing

Schulbuch Kap. 7

11 Die Grundlagen der Entgeltabrechnung erschließen

Situation:

Olga Wegner, Abteilungsleiterin Personalwesen, fällt auf, dass der Auszubildende Leon Laus heute sichtlich schlechte Laune hat. Da sie ihn als einen eigentlich stets positiv gestimmten Menschen kennengelernt hat und sicher gehen will, dass seine Missstimmung nichts mit den Ausbildungsbedingungen zu tun hat, erkundigt sie sich bei Leon nach dem Grund.

Heinrich KG
Büromöbel und Zubehör

Leon entgegnet, dass es ihm im Grunde gut gehe, insbesondere was die Ausbildung bei der Heinrich KG angehe. Allerdings mache er sich Sorgen um seine Zukunft. Er verweist auf die Homepage einer überregionalen Tageszeitung, die er in seinen Pausen gerne besucht. Frau Wegner liest dort folgende Nachricht:

Renten-Alarm in Deutschland!

Im Jahr 2014 betrug das Verhältnis von Beitragszahlern zu Rentnern 3:1, im Jahr 2030 voraussichtlich 2:1 und im Jahr 2060 etwa 1:1.[1]

Damit wird klar:

- Immer weniger Beitragszahler müssen die laufenden Renten zahlen.
- Wenn die Beiträge nicht steigen sollen, muss das Rentenniveau weiter sinken.
- Das weiter sinkende Sicherungsniveau erfordert verstärkte betriebliche und private Altersvorsorge, damit sich der Lebensstandard im Alter nicht zu sehr verschlechtert.

„Da brauche ich doch gar nicht weiter zu schuften", meint Leon, *„das heißt doch im Grunde, dass ich in meinem zukünftigen Beruf entweder superhohe Beiträge zahlen darf – womit mir dann nichts zum Leben übrig bleibt – oder aber als Rentner am Hungertuch nagen werde. Von den Steuern mal ganz zu schweigen."*

„Nun mal langsam", entgegnet Frau Wegner. *„Zum einen steht da ja auch, dass es Möglichkeiten gibt, für das Alter vorzusorgen, und zum anderen bist du nicht der Einzige, der Beiträge zahlt. Schließlich zahlen die Unternehmen als Arbeitgeber nicht nur ebenfalls Beiträge, da sind auch noch eine Reihe weiterer Kosten, die sie fürs Personal zu tragen haben. Und nicht zuletzt wird die nachfolgende Generation dann wieder deine Rente zahlen."*

„Na hoffentlich!", seufzt Leon.

Hinweis:
Nutzen Sie zur Lösung der nachfolgenden Arbeitsaufträge die Materialien 1 bis 5.

Arbeitsaufträge:

1. Erläutern Sie, woraus sich die Personalkosten eines Unternehmens zusammensetzen!

1 Quelle: Statistisches Bundesamt, 12. Koordinierte Bevölkerungsvorausberechnung 2009, Variante 1-W2, Obergrenze der „mittleren" Bevölkerung, für 2010 Rentenversicherung in Zeitreihen Oktober 2011, S. 262

2. Bestimmen Sie mindestens fünf Faktoren, die bei der Abrechnung von Löhnen und Gehältern die Höhe der Steuerabzüge beeinflussen!

- ➤ ____________________
- ➤ ____________________
- ➤ ____________________
- ➤ ____________________
- ➤ ____________________

3. Bei der Einstufung in eine der sechs Steuerklassen sind die persönlichen Umstände des Steuerpflichtigen zu berücksichtigen. Dies sind vor allem Familienstand, gleichzeitig ausgeübte Dienstverhältnisse, Beschäftigung des Ehepartners und Zahl der Kinderfreibeträge.

   Ordnen Sie in diesem Zusammenhang die folgenden Beschreibungen der passenden Steuerklasse zu!

	Beschreibung der Steuerklasse	**Steuer-klasse**
a)	Diese Steuerklasse tritt für einen der Ehegatten an die Stelle der Steuerklasse IV, wenn der andere Ehegatte auf Antrag beider Ehegatten in die Steuerklasse III eingereiht wird.	
b)	Diese Steuerklasse gilt für verheiratete Arbeitnehmer, wenn beide Ehegatten Arbeitslohn beziehen. Sie haben dann die gleiche Steuerklasse. Diese Steuerklassenkombination geht davon aus, dass die Ehegatten gleich viel verdienen. Zudem besteht für Ehepartner die Möglichkeit, diese Steuerklassenkombination mit Faktor zu wählen. Eheleute können wählen, ob sie beide diese Steuerklasse nehmen oder sich für die Steuerklassenkombination III/V entscheiden. Die Kombination III/V ist so gestaltet, dass die Summe der Steuerabzugsbeträge für beide Ehegatten in etwa der gemeinsamen Jahressteuer entspricht, wenn der Ehegatte mit Steuerklasse III ca. 60 % und der Ehegatte mit Steuerklasse V ca. 40 % des gemeinsamen Arbeitseinkommens erzielt.	
c)	Diese Steuerklasse gilt für ledige und geschiedene Arbeitnehmer sowie für verheiratete Arbeitnehmer, deren Ehegatte im Ausland wohnt oder die von ihrem Ehegatten dauernd getrennt leben. Seit 2013 gehören auch verwitwete Arbeitnehmer in diese Steuerklasse, wenn der Ehegatte vor dem 1. Januar 2012 verstorben ist. Zudem gehören ebenso die Arbeitnehmer in diese Steuerklasse, die beschränkt einkommensteuerpflichtig sind oder in einer eingetragenen Lebenspartnerschaft leben.	
d)	Diese Steuerklasse gilt bei Arbeitnehmern, die nebeneinander von mehreren Arbeitgebern Arbeitslohn beziehen, für die Einbehaltung der Lohnsteuer vom Arbeitslohn aus dem zweiten Dienstverhältnis und gegebenenfalls weiteren Dienstverhältnissen.	
e)	Diese Steuerklasse gilt für die unter Steuerklasse I genannten Arbeitnehmer, wenn ihnen der Entlastungsbetrag für Alleinerziehende zusteht. Voraussetzung für die Gewährung des Entlastungsbetrags ist, dass der Arbeitnehmer alleinstehend ist und zu seinem Haushalt mindestens ein Kind gehört, für das ihm ein Freibetrag für Kinder oder Kindergeld zusteht und das bei ihm mit Haupt- oder Nebenwohnung gemeldet ist.	
f)	Diese Steuerklasse gilt auf Antrag für verheiratete Arbeitnehmer, wenn beide Ehegatten im Inland wohnen, nicht dauernd getrennt leben und der Ehegatte des Arbeitnehmers keinen Arbeitslohn bezieht oder Arbeitslohn bezieht und in die Steuerklasse V eingereiht wird.	

4. Der Angestellte Konrad Kleist hat einen schweren Arbeitsunfall erlitten. Dokumentieren Sie stichwortartig die Leistungen, die er von der gesetzlichen Unfallversicherung erhält!

____

____

____

____

____

____

5. Informieren Sie sich in Partnerarbeit über zusätzliche Vorsorgemöglichkeiten für das Alter, stellen Sie geeignete Informationen über eine dieser Möglichkeiten zusammen und präsentieren Sie diese danach der gesamten Lerngruppe!

Material 1: Grundlagen der Entgeltabrechnung

Arbeitgeber zahlen Angestellten ein Gehalt, Arbeitern einen Lohn und Auszubildenden eine Ausbildungsvergütung als Entgelt für die von ihnen erbrachte Arbeitsleistung. Arbeitsleistungen können auch über Gewinnbeteiligungen[1] entgolten werden. Dies kann die Bindung der Beschäftigten an „ihren" Betrieb stärken und die Bereitschaft der Beschäftigten zu hohen betrieblichen Leistungen fördern.

Möglichkeiten das Gehalt, den Lohn oder die Ausbildungsvergütung zu leisten, sind:

- *Barvergütung,*
- *Sachbezug,* der Geldwert hat, wie Verpflegungskosten oder Firmenrabatte, und
- *geldwerter Vorteil,* wie beispielsweise unentgeltliche Mahlzeiten oder die unentgeltliche Überlassung eines Firmenwagens zur privaten Nutzung.

Neben den reinen Personalkosten fallen weitere Personalkosten an:

1. Gesetzliche Personalzusatzkosten

- Beiträge zur gesetzlichen Kranken-, Pflege-, Renten- und Arbeitslosenversicherung,
- Beiträge zur gesetzlichen Unfallversicherung,
- Entgeltfortzahlung während Krankheit, Feiertagen, Mutterschutz, Mindesturlaub,
- Beiträge zu den Umlagen U1 (Krankheit), U2 (Mutterschaft) und U3 (Insolvenzgeld).

2. Tarifliche Personalzusatzkosten

- Urlaub über den gesetzlichen Mindesturlaub hinaus/ggf. Urlaubsgeld,
- Beiträge zur Vermögensbildung der Arbeitnehmer,
- Sonderzahlungen, z. B. 13. Monatsgehalt,
- Zahlungen zur betrieblichen Altersversorgung, z. B. „Riester Rente".

3. Freiwillige Personalzusatzkosten

- Fahrtkostenzuschüsse für Arbeitnehmer wie z. B. ein Jobticket,
- Fort- und Weiterbildungskosten für Arbeitnehmer,
- Familienbeihilfen für Arbeitnehmer, z. B. bei Eheschließung oder Geburt.

---

1 Eine Möglichkeit, Arbeitnehmer angemessen am Erfolg des Unternehmens zu beteiligen, ist der Investivlohn. Hier wird ein Teil des Lohns nicht direkt an die AN ausbezahlt, sondern in eine Beteiligung am Unternehmen umgewandelt. Die Befürworter des Investivlohns argumentieren, dass in den letzten Jahren die Einkommen aus Kapitalvermögen stärker gestiegen seien als die Lohneinkommen.

Material 2: Lohnsteuer, Kirchensteuer und Solidaritätszuschlag

Arbeitnehmer, die Einkünfte aus nichtselbstständiger Arbeit beziehen, sind in Deutschland lohnsteuerpflichtig.[1] Die Lohnsteuer ist eine besondere Erhebungsform (Quellensteuer) der Einkommensteuer. Schuldner der Lohnsteuer ist immer der Arbeitgeber. Die Steuerschuld entsteht in dem Zeitpunkt, in dem das Arbeitsentgelt dem Beschäftigten zufließt.

Der Arbeitgeber ist verpflichtet, die Lohnsteuer, die Kirchensteuer und den Solidaritätszuschlag bei jeder Entgeltabrechnung vom Bruttoarbeitsentgelt einzubehalten und an das zuständige Finanzamt abzuführen.

Die **Höhe des Lohnsteuerabzugs** ist abhängig von

- der **Höhe des Arbeitslohns oder des Gehalts,**
- der **Steuerklasse,**
- dem **bescheinigten steuerlichen Freibetrag,**
- dem **derzeit gültigen Steuertarif.**

Um die Lohnsteuer zu berechnen, nutzt der Arbeitgeber ELStAM-Daten[2] des Arbeitnehmers, die in einer Datenbank beim Bundeszentralamt für Steuern gespeichert sind und jederzeit vom Arbeitgeber online abgerufen werden können. Allerdings muss der Arbeitgeber dazu über die nötigen Identifikationsdaten verfügen. Dazu gehören:

- die Steuernummer der lohnsteuerlichen Betriebsstätte des Arbeitgebers,
- die Identifikationsnummer des Arbeitnehmers,
- das Geburtsdatum des Arbeitnehmers.

In der Datenbank hinterlegte Angaben sind beispielsweise die Steuerklasse, die Zahl der Kinderfreibeträge, die Religionszugehörigkeit oder ein Lohnsteuerfreibetrag.

Die Kirchensteuer bestimmt sich nach den Kirchensteuergesetzen der Bundesländer. Die Bemessungsgrundlage für die Kirchensteuer ist die Lohnsteuer. Der Steuersatz richtet sich nach dem Bundesland und der Konfession. In Bayern und Baden-Württemberg beträgt er derzeit 8 %, in allen anderen Bundesländern 9 %. Bei der Berechnung der Kirchensteuer richtet sich der Arbeitgeber nach dem in der ELStAM-Datenbank vermerkten Schlüssel für die Religionszugehörigkeit. Beispiele für Abkürzungen sind: ev = evangelisch, rk = römisch-katholisch, ak = alt-katholisch und rf = evangelisch-reformierte Kirche. Der Arbeitgeber kann aus Vereinfachungsgründen die Kirchensteuer mit dem Kirchensteuersatz abrechnen, der für den Ort der Betriebsstätte gilt. Er muss also nicht den Wohnort des Arbeitnehmers berücksichtigen. Sind bei der Veranlagung Kinder zu berücksichtigen, gilt eine Besonderheit. Es ist von einer fiktiven Lohnsteuer auszugehen, die sich unter Berücksichtigung der Freibeträge für Kinder ergibt.

Der Solidaritätszuschlag (SolZ) ist eine eigenständige Zuschlagsteuer, eine sogenannte steuerliche Ergänzungsabgabe. Er ist ursprünglich als Finanzierungshilfe für die Herstellung der deutschen Einheit gedacht gewesen. Der SolZ wird erst ab einer bestimmten Grenze erhoben, und zwar wenn die tatsächliche Jahreslohnsteuer in der Einzelveranlagung 20.350,00 € und in der gemeinsamen Veranlagung 40.700,00 € übersteigt. Wer knapp darüber liegt, zahlt einen kleinen Betrag, ehe dann der volle Prozentsatz von 5,5 % der Lohnsteuer anfällt. Dies betrifft *sehr hohe Einkommen* (oberhalb der Milderungszone). Bedingt durch die Freigrenzen zahlen etwa 90 % der Lohn- bzw. Einkommensteuerbezieher keinen SolZ.

Hat der Arbeitgeber Kinderfreibeträge als Lohnsteuerabzugsmerkmale zu berücksichtigen, ist der *etwaige* Solidaritätszuschlag wie die Kirchensteuer auch von einer fiktiven Lohnsteuer zu berechnen, die sich aus dem um die Freibeträge für Kinder vermindertem Bruttoarbeitsentgelt ergibt.

Mit dem Steuerabzug ist das Besteuerungsverfahren grundsätzlich abgeschlossen, es sei denn, dass vom Arbeitgeber ein Lohnsteuer-Jahresausgleich durchzuführen ist oder dass für den Arbeitnehmer nach Ablauf des Kalenderjahres noch eine Veranlagung zur Einkommensteuer in Betracht kommt.

1 Gesetzesgrundlagen sind u. a. das Einkommensteuergesetz, die Einkommen- und die Lohnsteuerrichtlinien.

2 **E**lektronische **L**ohn**St**euer**A**bzugs**M**erkmale werden als ELStAM bezeichnet.

Material 3: Vermögenswirksame Leistungen

Die Vermögensbildung durch Arbeitnehmer wird auf zwei parallelen Wegen gefördert:

- Anlage in Beteiligungen,
- Anlage in „anderen Anlageformen".

Die Anlage in „anderen Anlageformen" entspricht im Wesentlichen der Wohnungsbauförderung. Anlagen zum Bau, Kauf oder zur Erweiterung von Häusern und Wohnungen, zum Grundstückskauf und zur Ablösung von Darlehen werden bis zum Förderhöchstbetrag von 470,00 Euro (Verheiratete 940,00 Euro) jährlich mit einer Arbeitnehmer-Sparzulage von höchstens 9 % = 43,00 Euro (Verheiratete 86,00 Euro) gefördert.

Die Anlage Beteiligungen umfasst Wertpapiersparverträge zum späteren Erwerb von Aktien, Investmentfondsanteile usw., Aufwendungen für den Wertpapierkauf, Aufwendungen für Beteiligungen an Unternehmen.[1] Der Förderhöchstbetrag liegt bei 400,00 Euro jährlich; darauf wird eine Sparzulage von 20 %, also höchstens 80,00 Euro geleistet.

Die Einkommensgrenzen für beide Anlageformen liegen bei 40.000,00 Euro für Alleinstehende und bei 80.000,00 Euro für Zusammenveranlagte. Maßgeblich ist das zu versteuernde Einkommen.

Die vermögenswirksame Leistung ist Bestandteil des Bruttoarbeitsentgelts, sofern sie vom Arbeitgeber gewährt wird. Sie ist damit steuer- und sozialversicherungspflichtig. Der Betrag, den der Arbeitnehmer vermögenswirksam spart, wird vom Nettoentgelt abgezogen und an die ausgewählte Institution (Bausparkasse, Kreditinstitut) weitergeleitet. Bis dahin stellt er eine Verbindlichkeit dar.

Material 4: System der sozialen Sicherung in Deutschland – Überblick

In seiner bisherigen Form lässt sich das System der sozialen Sicherung in Deutschland im Hinblick auf den gesellschaftlichen Wandel nicht mehr aufrechterhalten, ohne die Bürger durch immer höhere Abgaben oder Kürzungen von Leistungen zu belasten. Für Auszubildende (Berufsstarter) ist es deshalb heute wichtig nach ihrer ersten beruflichen Orientierung auch Verantwortung für die eigene soziale Absicherung und Altersvorsorge zu übernehmen. Nur wer persönlich vorsorgt, ist für das Alter oder den Notfall gut abgesichert.

Gesetzliche Sozialversicherung

Die gesetzliche Sozialversicherung umfasst heute fünf Zweige, die *Kranken-,* die *Pflege-,* die *Renten-,* die *Arbeitslosen-* und die *Unfallversicherung.* Der Gesetzgeber legt die Leistungen der jeweiligen Zweige fest, um vor allem die abhängig Beschäftigten (Arbeiter, Angestellte und Auszubildende) gegen existenzielle Risiken wie etwa Krankheit, Pflegebedürftigkeit, Alter, Arbeitslosigkeit und Arbeitsunfall mit einer „Grundversorgung" abzusichern, bei Tod eines Versicherten auch die Hinterbliebenen. Der genannte Personenkreis ist in der gesetzlichen Sozialversicherung größtenteils *pflichtversichert.* Die Beiträge zur gesetzlichen Kranken-, Pflege-, Renten- und Arbeitslosenversicherung werden nach dem Solidarprinzip ermittelt. Das bedeutet, die Beschäftigten müssen bis zu einer bestimmten Einkommenshöhe *(Beitragsbemessungsgrenze)* Beiträge zu diesen Zweigen der Sozialversicherung zahlen. Es gibt zwei unterschiedliche Beitragsbemessungsgrenzen: Eine niedrigere für die Kranken- und Pflegeversicherung sowie eine höhere für die Renten- und Arbeitslosenversicherung. Für das Einkommen oberhalb dieser Grenzen werden keine Beiträge fällig. Für die Kranken- und Pflegeversicherung ist eine Befreiung von der Versicherungspflicht möglich, wenn das im Vorjahr erzielte Einkommen des Beschäftigten die aktuelle Beitragsbemessungsgrenze für die Kranken- und Pflegeversicherung übersteigt.

1 Dies gilt auch für Beteiligungen an Unternehmen des Arbeitgebers.

Steigt das Durchschnittseinkommen in Deutschland passt der Gesetzgeber den *Beitragssatz* und die Beitragsbemessungsgrenzen entsprechend an. Grundlage für die Anpassung ist die Entwicklung der Löhne und Gehälter im Vorjahr.

Der Versicherungsschutz der gesetzlichen Unfallversicherung erfasst alle abhängig Beschäftigten. Die Beiträge muss der Arbeitgeber zahlen. Bei der Beitragsberechnung wird insbesondere auch das Ausmaß der Gefährdung durch eine Einstufung in Gefahrklassen berücksichtigt.

Private Individualversicherung

Die gesetzliche Sozialversicherung kann durch eine private Individualversicherung ergänzt oder in einigen Fällen auch ersetzt werden. Jeder entscheidet selbst darüber, gegen welche Risiken er sich durch eine private Versicherung zusätzlich absichern möchte. Die Beitragshöhe richtet sich nach dem versicherten Risiko *(Äquivalenzprinzip).* Dabei zahlen alle Versicherten die gleichen Beiträge für das gleiche Risiko. Es gilt: Je höher das Risiko, desto höher sind die Beiträge (Prämie).

Material 5: Rechengrößen in der gesetzlichen Sozialversicherung 2026

2026 beträgt die Jahresarbeitsentgeltgrenze (auch Versicherungspflichtgrenze genannt) für Angestellte in der Kranken- und Pflegeversicherung 6.450,00 € je Monat/77.400,00 € im Jahr (bundeseinheitlicher Wert).

SV Beitragsbemessungsgrenzen

Kranken-/Pflegeversicherung	Renten-/Arbeitslosenversicherung
69.750,00 € pro Jahr 5.812,50 € pro Monat	101.400,00 € pro Jahr 8.450,00 € pro Monat

Beitragssätze

Krankenversicherung: 14,60 % + Zusatzbeitragssatz[1] (Ø 2,90 %)

- Arbeitgeber-Anteil zur KV 7,30 % + Hälfte des Zusatzbeitragssatzes
- Arbeitnehmer-Anteil zur KV 7,30 % + Hälfte des Zusatzbeitragssatzes

Pflegeversicherung: 3,60 % (regulärer Beitragssatz)[2]

Bei **kinderlosen** Versicherten gilt ein Beitragssatz in Höhe von insgesamt 4,20 % (AG-Beitrag 1,80 %). Ausgenommen sind Personen, die das 23. Lebensjahr noch nicht vollendet haben.

Bei Mitgliedern mit einem Kind gilt ein Beitragssatz von insgesamt 3,60 %, wobei sich AN und AG den Beitrag teilen. Ab zwei Kindern wird der AN-Beitrag während der Erziehungsphase bis zum 25. Lebensjahr um 0,25 Beitragssatzpunkte je Kind bis zum fünften Kind weiter abgesenkt. Die **Abschläge** gelten, solange alle jeweils zu berücksichtigenden Kinder unter 25 Jahre alt sind. Bei Mitgliedern mit mehreren Kindern gilt nach der Erziehungszeit wieder der **reguläre Beitragssatz** in Höhe von 3,60 %.

Es gelten somit folgende Beitragssätze (Stand: Januar 2026):

Versicherte ohne Kinder	4,20 % (Arbeitnehmer-Anteil: 2,40 %)	Der Arbeitgeber-Anteil beträgt immer 1,80 %.
Versicherte mit 1 Kind	3,60 %* (Arbeitnehmer-Anteil: 1,80 %)	
Versicherte mit 2 Kindern	3,35 % (Arbeitnehmer-Anteil: 1,55 %)	
Versicherte mit 3 Kindern	3,10 % (Arbeitnehmer-Anteil: 1,30 %)	
Versicherte mit 4 Kindern	2,85 % (Arbeitnehmer-Anteil: 1,05 %)	
Versicherte mit 5 und mehr Kindern	2,60 % (Arbeitnehmer-Anteil: 0,80 %)	

* regulärer Beitragssatz, der auch von den Versicherten mit mehreren Kindern nach der Erziehungszeit gezahlt wird

1 Der durchschnittliche Zusatzbeitragssatz beträgt 2,90 % Quelle: www.lohn-info.de/sozialversicherungsbeitraege2026.html (Januar 2026).

2 Die Werte gelten für alle Bundesländer außer Sachsen. Dort zahlen Arbeitnehmer einen höheren Anteil als der Arbeitgeber.

Rentenversicherung: 18,60 %

Der Beitragssatz in der Rentenversicherung ist vom Arbeitgeber und Arbeitnehmer jeweils zur Hälfte zu bezahlen.

Arbeitslosenversicherung: 2,60 %

Der Beitragssatz in der Arbeitslosenversicherung ist vom Arbeitgeber und Arbeitnehmer jeweils zur Hälfte zu finanzieren.

Unfallversicherung

Den Beitragssatz für die Berufsgenossenschaften muss der Arbeitgeber allein aufbringen. Die Höhe richtet sich nach der Unfallgefahr und der Lohnsumme im Unternehmen.

Umlagen: U1, U2 und U3

Die Beitragssätze für die Umlagen U1 (Krankheit) und U2 (Mutterschaft) werden von den Krankenkassen individuell festgelegt. Der Arbeitgeber ist entweder zu beiden Verfahren teilnahmepflichtig oder nur zum U2 Verfahren, da die Umlagepflicht zur U1 von der Anzahl der Arbeitnehmer abhängt. Für das Jahr 2026 beträgt der Beitragssatz für die Umlage U3 (Insolvenzgeld) 0,06 %. Basis für diese Umlage ist das rentenversicherungspflichtige Entgelt der Beschäftigten.

Die Finanzierung der Umlagen erfolgt allein durch den Arbeitgeber. Die Beiträge müssen vom Arbeitgeber zusammen mit den gesamten Beiträgen zur Kranken-, Pflege-, Renten- und Arbeitslosenversicherung spätestens am drittletzten Bankarbeitstag des aktuellen Monats an die Einzugsstelle der zuständigen Krankenkasse abgeführt werden. Die Krankenkasse leitet die Beiträge, die nicht für sie bestimmt sind, an die gesetzliche Rentenversicherung und die Arbeitslosenversicherung weiter. Für Arbeitgeber besteht die gesetzliche Verpflichtung, die Erstattungsanträge mit systemgeprüften Programmen zu erstellen und an die Krankenkassen elektronisch zu übermitteln.

Schulbuch Kap. 7.2

12 Entgelte leistungsorientiert abrechnen

Situation:

Heinrich KG
Büromöbel und Zubehör

Die Heinrich KG stellt zum 1. Oktober 20.. Sören Schmitz als neuen Mitarbeiter in der Fertigung ein. Nachdem ihn Dieter Petersen, Gruppenleiter Fertigung, im Betrieb herumgeführt und den Mitgliedern der Arbeitsgruppe vorgestellt hat, beginnt Herr Schmitz damit, sich in den Aufgabenbereich als Arbeiter an einer Stanzmaschine einzuarbeiten.

Für Oktober 20.. erhält Herr Schmitz Zeitlohn in Höhe von 2.600,00 €. Nach dieser Zeit der Übung und ausreichenden Einarbeitung arbeitet er ab November 20.. im Zeitakkord.

Arbeitsaufträge:

Hinweis:
Nutzen Sie zur Bearbeitung der folgenden Arbeitsaufträge den Text „Lohnformen" (Material 1) und befragen Sie ggf. das Schulbuch!

1. Geben Sie nachvollziehbare Gründe dafür an, die Arbeit an einer Stanzmaschine nach Akkord zu entlohnen!

2. Geben Sie zwei mögliche Nachteile des Akkordlohns für Sören Schmitz an!

   ➤

   ➤

3. Geben Sie zwei mögliche Vorteile des Akkordlohns für Sören Schmitz an!

   ➤

   ➤

4. Nennen Sie die zwei Berechnungsarten, die für den Akkordlohn möglich sind!

   ➤

   ➤

5. Erläutern Sie, wie sichergestellt wird, dass der Verdienst von Sören Schmitz nicht zu gering wird, wenn er die Zeitvorgaben unverschuldet überschreitet!

6. Grenzen Sie den Akkordlohn vom Prämienlohn ab!

7. Nennen Sie drei Lohnformen, die sich für die Fließbandfertigung eignen!

-
-
-

8. Berechnen Sie den Bruttolohn des Arbeiters Sören Schmitz für November 20... Es gelten folgende Angaben: Grundlohn 2.600,00 €, Normalleistung 15 Werkstücke je Stunde, für den „Normalmonat" November sind 160 Arbeitsstunden festgelegt, Sören Schmitz fertigte im November insgesamt 2.640 Werkstücke!

Material 1: Lohnformen

Zeitlohn

Der Zeitlohn ist ein für eine bestimmte Zeiteinheit festgelegtes Arbeitsentgelt. Der Arbeitnehmer erhält hier kein Gehalt, das unabhängig davon ausbezahlt wird, wie viele Stunden er effektiv gearbeitet hat, sondern sein Lohn wird nach der tatsächlich geleisteten Arbeitszeit berechnet. Zeitlohn wird dort gewählt, wo es nicht auf eine schnelle Erledigung der Arbeit ankommt, sondern primär die Qualität eine Rolle spielt.

Beispiele sind der Kundenservice oder Arbeiten, bei denen spezielle Vorsichtsmaßnahmen einzuhalten sind. Im Regelfall besteht kein unmittelbarer Zusammenhang zwischen Lohnhöhe und erbrachter Arbeitsleistung. Im Allgemeinen wird die Arbeitsleistung aber an einer zu erbringenden Normalleistung gemessen.

Es gilt: Zeitlohn = Lohnsatz pro Zeiteinheit · Anzahl abgeleisteter Zeiteinheiten

Korrigierter Zeitlohn

Der korrigierte Zeitlohn ist eine Leistungslohnform. Hier wird der Zeitlohn durch übertarifliche Zuschläge attraktiver gestaltet. Nach einem einheitlichen Beurteilungsraster werden für alle Zeitlohnempfänger z. B. Punkte für Arbeitsqualität, Arbeitsquantität, Arbeitssorgfalt, Arbeitseinsatz und Arbeitssicherheit vergeben. Pro Punkt steigt dann – wenn auch nur sehr gering – das Einkommen des Mitarbeiters. Die Beurteilungen werden in einem bestimmten Zeitraum wiederholt.

Akkordlohn

Der Akkordlohn ist ebenso eine Form des Leistungslohns. Er liegt vor, wenn der Lohn nach dem erzielten Arbeitsergebnis oder nach der besonderen Leistung des Arbeitnehmers bemessen wird. Hier wird für jede Leistungseinheit ein Lohnbetrag vereinbart, wobei die Höhe des Lohnes und die Ausbringungsmenge in einem funktionalen Zusammenhang stehen. Bei der Akkordlohnberechnung kommen zwei Varianten zur Anwendung. Für die Arbeitskraft macht es keinen Unterschied, welche Variante gewählt wird, da sie beide zum gleichen Arbeitsentgelt führen.

Es gilt: Akkordrichtsatz = Mindestlohn + Akkordzuschlag

Der Akkordrichtsatz ist der Lohn einer bei Normalleistung[1] arbeitenden Arbeitskraft. In der Regel liegt der Akkordzuschlag meist zwischen 15 % und 25 %. Er ist für gewöhnlich tariflich festgelegt.

Variante A: Geldakkord (Stückgeldakkord)

Stückgeld (Stückakkordsatz): $$\frac{\text{Akkordrichtsatz (in Euro pro Stunde)}}{\text{Normalleistung pro Stunde}}$$

Bruttostundenlohn: Stückgeld (Stückakkordsatz) · Stückzahl (Istleistung pro Stunde)

Variante B: Zeitakkord (Stückzeitakkord)

Vorgabezeit (Zeitakkordsatz): $$\frac{\text{60 Minuten}}{\text{Normalleistung pro Stunde}}$$

Minutenfaktor: $$\frac{\text{Akkordrichtsatz (in Euro pro Stunde)}}{60}$$

Bruttostundenlohn: Minutenfaktor · Vorgabezeit · Stückzahl (Istleistung pro Stunde)

Der Stückzeitakkord hat den Vorteil, dass bei Tarifänderungen die Vorgabezeiten unverändert bleiben und nur der Minutenfaktor angepasst werden muss.

Hinweis:

Die Anwendbarkeit der Akkordentlohnung ist an folgende Voraussetzungen gebunden:

- Die Arbeitskraft muss die Leistungsmenge unmittelbar beeinflussen können.
- Der Ablauf der Arbeit ist bekannt, gleichartig und regelmäßig wiederkehrend. Die Arbeitszeit und die Arbeitsergebnisse sind leicht und genau messbar.
- Der Arbeitsablauf darf keine Mängel aufweisen und muss nach entsprechender Übung und Einarbeitungszeit sicher beherrschbar sein.

Soweit Monatslohn bezahlt wird, sind weder Geld- noch Zeitakkord in der dargestellten Form anwendbar, weil die Zahl der Arbeitsstunden von Monat zu Monat schwankt. Die Umrechnung des Monatslohns auf die wechselnden Monatsarbeitsstunden würde zu schwankenden Stücklöhnen bzw. Minutenfaktoren führen.

1 Normalleistung ist diejenige Leistung, die von ausreichend geeigneten Arbeitnehmern bei voller Übung und ausreichender Einarbeitung ohne Gesundheitsschädigung auf die Dauer erreicht und erwartet werden kann.

Akkordlohnberechnung in der Praxis

Seit Einführung der Monatslöhne hat die Praxis zahlreiche betriebsindividuelle Modelle der Akkordlohnberechnung entwickelt. Diese Modelle sind prinzipiell wie folgt aufgebaut:

Beispiel:

Herr Grube hat einen Grundlohn von 2.500,00 €, der auch bei Minderleistung bezahlt wird.

Die Vorgabezeit je Werkstück beträgt 15 Minuten. Da die monatlichen Arbeitsstunden aufgrund von Feiertagen, unterschiedlicher Anzahl der Arbeitstage usw. schwanken, ist eine Anpassung des Leistungszuschlags an die schwankende Normalleistung des Monats erforderlich. Dies geschieht über *Umrechnungsfaktoren.* Durch die Vorgabe von monatlichen Sollstunden wird (auch) die *Normalleistung* festgelegt.

Wird ein „normaler Monat" mit 160 Arbeitsstunden festgelegt, bedeutet das, dass von einer Normalleistung von 640 Stück im Monat auszugehen ist. Dies entspricht einer Normalleistung von 4 Stück je Stunde. Herr Grube fertigt im „normalen Monat" Juli insgesamt 736 Werkstücke. Er erbringt damit eine Mehrleistung von 15 %, was einem Faktor von 0,15 entspricht. Der Monat August hat aufgrund der Betriebsferien insgesamt nur 80 Arbeitsstunden. Damit beträgt die Normalleistung 320 Werkstücke. Herr Grube fertigt im Monat August wiederum 15 % mehr, also 368 Werkstücke.

Für die Berechnung des Bruttolohns für die Monate Juli und August gilt:

$$\text{Monatslohn} = \text{Grundlohn} + \text{Grundlohn} \cdot \text{Mehrleistung in \%} \cdot \text{Umrechnungsfaktor}$$

$$\text{Umrechnungsfaktor} = \frac{\text{Arbeitsstunden des jeweiligen Monats}}{\text{Arbeitsstunden des Normalmonats}}$$

Der Bruttolohn für Herrn Grube beträgt

im Juli:	2.500,00 € + 2.500,00 € · 0,15 · 1	= 2.875,00 €
im August:	2.500,00 € + 2.500,00 € · 0,15 · 0,5	= 2.687,50 €

Gruppenakkord

Beim Gruppenakkord besteht eine Lohnvereinbarung mit einer Arbeitsgruppe. Der gemeinsam verdiente Akkordlohn wird unter den einzelnen Mitgliedern der Arbeitsgruppe aufgeteilt. Hierbei ist eine gleichmäßige Verteilung, eine Verteilung nach Altersstufen, eine Verteilung nach Lohngruppen oder auch eine Verteilung mithilfe eines Leistungsfaktors, der vom Leiter der Arbeitsgruppe (Akkordführer) festgelegt wird, denkbar.

Das *Zahlpunktsystem* ist eine Form des Gruppenakkords, das bei der Fließfertigung angewandt wird. Der Zahlpunkt ist in diesem Fall das Ende des Fließbandes, an dem die fertigen Stücke abgenommen werden. Ein Einzelakkord ist nicht anwendbar, weil der einzelnen Arbeitskraft das Arbeitstempo durch das Fließband aufgezwungen wird.

Prämienlohn

Der Prämienlohn setzt sich aus dem Grundlohn (Zeitlohn) und aus einer leistungsabhängigen Sondervergütung (Prämie) zusammen. Denkbar sind sowohl qualitative als auch quantitative Prämien. Qualitative Prämien werden beispielsweise für weniger Ausschuss, für die Vermeidung von Arbeitsunfällen, für einen geringeren Materialverbrauch, für Energieeinsparung oder für die Einhaltung von Lieferterminen gewährt. Ein Beispiel für die Gewährung einer quantitativen Prämie ist die Unterschreitung der Vorgabezeit, da hier die mengenmäßige Ausbringung (Arbeitsleistung) erhöht wird.

Hinweis:

- Der Prämienlohn kann sich aus der Kombination mehrerer Prämien zusammensetzen.
- Die Festlegung der Prämienkonditionen unterliegt dem Mitbestimmungsrecht des Betriebsrats, sofern keine tarifliche Regelung besteht.
- Die Prämie kann bei zunehmender „Mehrleistung" gleich, schneller oder auch langsamer wachsen – proportionale, progressive und degressive Prämienkurven.

Mitarbeiterbeteiligung

Wenn Mitarbeiter am Erfolg und/oder am Kapital eines Unternehmens beteiligt werden, spricht man von Mitarbeiterbeteiligung. Die Absichten, die damit verbunden werden, sind beispielsweise:

- stärkere Identifikation der Mitarbeiter mit dem Unternehmen
- höhere Motivation der Mitarbeiter
- mehr Kundenorientierung der Mitarbeiter
- Schaffung von Leistungsanreizen für die Mitarbeiter
- Erhöhung der Arbeitszufriedenheit der Mitarbeiter
- Gewinnung von Arbeitskräften
- Verbesserung der Unternehmensliquidität
- Erhöhung der Eigenkapitalquote
- Finanzierung von Investitionen
- Nutzung von Wachstumschancen

Trotz der positiven Effekte, die eine Mitarbeiterbeteiligung mit sich bringen kann, ist ihr Verbreitungsgrad in Deutschland noch immer begrenzt. Dies gilt speziell für eine Mitarbeiterbeteiligung am Kapital!

Eine besondere Spielart dieser seltenen Lohnform ist der Investivlohn. Dieser wird oftmals in jungen Unternehmen angetroffen. Beim Investivlohn verbleibt ein Teil des Lohns im Unternehmen, welcher zur Innenfinanzierung genutzt wird.

Schulbuch Kap. 7.3

13 Entgelte unter Berücksichtigung der Beitragsbemessungsgrenzen abrechnen

Situation:

Heinrich KG
Büromöbel und Zubehör

Bei der Heinrich KG werden die monatlichen Entgeltabrechnungen mit einem zertifizierten Lohnprogramm vorgenommen. Damit Leon Laus sich mit den Besonderheiten der Lohn- und Gehaltsabrechnung intensiver auseinandersetzt, beauftragt ihn die Abteilungsleiterin Olga Wegner, einige Abrechnungen nachzuvollziehen und zu prüfen.

Frau Wegner weist Leon in diesem Kontext noch einmal deutlich auf die sensiblen Daten in der Personalabteilung hin und erinnert ihn an seine Schweigepflicht.

Zur Übung soll Leon danach die Gehaltsabrechnung für die neue Abteilungsleiterin im Einkauf – Frau Beate Gröne – manuell vornehmen. In diesem Zusammenhang sind auch die Effekte der Beitragsbemessungsgrenzen auf den monatlichen Nettolohn zu berücksichtigen.

Arbeitsaufträge:

1. Erstellen Sie für den Monat Juli 2026 die entsprechende Gehaltsabrechnung! Nutzen Sie dazu die Materialien 1, 2 und 3.

Material 1: Heinrich KG – Personalstammblatt –

Personalnummer	309684
Name, Vorname	Gröne, Beate
Geburtsdatum	05-09-1985
Familienstand	geschieden
Straße	Alsterberg 7
PLZ/Ort	22335 Hamburg
Telefon	040 202280
Fax	040 202288
E-Mail	b.groene@t-online.de
Eintrittsdatum	01-10-2009
Abteilung	Einkauf
Funktion	Abteilungsleiterin
BG-Gefahrenklasse	0,7
Gehalt – außertariflich –	5.850,00 €
Finanzamt - Finanzamt Nr.	Hamburg Nord - 2226
Steuerklasse	zwei
Kinderfreibetrag	1
Anzahl Kinder	1 (unter 25 Jahre alt)
Steuerfreibetrag/Jahr	1.500,00 €
Religion AN/Ehegatte	--/--
Krankenkasse Beitragssatz	DAK Hamburg Elterneigenschaft nachgewiesen! 14,60 % + Zuschlag von 2,90 %
SV-Schlüssel	1-1-1-1
SV-Nummer	53 050980 G 527
Tätigkeitsschlüssel	611944411
Wochenarbeitszeit	38,5 Stunden
Urlaubsanspruch	30 Tage
Gehaltskonto	Hamburger Sparkasse
BIC	HASPDEHHXXX
IBAN	DE89 2005 0550 0011 7766 55
AG-Anteil vL	30,00 €
AN-Sparbetrag vL	40,00 €
Zahlungsempfänger vL	LBS Bausparkasse
BIC	NOLADE21KIE
IBAN	DE52 2105 0170 0000 1179 52

Material 2: Beitragssätze zur Sozialversicherung

KV-AG	8,75 %
KV-AN	8,75 %
PV-AG	1,80 %
PV-AN ohne Kind	2,40 %
PV-AN mit 1 Kind	1,80 %
PV-AN mit 2 Kindern	1,55 %
PV-AN mit 3 Kindern	1,30 %
PV-AN mit 4 Kindern	1,05 %
PV-AN mit 5 Kindern und mehr	0,80 %
PV-AN mit Kindern, die über 25 Jahre alt sind	1,80 %
RV-AG	9,30 %
RV-AN	9,30 %
AV-AG	1,30 %
AV-AN	1,30 %

Material 3: Vorlage „Gehaltsabrechnung"

Gehaltsabrechnung			
Personal-Nr.:			
Name: Vorname: Zeitraum:	Steuerklasse: Kinderfreibetrag: Konfession:		
Gesamtstunden: Stundenlohn:	Normalstunden: Mehrarbeitstunden:		
Bruttoentgelt:			
Sonderzahlungen:			
Urlaubsentgelt:			
Urlaubsgeld:			
Zuschuss Arbeitgeber vL:			
Gesamt Brutto:			
Steuerfreibetrag (monatlich):			KV und PV | RV und AV
Steuerpflichtiges Entgelt:			
Sozialversicherungspflichtiges Entgelt:			
Lohnsteuer:	lt. LSt-Rechner:	1.031,75 €	
Kirchensteuer:			Abzüge Finanzbehörde
Solidaritätszuschlag:	lt. LSt-Rechner:	0,00 €	
Krankenversicherung:	AN-Anteil SV		
Pflegeversicherung:			
Rentenversicherung:			Abzüge Sozialversicherung
Arbeitslosenversicherung:			
Abzüge gesamt:			
Nettoentgelt:			
– vL Sparbetrag:			
– Vorschuss:			
Auszahlungsbetrag:			

2. Erläutern Sie, was eine Anhebung der Beitragsbemessungsgrenzen in der gesetzlichen Sozialversicherung für Beate Gröne und die Heinrich KG bedeutet!

Schulbuch Kap. 7.3

14 Entgeltabrechnungen mit Excel durchführen

Situation:

Der Auszubildende Peter Prior wird in der Lohnbuchhaltung der Heinrich KG zum Thema Lohnabrechnungen geschult. Heute sollen die „Effekte“ der Beitragsbemessungsgrenzen auf den monatlichen Nettolohn besprochen und zudem die Excel-Kenntnisse weiter vertieft werden. Zur Übung steht Peter das nachfolgende Tabellenblatt, das die voraussichtlichen Lohnabrechnungsdaten der im Lager beschäftigten Mitarbeiter für Juli 2026 enthält, zur Verfügung.

Heinrich KG
Büromöbel und Zubehör

P. Nr.	Name	Vorname	Geburtsdatum	Krankenkasse	Bruttoentgelt	VL-Zuschuss AG	VL-Gesamtbetrag	Kinder	Gesetzliche Abzüge								Überweisungsbetrag
									Steuern				Sozialversicherung				
									Klasse	LSt	SolZ	KiSt	KV	RV	AV	PV	
1	Sand	Vanessa	08.04.93	AOK	2.800,00	20,00	50,00	1	IV	303,00 €	0,00 €	27,27 €					
2	Ebbert	Simone	24.08.91	AOK	3.300,00	20,00	40,00	0	I	332,00 €	0,00 €	29,88 €					
3	Jovanovic	Louisa	19.06.91	DAK	4.500,00	20,00	40,00	3	III	452,00 €	0,00 €	40,68 €					
4	Bauer	Berta	29.04.91	DAK	2.840,00	20,00	50,00	1	III	293,00 €	0,00 €	26,37 €					
5	Adler	Günay	13.04.82	DAK	2.678,00	20,00	40,00	0	IV	291,00 €	0,00 €	26,19 €					
6	Frenzel	Sabrina	30.12.88	DAK	2.890,00	20,00	40,00	0	IV	291,00 €	0,00 €	26,19 €					
7	May	Deniz	07.07.88	AOK	2.780,00	20,00	40,00	0	III	280,00 €	0,00 €	25,20 €					
8	Wüllner	Maria	19.06.87	AOK	3.100,00	20,00	40,00	0	III	312,00 €	0,00 €	28,08 €					
9	Meier	Patrick	25.04.68	AOK	3.800,00	20,00	50,00	1	I	382,00 €	0,00 €	34,38 €					
10	Wüllner	Jessica	05.08.80	AOK	2.990,00	20,00	40,00	0	V	301,00 €	0,00 €	27,09 €					
11	Koppers	Katharina	23.05.82	AOK	2.546,00	20,00	40,00	0	I	291,00 €	0,00 €	26,19 €					
12	Yildiz	Fahri	25.08.79	DAK	2.670,00	20,00	40,00	2	I	291,00 €	0,00 €	26,19 €					
13	Trettin	Jörg	01.01.77	DAK	3.245,00	20,00	40,00	2	III	326,50 €	0,00 €	29,39 €					
14	Fichte	Ralf	03.03.63	DAK	3.420,00	20,00	40,00	1	III	344,00 €	0,00 €	30,96 €					
15	Lange	Niklas	02.09.74	DAK	3.450,00	20,00	40,00	0	V	347,00 €	0,00 €	31,23 €					
16	Kabisch	Andre	16.09.73	KKH	3.900,00	20,00	40,00	0	I	392,00 €	0,00 €	35,28 €					
17	Karau	Jana	26.09.72	KKH	4.100,00	20,00	40,00	1	I	412,00 €	0,00 €	37,08 €					
18	Tweer	Heinrich	07.05.72	KKH	6.500,00	20,00	50,00	0	V	1.108,40 €	0,00 €	99,76 €					
19	Hro	Hakimo	06.01.68	AOK	2.640,00	20,00	40,00	0	IV	272,00 €	0,00 €	24,48 €					
20	Cavani	Cango	05.01.97	AOK	3.804,00	20,00	40,00	2	II	382,40 €	0,00 €	34,42 €					
21	Schröder	Tobias	27.06.63	AOK	3.860,00	20,00	40,00	0	I	388,00 €	0,00 €	34,92 €					
22	Schwarz	Sweer	21.04.82	KKH	3.100,00	20,00	50,00	0	II	312,00 €	0,00 €	28,08 €					
23	Meister	Axel	20.09.62	KKH	2.500,00	20,00	40,00	0	IV	285,00 €	0,00 €	25,65 €					
24	Berger	Hubert	14.11.86	KKH	2.670,00	20,00	40,00	3	IV	288,00 €	0,00 €	25,92 €					
25	Kabel	Dennis	18.12.55	AOK	3.010,00	20,00	40,00	1	I	303,00 €	0,00 €	27,27 €					
26	Schnaus	René	05.12.88	DAK	3.100,00	20,00	40,00	0	III	312,00 €	0,00 €	28,08 €					

	KV	RV	AV	PV	
AOK					
DAK					
KKH					

Hinweis:
Alle Beschäftigten ohne Kinder sind kinderlos und über 22 Jahre!
Bei mehreren aufgeführten Kindern ist der Abzug von 0,25 % ab dem 2. Kind bis max. 5 Kind zu gewähren.
Die Anspruchsberechtigung (Kind ist jeweils unter 25 J.) ist vorhanden.

Arbeitsaufträge:

1. Öffnen Sie eine neue Excel-Arbeitsmappe und übernehmen Sie in ein Tabellenblatt mit dem Namen „Lohn-LG-2026“ positionsgerecht alle Werte und Formatierungen des oben stehenden Blattes. Speichern Sie die Datei unter „Abrechnungsdaten-LG-2026“. Erfassen Sie in einem zweiten Tabellenblatt, dem Sie den Namen „BS-BBG-AN“ geben, positionsgerecht folgende Informationen:

	A	B
1	**Beitragssätze für Arbeitnehmer:innen:**	
2	Krankenversicherung (KV)	7,30%
3	Individueller Kassenbeitrag der Arbeitnehmer:innen zur KV	1,45%
4	Rentenversicherung (RV)	9,30%
5	Arbeitslosenversicherung (AV)	1,30%
6		
7	**Beitragsbemessungsgrenzen:**	
8	Renten- und Arbeitslosenversicherung	8.450,00 €
9	Kranken- und Pflegeversicherung	5.812,50 €

D	E	F
Pflegeversicherung (PV)	Anzahl Kinder	Beitragssatz
PV ohne Kind	0	2,40%
PV mit 1 Kind	1	1,80%
PV mit 2 Kindern	2	1,55%
PV mit 3 Kindern	3	1,30%
PV mit 4 Kindern	4	1,05%
PV mit 5 Kindern	5	0,80%
PV ab 6 Kindern	ab 6	0,80%

2. Fügen Sie in das Tabellenblatt „Lohn-LG-2026“ nach der Spalte „VL-Zuschuss-AG“ eine neue Spalte ein. Berechnen Sie in dieser Spalte für alle Beschäftigten das gesamte Bruttoentgelt inklusive „VL-Zuschuss-AG“ und benennen Sie diese Spalte.

3. Gestalten Sie die folgenden Funktionen so, dass eine Veränderung des Beitragssatzes und/oder der Beitragsbemessungsgrenze „automatisch" zu einer Veränderung bei der Berechnung des Beitrags in der Tabelle führt.
   - Ermitteln Sie in der Spalte „KV" den jeweiligen Beitrag zur Krankenversicherung für die Beschäftigten mit einer kopierbaren „WENN-Funktion".
   - Ermitteln Sie in der Spalte „RV" den jeweiligen Beitrag zur Rentenversicherung für die Beschäftigten mit einer kopierbaren „WENN-Funktion".
   - Ermitteln Sie in der Spalte „AV" den jeweiligen Beitrag zur Arbeitslosenversicherung für die Beschäftigten mit einer kopierbaren „WENN-Funktion".
   - Ermitteln Sie in der Spalte „PV" den jeweiligen Beitrag zur Pflegeversicherung für die Beschäftigten mit einer verschachtelten, kopierbaren „WENN-Funktion" in Kombination mit dem SVERWEIS.
4. Ermitteln Sie in der Spalte „Überweisungsbetrag" die jeweiligen Überweisungsbeträge.
5. Berechnen Sie in einer neuen Zeile mit einer geeigneten Funktion jeweils die Summe der Beträge. Benennen Sie die neue Zeile mit dem Namen „Summe".
6. Sortieren Sie die Zeilen der Tabelle aufsteigend nach den Krankenkassen.
7. Grenzen Sie innerhalb der Tabelle die jeweils letzte Zeile für eine Krankenkasse optisch mit einer einfachen Rahmenlinie ab.
8. Formulieren Sie für die gesamte Tabelle eine sinnvolle Überschrift und zentrieren Sie diese über der Tabelle mit einer Leerzeile Abstand zur Tabelle.
9. Bestimmen Sie anschließend im Zellbereich B34:E36 für jede Krankenkasse die Summe der Anteile der Beschäftigten zu den vier Sozialversicherungszweigen. Nutzen Sie zur Ermittlung die SUMMEWENN-Funktion.
10. Summieren Sie dann im Zellbereich F34:F36 für jede Krankenkasse die gesamten Beiträge zur Sozialversicherung der Beschäftigten.
11. Gestalten Sie die Übersicht für die einzelnen Krankenkassen mit Rahmenlinien.
12. Formatieren Sie abschließend alle €-Werte mit dem 1.000er-Trennzeichen und zwei Nachkommastellen.

15 Entgelte unter Berücksichtigung geldwerter Vorteile abrechnen

Schulbuch Kap. 7.3

Situation:

Heinrich KG
Büromöbel und Zubehör

Der Auszubildende Leon Laus erhält von Olga Wegner das Personalstammblatt von Bärbel Oswald, Bereichsleiterin Kaufmännischer Bereich. Frau Wegner informiert Leon zugleich darüber, dass Frau Oswald einen Firmenwagen fährt, der zu mehr als 50 % betrieblich genutzt wird. Das Fahrzeug hat vor einem Jahr 42.540,00 € (inklusive 19 % USt) gekostet. Mit dem Pkw fährt Frau Oswald u. a. täglich 15 km von ihrer Wohnung zur Firma. Eine Übernahme der Lohnsteuer für diese Fahrten durch die Heinrich KG erfolgt nicht. Die Versteuerung des Firmenwagens erfolgt über die pauschale 1-%-Regelung.

Um die Nutzung des Firmenwagens bei der Gehaltsabrechnung adäquat zu berücksichtigen, soll Leon neben dem Personalstammblatt (Material 1) und den aktuellen Beitragssätzen zur Sozialversicherung (Material 2) das Informationsblatt „Geldwerte Vorteile" (Material 3) und den aktuellen Auszug aus der allgemeinen Monats-Lohnsteuertabelle (Material 4) berücksichtigen.

Arbeitsaufträge:

1. Erstellen Sie für Frau Bärbel Oswald die Gehaltsabrechnung Juli 2026! Nutzen Sie dazu die Vorlage (Material 5).

Material 1: Heinrich KG – Personalstammblatt –

Personalnummer	**309610**
Name, Vorname	Oswald, Bärbel
Geburtsdatum	08-03-1972
Familienstand	verheiratet
Straße	Hummelsbütteler Landstraße 40
PLZ/Ort	22331 Hamburg
Telefon	040 504833
Fax	040 504822
E-Mail	b.oswald@t-online.de
Eintrittsdatum	15-04-2009
Abteilung	Einkauf
Funktion	Bereichsleiterin
BG-Gefahrenklasse	0,7
Gehalt – außertariflich –	6.200,00 €
Finanzamt - Finanzamt Nr.	Hamburg Nord - 2226
Steuerklasse	fünf
Kinderfreibetrag	---
Anzahl Kinder	---
Steuerfreibetrag/Jahr	4.500,00 €
Religion AN/Ehegatte	rk/rk
Krankenkasse Beitragssatz	DAK Hamburg Elterneigenschaft nicht nachgewiesen! 14,60 % + Zuschlag von 2,90 %
SV-Schlüssel	1-1-1-1
SV-Nummer	53 080366 O 542
Tätigkeitsschlüssel	611944511
Wochenarbeitszeit	---
Urlaubsanspruch	30 Tage
Gehaltskonto	Hamburger Sparkasse
BIC	HASPDEHHXXX
IBAN	DE43 2005 0550 0011 0569 67
AG-Anteil vL	30,00 €
AN-Sparbetrag vL	40,00 €
Zahlungsempfänger vL	LBS Bausparkasse
BIC	NOLADE21KIE
IBAN	DE10 2105 0170 0097 2047 47

Material 2: Beitragssätze zur Sozialversicherung

KV-AG	8,75 %
KV-AN	8,75 %
PV-AG	1,80 %
PV-AN ohne Kind	2,40 %
PV-AN mit 1 Kind	1,80 %
PV-AN mit 2 Kindern	1,55 %
PV-AN mit 3 Kindern	1,30 %
PV-AN mit 4 Kindern	1,05 %
PV-AN mit 5 Kindern und mehr	0,80 %
PV-AN mit Kindern, die über 25 Jahre alt sind	1,80 %
RV-AG	9,30 %
RV-AN	9,30 %
AV-AG	1,30 %
AV-AN	1,30 %

Material 3: Geldwerte Vorteile

Zusätzlich zum Arbeitsentgelt erhalten Arbeitnehmer häufig Zuwendungen, die nicht in Geld bestehen. Es handelt sich hierbei um sogenannte Sachbezüge, die auch geldwerte Vorteile genannt werden. Zu diesen geldwerten Vorteilen zählt auch die ständige Überlassung von Dienstfahrzeugen zur privaten Nutzung. Für die Arbeitnehmer sind diese geldwerten Vorteile lohnsteuer- und sozialversicherungspflichtig.

Für die Ermittlung des geldwerten Vorteils bei der Überlassung eines Firmenwagens an Mitarbeiter mit der Möglichkeit der privaten Mitbenutzung gibt es folgende Möglichkeiten:

➤ **Versteuerung der tatsächlichen Kosten mit der Fahrtenbuchmethode:**

Ermittlung eines individuellen Kilometersatzes anhand exakter Aufzeichnungen von Datum und Kilometerstand zu Beginn und Ende jeder Fahrt, Reiseziel und Reiseroute sowie Reisezweck und aufgesuchte Geschäftspartner in einem Fahrtenbuch. Auf diese Weise werden die privat veranlassten Kosten von den geschäftlich veranlassten getrennt und so bei der Ermittlung des geldwerten Vorteils berücksichtigt.

➤ **Pauschale 1-%-Regelung:**

Die pauschale 1-%-Regelung geht der Methode der exakten Kostenermittlung vom Grundsatz her vor.

Bei der 1-%-Regelung hat der Mitarbeiter Folgendes zu versteuern:

- für Privatfahrten monatlich 1 % des abgerundeten inländischen Bruttolistenpreises (inklusive Mehrwertsteuer) des Fahrzeuges zum Zeitpunkt der Erstzulassung. Als Bruttolistenpreis gilt der auf 100,00 € abzurundende Neupreis des Fahrzeuges, in der Regel inklusive allen Zubehörs. Dieser Wert gilt auch für Gebrauchtwagen und Leasingfahrzeuge.
- für Fahrten zwischen Wohnung und Arbeitsstätte monatlich 0,03 % des abgerundeten Bruttolistenpreises pro Entfernungskilometer.

Material 4: Auszug aus der allgemeinen Monats-Lohnsteuer-Tabelle

Bruttolohn	Stkl.	KinderFB Lohn-steuer	0 SolZ	0 KiSt	0,5 SolZ	0,5 KiSt	1 SolZ	1 KiSt	1,5 SolZ	1,5 KiSt	2 SolZ	2 KiSt	2,5 SolZ	2,5 KiSt
6.198,00–6.200,99	1	1.143,08	-	102,87	-	89,24	-	76,23	-	63,82	-	52,04	-	40,88
	2	1.023,25	-	92,09	-	78,94	-	66,41	-	54,49	-	43,20	-	32,52
	3	671,33	-	60,41	-	50,33	-	40,57	-	31,12	-	21,97	-	13,18
	4	1.143,08	-	102,87	-	95,98	-	89,24	-	82,65	-	76,23	-	69,95
	5	1.700,75	0,58	153,06	0,58	153,06	0,58	153,06	0,58	153,06	0,58	153,06	0,58	153,06
	6	1.745,00	5,85	157,05	5,85	157,05	5,85	157,05	5,85	157,05	5,85	157,05	5,85	157,05

Bruttolohn	Stkl.	KinderFB Lohn-steuer	0 SolZ	0 KiSt	0,5 SolZ	0,5 KiSt	1 SolZ	1 KiSt	1,5 SolZ	1,5 KiSt	2 SolZ	2 KiSt	2,5 SolZ	2,5 KiSt
6.471,00–6.473,99	1	1.238,75	-	111,48	-	97,47	-	84,08	-	71,30	-	59,15	-	47,61
	2	1.115,58	-	100,40	-	86,87	-	73,97	-	61,67	-	50,00	-	38,95
	3	741,16	-	66,70	-	56,44	-	46,48	-	36,83	-	27,50	-	18,47
	4	1.238,75	-	111,48	-	104,40	-	97,47	-	90,70	-	84,08	-	77,61
	5	1.804,75	12,96	162,46	12,96	162,42	12,96	162,42	12,96	162,42	12,96	162,42	12,96	162,42
	6	1.849,08	18,23	166,41	18,23	166,41	18,23	166,41	18,23	166,41	18,23	166,41	18,23	166,41

Bruttolohn	Stkl.	KinderFB Lohn-steuer	0 SolZ	0 KiSt	0,5 SolZ	0,5 KiSt	1 SolZ	1 KiSt	1,5 SolZ	1,5 KiSt	2 SolZ	2 KiSt	2,5 SolZ	2,5 KiSt
6.846,00–6.848,99	1	1.374,33	-	123,68	-	109,16	-	95,24	-	81,95	-	69,27	-	57,22
	2	1.246,58	-	112,19	-	98,15	-	84,72	-	71,92	-	59,73	-	48,16
	3	839,16	-	75,52	-	65,00	-	54,79	-	44,89	-	35,29	-	26,01
	4	1.374,33	-	123,68	-	116,34	-	109,16	-	102,12	-	95,24	-	88,52
	5	1.947,58	29,95	175,28	29,95	175,28	29,95	175,28	29,95	175,28	29,95	175,28	29,95	175,28
	6	1.991,91	35,23	179,27	35,23	179,27	35,23	179,27	35,23	179,27	35,23	179,27	35,23	179,27

Quelle: lohnsteuertabelle.net (Stand: 2026)

Material 5: Vorlage „Gehaltsabrechnung“

Gehaltsabrechnung			
Personal-Nr.:			
Name: Vorname: Zeitraum:	Steuerklasse: Kinderfreibetrag: Konfession:		
Gesamtstunden: Stundenlohn:	Normalstunden: Mehrarbeitstunden:		
Bruttoentgelt: Sonderzahlungen: Urlaubsentgelt: Urlaubsgeld: Geldwerter Vorteil: Zuschuss Arbeitgeber vL:			
Gesamt Brutto:			
Steuerfreibetrag (monatlich): Steuerpflichtiges Entgelt: Sozialversicherungspflichtiges Entgelt:			KV und PV | RV und AV
Lohnsteuer: lt. Tabelle Kirchensteuer: lt. Tabelle Solidaritätszuschlag: lt. Tabelle			Abzüge Finanzbehörde
Krankenversicherung: Pflegeversicherung: Rentenversicherung: Arbeitslosenversicherung:	AN-Anteil SV		Abzüge Sozialversicherung
Abzüge gesamt:			
Nettoentgelt:			
– vL Sparbetrag: – Vorschuss: – Geldwerter Vorteil:			
Auszahlungsbetrag:			

2. Erläutern Sie, wie hoch die gesamten Personalkosten der Heinrich KG für Frau Bärbel Oswald im Juli 2026 sind!

3. Stellen Sie Vor- und Nachteile eines Dienstwagens gegenüber. Gehen Sie darauf ein, wann sich ein Dienstwagen mit Privatnutzung besonders lohnt!

Schulbuch Kap. 7.3

16 Entgelte unter Berücksichtigung von Mehrarbeit, Urlaubsentgelt und Urlaubsgeld abrechnen

Situation:

Olga Wegner informiert den Auszubildenden Leon Laus darüber, dass die Lagerarbeiterin Levana Zwicker aufgrund der allgemeinen Absatzsteigerung bei der Heinrich KG in den letzten Monaten bezahlte Überstunden geleistet hat.

Wegen einer unerwarteten Zahlungsverpflichtung hat Frau Zwicker am 3. August 2026 die Abteilungsleiterin um einen Lohnvorschuss in Höhe von 500,00 € gebeten, den diese genehmigt und noch am selben Tag auf das Konto von Frau Zwicker überweist.

Leon soll heute manuell für den Monat Juli die Lohnabrechnung für Frau Zwicker erstellen. Dazu händigt Frau Wegner ihm das Personalstammblatt (Material 1), eine Übersicht über die aktuellen Beitragssätze zur Sozialversicherung (Material 2), den Auszug aus der digitalen Zeiterfassung (Material 3) und den von Frau Zwicker eingereichten Urlaubsschein (Material 4) aus. Ebenso erhält Leon Laus die Information, dass Levana Zwicker mit ihrem Entgelt deutlich unterhalb der Freigrenze liegt und somit keinen Solidaritätszuschlag zu zahlen hat.

Außerdem stehen Leon Auszüge aus dem zu beachtenden Rahmentarif Groß- und Außenhandel für den Hamburger Wirtschaftsraum (Material 5) und eine interne Mitteilung (Material 6) zur Verfügung.

Arbeitsauftrag:

Erstellen Sie die Lohnabrechnung August 2026 für Levana Zwicker! Nutzen Sie dazu die Vorlage (Material 7).

Material 1: Heinrich KG – Personalstammblatt –

Personalnummer	309704
Name, Vorname	Zwicker, Levana
Geburtsdatum	25-08-1983
Familienstand	ledig
Straße	Greifenberger Str. 24
PLZ/Ort	22147 Hamburg
Telefon	040 888210
Fax	040 888230
E-Mail	levazwick@t-online.de
Eintrittsdatum	01-09-2007
Abteilung	Lager
Funktion	Lagerarbeiterin
BG-Gefahrenklasse	2,00
Lohngruppe 4	Monatslohn: 2.950,00 €
Finanzamt - Finanzamt Nr.	Hamburg-Wandsbek - 2208
Steuerklasse	eins
Kinderfreibetrag	---
Anzahl Kinder	---
Steuerfreibetrag/Jahr	---
Religion AN/Ehegatte	rk
Krankenkasse Beitragssatz	DAK Hamburg Elterneigenschaft nicht nachgewiesen! 14,60 % + Zuschlag von 2,90 %
SV-Schlüssel	1-1-1-1
SV-Nummer	13 250877 Z 039
Tätigkeitsschlüssel	744 / 22
Wochenarbeitszeit	38,5 Stunden
Urlaubsanspruch	30 Tg. + 2 Tg. lt. Betriebsvereinbarung
Gehaltskonto	Hamburger Sparkasse
BIC	HASPDEHHXXX
IBAN	DE54 2005 0550 0011 0567 69
AG-Anteil vL	30,00 €
AN-Sparbetrag vL	40,00 €
Zahlungsempfänger vL	LBS Bausparkasse
BIC	NOLADE21KIE
IBAN	DE75 2105 0170 1400 1352 22

Material 2: Beitragssätze zur Sozialversicherung

KV-AG	8,75 %
KV-AN	8,75 %
PV-AG	1,80 %
PV-AN ohne Kind	2,40 %
PV-AN mit 1 Kind	1,80 %
PV-AN mit 2 Kindern	1,55 %
PV-AN mit 3 Kindern	1,30 %
PV-AN mit 4 Kindern	1,05 %
PV-AN mit 5 Kindern und mehr	0,80 %
PV-AN mit Kindern, die über 25 Jahre alt sind	1,80 %
RV-AG	9,30 %
RV-AN	9,30 %
AV-AG	1,30 %
AV-AN	1,30 %
UV-AG	2,00 %

Material 3: Auszug aus der digitalen Zeiterfassung

Zeiterfassung

Name: Zwicker, Levana
Monat: August 2026

Personal.-Nr.: 309704

Tag	Kommt	Geht	Gesamt-stunden	Normal-stunden	Mehrarbeits-stunden	Mehrarbeits-stunden kumuliert	Mehrarbeits-stunden mit 30 % Zuschlag
1							
2							
3	06:59	15:30	7′45″	7′45″	0′00″	0′00″	
4	07:00	17:45	10′00″	7′45″	2′15″	2′15″	
5	06:54	17:15	9′30″	7′45″	1′45″	4′00″	
6	06:50	17:15	9′30″	7′45″	1′45″	5′45″	
7	06:55	17:45	10′00″	7′45″	2′15″	8′00″	6′30″
8							
9							
10	06:50	17:45					
11	06:58	15:30					
12	06:55	16:30					
13	07:00	17:45					
14	06:45	15:30					
15							
16							
17	06:58	16:45					
18	07:00	15:45					
19	06:58	16:00					
...							
Summen:							
Urlaub:							

Hinweis:

Die offizielle Arbeitszeit beginnt um 07:00 Uhr, sodass die Anwesenheit vorher nicht gewertet wird. An jedem Arbeitstag sind 15 Minuten Frühstücks- und 30 Minuten Mittagspause zu berücksichtigen.

Material 4: Urlaubsschein

Urlaubsschein

Frau Zwicker, Levana — Personal-Nr.: 309704 — Abteilung: Lager

erhält vom 20. August 2026 bis 4. September 2026

12 Tage Tarifurlaub

10. August 2026, Levana Zwicker
Datum, Unterschrift der Mitarbeiterin

10. August 2026, Ralf Fichte
Datum, Unterschrift des Vorgesetzten

Material 5: Auszug aus dem Rahmentarifvertrag

Auszüge aus dem Rahmentarif
Groß- und Außenhandel
Hamburger Wirtschaftsraum

§ 3 Arbeitszeit

1. Regelarbeitszeit

a) Die tarifliche Arbeitszeit beträgt wöchentlich 38,5 Stunden ausschließlich der Pausen und verteilt sich grundsätzlich auf maximal 5 Arbeitstage in der Woche. Mehrarbeit sind die Stunden, die über die wöchentliche Regelarbeitszeit hinausgehen.

b) Die Arbeitszeit kann im Rahmen der gesetzlichen Bestimmungen auf bis zu 10 Stunden täglich ausgedehnt werden.

c) Liegt regelmäßig und in erheblichem Umfang Arbeitsbereitschaft vor, so kann die Arbeitszeit auf täglich bis zu 12 Stunden ausgedehnt werden.

...

3. Flexible Arbeitszeit

Aus betrieblichen Gründen kann die Arbeitszeit über einen Zeitraum bis zu 52 Wochen flexibel verteilt werden. In Betrieben mit Betriebsrat ist eine Betriebsvereinbarung zu schließen.

...

§ 5 Zuschläge

Für Mehrarbeitsstunden sind 1/167 des Monatsentgelts sowie folgende Zuschläge zu zahlen:

a) im Fall der Regelarbeitszeit (§ 3 Ziff. 1) bei Überschreiten der 40. Wochenstunde 30 %

...

§ 9 Urlaub

5. Urlaubsentgelt

a) Das Urlaubsentgelt bemisst sich nach dem durchschnittlichen Arbeitsverdienst, den der Beschäftigte in den letzten 12 Monaten vor dem Beginn des Urlaubs erhalten hat. Zum Arbeitsverdienst rechnen nicht Weihnachtsgratifikationen, Jahrestantiemen, sonstige einmalige Sonderzuwendungen und Mehrarbeitszuschläge.

b) Zur Feststellung des Urlaubsentgeltes pro Urlaubstag ist das Monatsentgelt durch 22 zu teilen.

...

§ 10 Urlaubsgeld

a) Nach 6 Monaten Betriebszugehörigkeit (Wartezeit) erhalten alle Beschäftigten ein tarifliches Urlaubsgeld von 24,00 Euro pro Urlaubstag, ...

...

d) Das Urlaubsgeld ist grundsätzlich bei Urlaubsantritt fällig. Bei Urlaubsteilung ist das Urlaubsgeld jeweils anteilig bei Urlaubsantritt fällig.

...

Material 6: Interne Mitteilung

Heinrich KG
Büromöbel und Zubehör

Die Heinrich KG vergütet – nach einer betrieblichen Vereinbarung – angeordnete Mehrarbeit im Lager nach Tarif. Die tägliche Normalarbeitszeit beträgt derzeit 7 Stunden und 45 Minuten.

Die Lagerarbeiterin Levana Zwicker hat im Durchschnitt der letzten 12 Monate vor Urlaubsantritt täglich 8 Stunden und 30 Minuten gearbeitet.

Vgl. auch die Betriebsvereinbarung der Heinrich KG zur Arbeitszeitregelung für gewerbliche Vollzeitkräfte: Die in jeder Arbeitswoche geleistete Mehrarbeit von 15 Minuten wird pauschal mit **zwei zusätzlichen Urlaubstagen** abgegolten.

Material 7: Vorlage „Gehaltsabrechnung“

Lohnabrechnung			
Personal-Nr.:			
Name:	Steuerklasse:		
Vorname:	Kinderfreibetrag:		
Zeitraum:	Konfession:		
Gesamtstunden:	Normalstunden:		
Stundenlohn:	Mehrarbeitstunden:		
Bruttoentgelt:			
Zahlung für Mehrarbeit:			
Sonderzahlungen:			
Urlaubsentgelt:			
Urlaubsgeld:			
Zuschuss Arbeitgeber vL:			
Gesamt Brutto:			
Steuerfreibetrag (monatlich):			
Steuerpflichtiges Entgelt:		KV und PV	RV und AV
Sozialversicherungspflichtiges Entgelt:			
Lohnsteuer: lt. LSt-Rechner:	410,33 €		
Kirchensteuer:		Abzüge Finanzbehörde	
Solidaritätszuschlag:	0,00 €		
Krankenversicherung:	AN-Anteil SV		
Pflegeversicherung:			
Rentenversicherung:		Abzüge Sozialversicherung	
Arbeitslosenversicherung:			
Abzüge gesamt:			
Nettoentgelt:			
– vL Sparbetrag:			
– Vorschuss:			
Auszahlungsbetrag:			

Schulbuch Kap. 8

17 Mitarbeiter weiterqualifizieren

Situation:

Aufgrund der rückläufigen Umsätze bei den Aktenschränken und den Bürostühlen trifft die Geschäftsführerin der Heinrich KG, Frau Gerda Heinrich, die Entscheidung, für diese beiden Produktgruppen die Herstellung deutlich zurückzufahren und vorhandene Lagerbestände abzubauen.

Heinrich KG
Büromöbel und Zubehör

Frau Heinrich betrachtet die derzeit enormen Auftragseingänge für Bestuhlungen im Indoor- und Outdoor-Bereich als Indiz für die latent vorhandene große Nachfrage im Gesamtmarkt. Sie plant aus diesem Grund, zukünftig verstärkt Stühle für diesen Bereich herzustellen und den Marktanteil auch für neue Produktideen auszubauen.

Damit ergeben sich Konsequenzen für die Mitarbeiter aller Abteilungen, speziell für die in der Fertigung Beschäftigten. Um die Mitarbeiter auf die neuen Aufgaben vorzubereiten, erhalten alle im Personalwesen eingesetzten Auszubildenden den gemeinsamen Auftrag, ein Konzept zur Personalentwicklung und Weiterbildung zu erarbeiten.

Arbeitsaufträge:

1. Aspekte für ein Konzept zur Personalentwicklung und Weiterbildung sind beispielsweise

   - die Darstellung der Zielsetzung des Konzepts oder
   - die Kosten der Weiterqualifizierung.

   Ergänzen Sie die vorstehenden Aspekte um vier weitere Punkte!

   - ______________________
   - ______________________
   - ______________________
   - ______________________

2. Schlagen Sie für die oben stehende Situation vier Möglichkeiten zur Weiterqualifizierung vor und erläutern Sie diese!

Möglichkeit 1	
Möglichkeit 2	
Möglichkeit 3	
Möglichkeit 4	

3. Die Kalkulation der direkten und indirekten Kosten der Qualifizierung ergab einen Betrag von durchschnittlich 1.300,00 € pro Mitarbeiter.

   Geben Sie drei Argumente an, mit denen Sie die Geschäftsführerin, Gerda Heinrich, von der Notwendigkeit der Qualifizierungsmaßnahmen überzeugen!

   - ______
   - ______
   - ______

4. Recherchieren Sie im Internet nach Anbietern von externen Fort- und Weiterbildungsmaßnahmen in Hamburg und der Metropolregion.

   Suchen Sie aus deren Qualifizierungsangeboten drei Maßnahmen heraus, die Sie – in der oben geschilderten Situation – für die betroffenen Mitarbeiter als geeignet erachten. Begründen Sie Ihre Auswahl!

Schulbuch Kap. 10.4

18 Eine Abmahnung rechtssicher verfassen

Situation:

Frau Gerlinde Westermann ist seit dem 01.10.2016 als Mitarbeiterin im Einkauf der Heinrich KG beschäftigt. In den vergangenen zwei Monaten ist Frau Westermann wiederholt mit erheblicher Verspätung zur Arbeit erschienen:

- am 16. und 17. Januar 20.. mit jeweils 60 Minuten Verspätung,
- am 13. Februar 20.. mit 90 Minuten Verspätung.

Heute, am 9. März 20.., hat Frau Westermann ohne Angabe eines Grundes bereits um 13:30 Uhr ihren Arbeitsplatz verlassen. Als die zuständige Bereichsleiterin Bärbel Oswald davon erfährt, beauftragt diese die Personalsachbearbeiterin Ulla Ufer damit, unverzüglich eine Abmahnung für Frau Westermann zu formulieren und ihr diese auf geeignetem Wege zu übermitteln.

Arbeitsaufträge:

1. Erläutern Sie kurz den Begriff „Abmahnung" und beschreiben Sie dann die prinzipiellen Funktionen einer Abmahnung! Informationen zum Arbeits- und Vertragsrecht finden Sie z. B. unter:

- www.hensche.de
- www.arbeitsrecht.org
- www.ihk.de
- www.wirtschaftswissen.de/personal-arbeitsrecht

Begriff Abmahnung:

____

____

____

Funktionen einer Abmahnung	
Erste Funktion:	
Erläuterung:	
Zweite Funktion:	
Erläuterung:	
Dritte Funktion:	
Erläuterung:	

2. Identifizieren Sie die erforderlichen Bestandteile/Inhalte einer Abmahnung!

3. Nennen Sie exemplarisch fünf Gründe, die eine Abmahnung rechtfertigen!

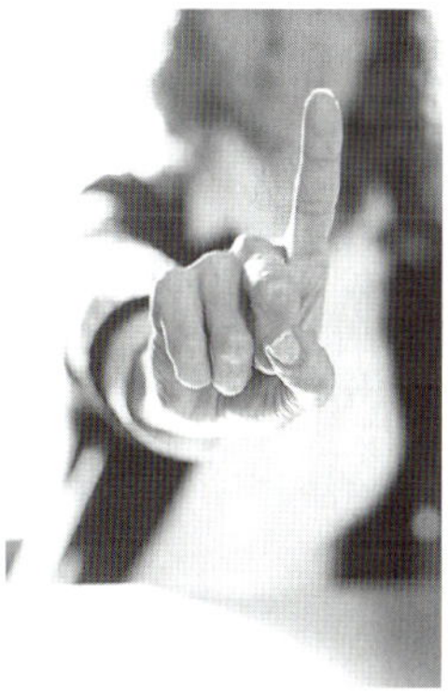

- ➤
- ➤
- ➤
- ➤
- ➤

4. Verfassen Sie mit MS Word ein situationsgerechtes Abmahnungsschreiben, das Frau Westermann zugestellt werden kann!

Konzeption der Abmahnung:

Schulbuch Kap. 10.3

19 Eine ordentliche Kündigung rechtssicher verfassen

Situation:

Am Vormittag des 5. April 20.. versucht Jana Junker, Mitarbeiterin der Junges Wohnen GmbH, Gerlinde Westermann aufgrund dringend benötigter Daten telefonisch zu erreichen.

Als sich trotz einiger Versuche niemand am Apparat „Westermann" meldet, ist Frau Junker sehr verärgert und beschließt, sich direkt an die Geschäftsführung der Heinrich KG zu wenden.

Heinrich KG
Büromöbel und Zubehör

Gerda Heinrich nimmt den unerwarteten Anruf der missgelaunten Jana Junker entgegen, notiert ihr Anliegen, besorgt sich die relevanten Daten und übermittelt sie umgehend per Fax.

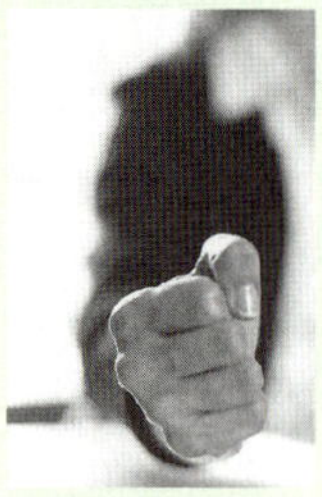

Gegen 11:00 Uhr erscheint Frau Westermann hektisch und abgehetzt am Arbeitsplatz, wo sie die Mitteilung vorfindet, sich sofort zu einem Gespräch bei der Geschäftsführung einzufinden.

Im Verlaufe des Gesprächs erklärt Frau Westermann ihre heutige Verspätung mit einer Geburtstagsfeier. Frau Heinrich verweist auf die im Vorfeld ausgesprochene Abmahnung und teilt Frau Westermann mit, dass ihr aufgrund des wiederholten Fehlverhaltens in Kürze schriftlich gekündigt werde.

Arbeitsaufträge:

1. Nennen Sie fünf Formen, durch die ein Arbeitsverhältnis beendet werden kann!

➤ ______________________________

➤ ______________________________

➤ ______________________________

➤ ______________________________

➤ ______________________________

2. Unterscheiden Sie zwischen ordentlicher und außerordentlicher Kündigung!

Ordentliche Kündigung	
Außerordentliche Kündigung	

3. Bilden Sie eine geeignete Anzahl von Arbeitsgruppen. Stellen Sie in der Gruppe fest, welche Personen einen besonderen Kündigungsschutz genießen, und diskutieren Sie über den Zweck dieses Schutzes. Visualisieren Sie Ihre Ergebnisse in geeigneter Form und stellen Sie diese anschließend vor.

4. Informieren Sie sich über das Kündigungsschutzgesetz (KSchG) und prüfen Sie, ob es in der dargestellten Ausgangssituation Anwendung findet! Begründen Sie Ihre Entscheidung!

5. Zeigen Sie jeweils an drei konkreten Beispielen auf, in welchen Fällen eine Kündigung laut Kündigungsschutzgesetz als sozial gerechtfertigt gilt!

Personenbedingte Gründe	
Beispiele:	➤ ➤ ➤
Verhaltensbedingte Gründe	
Beispiele:	➤ ➤ ➤
Betriebsbedingte Gründe	
Beispiele:	➤ ➤ ➤

6. Ergänzen Sie mithilfe des Betriebsverfassungsgesetzes (Material 1) die Übersicht über die Mitwirkungsrechte des Betriebsrats bei Kündigungen (Material 2)!

   Diskutieren Sie anschließend, ob Frau Westermann bei der Kündigung vom Betriebsrat Unterstützung erwarten kann!

7. Bestimmen Sie den Kündigungsgrund und ermitteln Sie den frühestmöglichen Termin, zu dem Frau Westermann gekündigt werden kann!

8. Verfassen Sie mit MS Word ein situationsgerechtes Kündigungsschreiben,[1] das Frau Westermann fristgerecht und wirksam zugestellt werden kann!

9. Erläutern Sie, welche Arbeitspapiere Frau Westermann bei der Beendigung ihres Arbeitsverhältnisses von der Personalabteilung auszuhändigen sind!

1 Eine Kündigung per E-Mail oder Fax ist unwirksam, da sie nicht der Schrifterfordernis nach § 623 BGB genügt.

Material 1: Auszug aus dem Betriebsverfassungsgesetz

BetrVG § 1 Errichtung von Betriebsräten

(1) In Betrieben mit in der Regel mindestens fünf ständigen wahlberechtigten Arbeitnehmern, von denen drei wählbar sind, werden Betriebsräte gewählt. ...

BetrVG § 9 Zahl der Betriebsratsmitglieder

Der Betriebsrat besteht in Betrieben mit in der Regel
5 bis 20 wahlberechtigten Arbeitnehmern aus einer Person,
21 bis 50 wahlberechtigten Arbeitnehmern aus 3 Mitgliedern,
51 bis 100 wahlberechtigten Arbeitnehmern aus 5 Mitgliedern, [...].

BetrVG § 95 Auswahlrichtlinien

(1) Richtlinien über die personelle Auswahl bei Einstellungen, Versetzungen, Umgruppierungen und Kündigungen bedürfen der Zustimmung des Betriebsrats. Kommt eine Einigung über die Richtlinien oder ihren Inhalt nicht zustande, so entscheidet auf Antrag des Arbeitgebers die Einigungsstelle. Der Spruch der Einigungsstelle ersetzt die Einigung zwischen Arbeitgeber und Betriebsrat.

BetrVG § 102 Mitbestimmung bei Kündigungen

(1) Der Betriebsrat ist vor jeder Kündigung zu hören. Der Arbeitgeber hat ihm die Gründe für die Kündigung mitzuteilen. Eine ohne Anhörung des Betriebsrats ausgesprochene Kündigung ist unwirksam.

(2) Hat der Betriebsrat gegen eine ordentliche Kündigung Bedenken, so hat er diese unter Angabe der Gründe dem Arbeitgeber spätestens innerhalb einer Woche schriftlich mitzuteilen. Äußert er sich innerhalb dieser Frist nicht, gilt seine Zustimmung zur Kündigung als erteilt. Hat der Betriebsrat gegen eine außerordentliche Kündigung Bedenken, so hat er diese unter Angabe der Gründe dem Arbeitgeber unverzüglich, spätestens jedoch innerhalb von drei Tagen, schriftlich mitzuteilen. Der Betriebsrat soll, soweit dies erforderlich erscheint, vor seiner Stellungnahme den betroffenen Arbeitnehmer hören. § 99 Abs. 1 Satz 3 gilt entsprechend.

(3) Der Betriebsrat kann innerhalb der Frist des Absatzes 2 Satz 1 der ordentlichen Kündigung widersprechen, wenn

1. der Arbeitgeber bei der Auswahl des zu kündigenden Arbeitnehmers soziale Gesichtspunkte nicht oder nicht ausreichend berücksichtigt hat,
2. die Kündigung gegen eine Richtlinie nach § 95 verstößt,
3. der zu kündigende Arbeitnehmer an einem anderen Arbeitsplatz im selben Betrieb oder in einem anderen Betrieb des Unternehmens weiterbeschäftigt werden kann,
4. die Weiterbeschäftigung des Arbeitnehmers nach zumutbaren Umschulungs- oder Fortbildungsmaßnahmen möglich ist oder
5. eine Weiterbeschäftigung des Arbeitnehmers unter geänderten Vertragsbedingungen möglich ist und der Arbeitnehmer sein Einverständnis hiermit erklärt hat.

(4) Kündigt der Arbeitgeber, obwohl der Betriebsrat nach Absatz 3 der Kündigung widersprochen hat, so hat er dem Arbeitnehmer mit der Kündigung eine Abschrift der Stellungnahme des Betriebsrats zuzuleiten.

(5) Hat der Betriebsrat einer ordentlichen Kündigung frist- und ordnungsgemäß widersprochen und hat der Arbeitnehmer nach dem Kündigungsschutzgesetz Klage auf Feststellung erhoben, dass das Arbeitsverhältnis durch die Kündigung nicht aufgelöst ist, so muss der Arbeitgeber auf Verlangen des Arbeitnehmers diesen nach Ablauf der Kündigungsfrist bis zum rechtskräftigen Abschluss des Rechtsstreits bei unveränderten Arbeitsbedingungen weiterbeschäftigen. Auf Antrag des Arbeitgebers kann das Gericht ihn durch einstweilige Verfügung von der Verpflichtung zur Weiterbeschäftigung nach Satz 1 entbinden, wenn

1. die Klage des Arbeitnehmers keine hinreichende Aussicht auf Erfolg bietet oder mutwillig erscheint oder
2. die Weiterbeschäftigung des Arbeitnehmers zu einer unzumutbaren wirtschaftlichen Belastung des Arbeitgebers führen würde oder
3. der Widerspruch des Betriebsrats offensichtlich unbegründet war.

(6) Arbeitgeber und Betriebsrat können vereinbaren, dass Kündigungen der Zustimmung des Betriebsrats bedürfen und dass bei Meinungsverschiedenheiten über die Berechtigung der Nichterteilung der Zustimmung die Einigungsstelle entscheidet.

(7) Die Vorschriften über die Beteiligung des Betriebsrats nach dem Kündigungsschutzgesetz bleiben unberührt.

Material 2: Übersicht über die Mitwirkungsrechte des Betriebsrats

Beteiligung des Betriebsrats (BR)	Ordentliche Kündigung	Außerordentliche Kündigung
Vorherige Anhörung des BR		
Folge fehlender oder fehlerhafter Anhörung des BR		
Frist für Widerspruch oder Bedenken des BR		
Zustimmung des BR		
Auswirkungen eines Widerspruchs des BR		

Fazit: Frau Gerlinde Westermann kann vom Betriebsrat der Heinrich KG

☐ Unterstützung erwarten, da mindestens ein Widerspruchgrund vorliegt!

☐ keine Unterstützung erwarten, da keine Widerspruchsgründe vorliegen!

Schulbuch Kap. 10.4

20 Eine außerordentliche Kündigung rechtssicher verfassen und zustellen

Situation:

Heinrich KG
Büromöbel und Zubehör

Die Personalsachbearbeiterin Ulla Ufer kommt aus einer kurzfristig einberufenen Besprechung mit ihrer Abteilungsleiterin Franziska Ohlsen und der Geschäftsführung zurück.

Der Auszubildende Leon Laus spürt sofort, dass etwas Ungewöhnliches passiert sein muss, denn Frau Ufer ist aufgeregt und angespannt wie selten. Nach einer Weile fragt Leon: *„Was ist denn los, gibt es Probleme?"* Frau Ufer überlegt kurz und antwortet dann: *„Jonas Junker, Sachbearbeiter im Verkauf, soll fristlos entlassen werden!"* Leon ist überrascht: *„Wieso denn das?"*

Daraufhin schildert Frau Ufer die Situation: *„Vor ungefähr drei Jahren wurde im Unternehmen bekannt, dass Herr Junker in seiner Freizeit im Sportfachgeschäft Bert Bruns e. K., das seinem besten Freund gehört, aushalf. Diese Verhaltensweise wurde von der Geschäftsführung stillschweigend geduldet.*

Als dann – im letzten Jahr – Herr Bruns ernsthaft erkrankte, häuften sich bei Herrn Junker die krankheitsbedingten Fehlzeiten. Obendrein kam Herr Junker wiederholt so spät zur Arbeit, dass er die betrieblich vereinbarte Kernarbeitszeit nicht einhalten konnte.

Anfang Mai informierte der Mitarbeiter Malte Malus die Abteilungsleitung Verkauf darüber, dass Herr Junker aus dem Büro heraus offensichtlich längere Verkaufsgespräche mit Kunden des Sportfachgeschäfts Bert Bruns e. K. führe.

Dieses Verhalten wurde daraufhin am 10. Mai 20.. schriftlich abgemahnt. Parallel dazu führte Björn Walter – als direkter Vorgesetzter – ein Gespräch mit Herrn Junker, in dem dieser zugab, dass er während der Krankheit seines Freundes in der Tat die Geschäfte der Bert Bruns e. K. führte. Inzwischen sei sein Freund aber genesen und führe das Unternehmen wieder alleine. Der Abteilungsleiter Herr Walter wies Herrn Junker im Gespräch ausdrücklich auf die arbeitsrechtlichen Konsequenzen hin, die eine Wiederholung seines Fehlverhaltens mit sich bringe.

In der Folgezeit erschien Herr Junker zur vereinbarten Zeit zur Arbeit, ja er war sogar morgens immer einer der Ersten im Büro. Viele Kunden richteten ihre Anschreiben direkt an Herrn Junker und sein Bürotelefon wurde außergewöhnlich häufig angewählt. Herr Junker erschien selbst bei erkennbarem Unwohlsein zur Arbeit.

Auf der Fahrt zwischen Arbeitsstätte und Wohnung war Herr Junker gestern Abend in einen größeren Verkehrsunfall verwickelt, bei dem er sich so schwerwiegend verletzte, dass er in das Universitätsklinikum Hamburg-Eppendorf eingeliefert werden musste.

Heute Morgen war Gerda Heinrich, Geschäftsleiterin der Heinrich KG, zufällig in der Nähe des Büros von Herrn Junker, als das Telefon klingelte. Die Geschäftsleiterin nahm den Hörer ab und meldete sich. Die Gesprächsteilnehmerin, Elke Elster, am anderen Ende der Telefonleitung, sagte, sie möchte bitte mit Herrn Junker sprechen. Als Frau Elster nunmehr von dem Unfall erfuhr, bat sie Gerda Heinrich darum, Herrn Junker gute Besserung zu wünschen und des Weiteren eine dringende Bestellung zu erfassen. Gerda Heinrich erfasste die nachfolgenden Auftragsdaten auf einem Notizblock:

- *Firmenanschrift: Bernd Grau KG, Heestweg 25, 22143 Hamburg*
- *Bestellte Artikel: 5 Garten-Trampoline, 25 Hummel Trainingsanzüge, 50 Inlineskates.*

Anschließend eröffnete sie Frau Elster, dass es sich wohl um ein Versehen handeln müsse, da hier die Heinrich KG sei und diese nur Büromöbel und Bürozubehör herstelle und vertreibe. Frau Elster entschuldigte sich, sie habe von Herrn Junker die Telefonnummer 040 67245-07 ausdrücklich für den Fall erhalten, dass sich unter der Telefonnummer des Sportfachgeschäfts Bert Bruns e. K. niemand melde."

Arbeitsaufträge:

1. Diskutieren Sie in der Kleingruppe das Verhalten von Jonas Junker und geben Sie eine begründete Stellungnahme dazu ab, inwieweit die Fortsetzung des Arbeitsverhältnisses sinnvoll erscheint! Berücksichtigen Sie bei Ihrer Einschätzung auch Material 1 und 2.

2. Die Heinrich KG beabsichtigt, eine fristlose Kündigung auszusprechen. Verschaffen Sie sich Kenntnisse über die Rolle des Betriebsrats bei einer fristlosen Kündigung (siehe Material 3)!

3. Erstellen Sie mit MS Word eine Checkliste, die alle für eine Arbeitgeberkündigung relevanten Vorschriften und Regeln enthält!

Beispiel:

Checkliste – Fristlose Kündigung durch den Arbeitgeber

1. Der fristlosen Kündigung hat (regelmäßig) eine Abmahnung vorauszugehen.
2. Die Ausschlussfrist von zwei Wochen für Kündigung und Zugang der Kündigung ist zu beachten.
3. Die Angabe des Kündigungsgrundes ist aus Informations- und Nachweisgründen sinnvoll.
4. Dem Betriebsrat ist der Kündigungsgrund mitzuteilen.
5. Kündigung muss schriftlich erfolgen.
6. ...

4. Verfassen Sie mit MS Word für Frau Ufer, die – auf Anweisung von Gerda Heinrich – noch heute Herrn Jonas Junker unter Hinweis auf die erfolglose Abmahnung vom 10. Mai 20.. wegen Verstoßes gegen § 5 in Verbindung mit § 6 des Arbeitsvertrags (Material 3) fristlos kündigen soll, ein Kündigungsschreiben!

5. Informieren Sie Sich mithilfe von Material 5 über die rechtssichere Zustellung einer Kündigung an einen Mitarbeiter und entscheiden Sie sich für zwei angemessene Zustellungsformen!

	Alternative 1	Alternative 2
Zustellungsform		

6. Prüfen Sie anhand des Arbeitsvertrages (Material 4), der relevanten Fristen im Arbeitsrecht (Material 6) und den Informationen zur Klage gegen eine Kündigung (Material 7), was Herr Junker nun noch tun kann!

Material 1: Ausübung einer Nebentätigkeit

Nebenjob: Was arbeitsrechtlich erlaubt ist

Nicht jede Nebentätigkeit eines Arbeitnehmers ist pflichtwidrig und berechtigt den Arbeitgeber, arbeitsrechtliche Schritte wie Abmahnung oder gar eine fristlose Kündigung in die Wege zu leiten. [...]

Nebentätigkeiten müssen vom Hauptarbeitgeber **nicht genehmigt** werden. Der Arbeitnehmer ist jedoch verpflichtet, eine geplante Nebentätigkeit **vor Aufnahme anzuzeigen,** wenn dies vertraglich/tarifvertraglich **vereinbart** ist oder die **Interessen des Arbeitgebers tangieren** kann. So hat der Arbeitgeber zum Beispiel ein berechtigtes Interesse daran, zu erfahren,

- ob der Arbeitnehmer im Konkurrenzbereich tätig wird,
- sozialversicherungsrechtliche Überschneidungen bestehen (Minijobs) oder
- die Grenzen des Arbeitszeitgesetzes durch die Nebentätigkeit die Haupttätigkeit beeinträchtigen.

Vertraglich vereinbarte **Nebentätigkeitsverbote** oder **Genehmigungserfordernisse** sind wegen der grundgesetzlich garantierten Berufsfreiheit des Arbeitnehmers (Art. 12 GG) **nicht pauschal zulässig.** Sie sind so auszulegen, dass nur solche Nebentätigkeiten verboten sind, die gegen **berechtigte Interessen** des Arbeitgebers verstoßen. [...]

Quelle: www.haufe.de

Material 2: Vertrauensbruch

Vertrauensbruch kann Kündigung rechtfertigen

Ein Gerichtsurteil zeigt: Wer das Vertrauen seines Arbeitgebers missbraucht, riskiert selbst bei starkem Kündigungsschutz den Job. [...] Ein Arbeitnehmer, der als Mitglied einer Schwerbehindertenvertretung tätig war, nahm an einem Fortbildungsseminar teil. Für die Anreise stellte der Arbeitgeber ihm einen Mietwagen sowie eine betriebliche Tankkarte zur Verfügung – allerdings ausschließlich für die Fahrt zum Seminar. Vor Ort angekommen, entschied sich der Arbeitnehmer jedoch, am selben Tag noch weiter zu einer Gewerkschaftsveranstaltung zu fahren, auf der auch der Bundesarbeitsminister anwesend war. Diese Fahrt war ausdrücklich nicht durch den Arbeitgeber gedeckt.

Der Arbeitgeber sah hierin einen schweren Vertrauensbruch: Die von ihm zur Verfügung gestellten Mittel wurden zweckentfremdet genutzt. Die Konsequenz: fristlose Kündigung des Arbeitsverhältnisses. Das Arbeitsgericht Verden an der Aller bestätigte die Entscheidung: Die missbräuchliche Nutzung von Mietwagen und Tankkarte habe das Vertrauen irreparabel beschädigt. Der Arbeitgeber müsse eine Zusammenarbeit unter diesen Umständen nicht weiter hinnehmen – selbst der besondere Kündigungsschutz aufgrund seiner Funktion in der Schwerbehindertenvertretung schützte den Arbeitnehmer nicht. Auch der Umstand, dass es sich bei der Veranstaltung um eine Gewerkschaftsveranstaltung handelte, half dem Arbeitnehmer nicht weiter. [...]

Quelle: https://www.anwalt.de/rechtstipps/vertrauensbruch-kann-kuendigung-rechtfertigen-auch-bei-starkem-kuendigungsschutz-tipps-fuer-arbeitnehmer-242975.html (Auszug, Zugriff vom 21.04.2026)

Material 3: Außerordentliche Kündigung

Anhörung des Betriebsrats

Der Betriebsrat ist vor Ausspruch einer außerordentlichen Kündigung anzuhören. Ohne Anhörung des Betriebsrates ist sie unwirksam. Der Arbeitgeber hat dem Betriebsrat wegen der Interessenabwägung auch bei einer außerordentlichen Kündigung die Sozialdaten des zu kündigenden Arbeitnehmers mitzuteilen.

Ausnahmsweise kann darauf verzichtet werden, wenn es dem Arbeitgeber wegen der Schwere der Kündigungsvorwürfe auf die genauen Daten ersichtlich nicht ankommt, der Betriebsrat die ungefähren Daten kennt und er daher die Kündigungsabsicht des Arbeitgebers ausreichend beurteilen kann (BAG v. 15.11.1995 – 2 AZR 974/94).

Hat der Betriebsrat gegen die außerordentliche Kündigung Bedenken, hat er dies dem Arbeitgeber unter Angabe der Gründe innerhalb von drei (Kalender-)Tagen nach Zugang der Mitteilung schriftlich mitzuteilen (§ 102 Abs. 1 u. 2 BetrVG). Im Unterschied zur ordentlichen Kündigung ist gegen die außerordentliche Kündigung ein Widerspruch nicht möglich.

Quelle: www.betriebsrat.de/betriebsratslexikon/br/ausserordentliche-kuendigung (Zugriff vom Januar 2026)

Material 4: Arbeitsvertrag zwischen der Heinrich KG und Jonas Junker

Arbeitsvertrag

zwischen

Heinrich KG, Rahlstedter Str. 144, 22143 Hamburg[1]

und

Jonas Junker, Spitzbergenweg 21, 22145 Hamburg[2]

§ 1 Beginn des Arbeitsverhältnisses

Der Arbeitnehmer (AN) tritt zum 1. Oktober 20.. den Dienst als Sachbearbeiter Verkauf in unserem Unternehmen an. Das Unternehmen behält sich vor, dem AN bei gleicher Vergütung eine andere, seiner Vorbildung und seinen Fähigkeiten entsprechende, Tätigkeit zu übertragen.

§ 2 Arbeitszeit und Bezüge

Die Arbeitszeit richtet sich nach dem gültigen Rahmentarifvertrag Hamburger Groß- und Außenhandel. Der AN erhält für seine Tätigkeit ein monatliches Gehalt entsprechend der Gehaltsgruppe 5 nach 5 Tätigkeitsjahren gemäß dem aktuellen Tarifvertrag über Gehälter, Löhne und Ausbildungsvergütungen im Hamburger Groß- und Außenhandel. Das Gehalt wird vom Arbeitgeber (AG) nach Abzug der gesetzlichen Abgaben zum Ende eines jeden Monats in 12 gleichen Monatsraten ausgezahlt.

§ 3 Arbeitsunfähigkeit und Urlaub

Die Lohnfortzahlung bei Arbeitsunfähigkeit richtet sich nach den gesetzlichen Regelungen. Die Urlaubszeit ist in Absprache mit dem AG festzulegen. Dabei ist auf die Belange des Unternehmens Rücksicht zu nehmen. Die jährliche Urlaubszeit und das Urlaubsgeld richten sich nach dem gültigen Rahmentarifvertrag Hamburger Groß- und Außenhandel.

§ 4 Vertragsdauer und Kündigung

Die Probezeit beträgt sechs Monate. In dieser Zeit kann der Vertrag beiderseits mit einer Frist von vier Wochen ohne Angabe von Gründen gekündigt werden. Danach beträgt die Kündigungsfrist für beide Seiten sechs Wochen zum Ende eines Kalendervierteljahres bzw., soweit gesetzlich eine längere Kündigungsfrist vorgeschrieben ist, die gesetzliche Kündigungsfrist. Die Kündigung hat schriftlich zu erfolgen.

§ 5 Pflichten des Angestellten und Datenschutz

Der AN hat im Rahmen seiner Tätigkeit als Sachbearbeiter alle anfallenden Arbeiten sorgfältig nach bestem Wissen und Können zu erfüllen. Geschäftsgeheimnisse wie Bezugsquellen, Kalkulation, Umsätze und Gewinne unterliegen der strikten Verschwiegenheit des AN's. Wird die Verschwiegenheit verletzt, so hat der AG das Recht, auf Schadenersatz zu klagen.

Der AN darf ohne schriftliche Zustimmung des AG's weder

- Geschäfte für eigene oder fremde Rechnung tätigen noch
- selbstständig ein Handelsgewerbe betreiben.

Der AN verpflichtet sich, keine personenbezogenen Daten unbefugt zu einem anderen Zweck als dem, der zur jeweiligen rechtmäßigen Aufgabenerfüllung gehört, zu verarbeiten, bekannt zu geben, zugänglich zu machen oder sonst zu nutzen.

§ 6 Außerordentliche Kündigung und Arbeitszeugnis

Sollte der AN gegen die Vorschriften des § 5 verstoßen, so ist der AG berechtigt, den AN fristlos zu kündigen. Der AN hat beim Ausscheiden Anspruch auf die Ausstellung eines qualifizierten Zeugnisses.

§ 7 Schlussbestimmungen

Dieser Vertrag enthält alle zwischen den beiden Parteien vereinbarten Regelungen. Es gibt keine mündlichen Nebenabreden. Sollte eine der obigen Bestimmungen den gesetzlichen Vorschriften widersprechen, so gilt in diesem Fall die entsprechende gesetzliche Vorschrift. Die übrigen Vertragsbestandteile bleiben dennoch gültig.

Hamburg, 15. Sept. 20..	Gerda Heinrich	Jonas Junker
Ort und Datum	Unterschrift AG	Unterschrift AN

[1] im Folgenden „Arbeitgeber (AG)" genannt
[2] im Folgenden „Arbeitnehmer (AN)" genannt

Material 5: Zustellung der Kündigung an einen Mitarbeiter

Eine Kündigung ist eine empfangsbedürftige Willenserklärung. Das heißt, dass die Kündigungsfrist erst dann zu laufen beginnt, wenn die Kündigungszustellung an den Mitarbeiter erfolgt ist. Es kommt also entscheidend auf das Zustellungsdatum an. Im Streitfall ist der Arbeitgeber nicht nur dafür beweispflichtig, dass die Zustellung der Kündigung an den Mitarbeiter überhaupt erfolgte, sondern auch für das genaue Datum.

Kündigungszustellung per Einschreiben ist weniger optimal

Beim Übergabe-Einschreiben wird das Kündigungsschreiben vom Postboten gegen Unterschrift an den Mitarbeiter (Empfänger) übergeben. Trifft der Postbote den Mitarbeiter nicht an, hinterlegt er einen Benachrichtigungsschein. In diesem Fall erfolgt der Zugang des Kündigungsschreibens erst bei Abholung bei der Post. Es gibt Fälle, in denen der Mitarbeiter bestritten hat, den Benachrichtigungsschein erhalten zu haben. Natürlich kann der Arbeitgeber dann den Postboten als Zeugen benennen. Aber ob sich dieser immer hinreichend genau daran erinnert, den Benachrichtigungsschein der Kündigungszustellung auch abgegeben zu haben? Das Risiko liegt beim Absender. Ähnlich ist es beim Einwurf-Einschreiben, bei dem der Zusteller die Kündigung in den Briefkasten des Mitarbeiters einlegt und dies dokumentiert. Bestreitet der Empfänger die Kündigungszustellung, so reicht nicht jedem Gericht die Zustellungsbescheinigung auch als Beweis dafür aus, dass der Postbote den Brief tatsächlich eingeworfen hat. Auch dann kann der Arbeitgeber den Postboten wieder als Zeugen benennen – das Risiko von Erinnerungslücken liegt wiederum beim Absender. Bei der Kündigung per Einschreiben mit Rückschein bestätigt der Mitarbeiter (Empfänger) auf dem Rückschein den Erhalt des Schreibens. Auch bei dieser Variante kommt ein Benachrichtigungsschein zum Einsatz, sollte der Mitarbeiter nicht angetroffen werden. Der Zugang erfolgt erst, wenn das Schreiben abgeholt und der Empfang auf dem Rückschein bestätigt wird. Zwar lässt sich beim Einschreiben mit Rückschein ein Zugang vermuten, doch auch hier kann kein sicherer Beweis erbracht werden, dass der Inhalt des Schreibens zugegangen ist. Außerdem besteht die Möglichkeit bei einem Einschreiben mit Rückschein, die Annahme zu verweigern. Die Kündigung gilt dann als nicht zugegangen.

Kündigungszustellung per Boten

Besser ist es, wenn der Arbeitgeber die Zustellung der Kündigung durch einen Boten – etwa einen Angestellten – erledigen lässt. Dieser ist als Zeuge in der Regel zuverlässiger, weil es für ihn außergewöhnlicher ist, einen Brief zuzustellen als für einen Postboten. Und, wenn er beim Kuvertieren der Kündigung dabei ist, kann er auch als Zeuge dafür dienen, dass in dem Umschlag tatsächlich ein Kündigungsschreiben enthalten war. Wenn der Bote die Zustellung dann noch schriftlich dokumentiert, ist der Arbeitgeber auf der sicheren Seite. Die Kündigung gilt als wirksam zugegangen, sobald der Bote den Brief übergeben hat. Eine Annahme ist nicht erforderlich.

Kündigungszustellung mit Zeugen

Der Arbeitgeber kann die Kündigung auch persönlich übergeben und sich vom Mitarbeiter den Erhalt bestätigen lassen. Der Arbeitnehmer ist aber nicht dazu verpflichtet, eine solche Empfangsbestätigung zu unterschreiben. Daher sollte der Arbeitgeber eine andere Person als Zeugen hinzuziehen. Sobald der Inhalt erkennbar ist, liegt der Zugang vor – klassische Rechtssprechung der Gerichte.

Kündigungszustellung per Gerichtsvollzieher

Auch ein Gerichtsvollzieher kann vom Arbeitgeber mit der Zustellung der Kündigung beauftragt werden. Welcher Gerichtsvollzieher zuständig ist, kann beim Amtsgericht am Wohnort des Empfängers erfragt werden. Der Gerichtsvollzieher erhält das Kündigungsschreiben per Post und stellt es selber oder mithilfe der Deutschen Post AG zu. Kosten: etwa 20,00–40,00 €. Dies Verfahren ist wasserdicht – selbst wenn der Empfänger nicht da ist oder die Annahme verweigert. Der Inhalt des Schreibens und sein Zugang werden amtlich beurkundet. Allerdings ist zu beachten, dass es bis zur Zustellung einige Tage dauern kann.

Material 6: Wichtige Fristen im Kündigungsrecht

Gegenstand	Fristen
Kündigungsschutzklage (AN-Klage gegen eine Kündigung)	➤ drei Wochen nach Zugang der Kündigung (§ 4 KSchG)
AN-Klage, durch die die Unwirksamkeit eines befristeten Arbeitsvertrags geltend gemacht wird	➤ drei Wochen nach dem vereinbarten Ende des befristeten Arbeitsverhältnisses (§ 17 TzBfG)
Antrag auf nachträgliche Zulassung der Kündigungsschutzklage	➤ zwei Wochen nach Behebung des der rechtzeitigen Klageerhebung entgegenstehenden Ereignisses (§ 5 Abs. 3 KSchG)

Material 7: Klage gegen Kündigung

Mehrere Millionen Arbeitsverhältnisse werden jährlich gekündigt, ein Drittel davon durch den Arbeitgeber. Von den betroffenen Arbeitnehmern reichen etwa 15 % eine Kündigungsschutzklage ein. In den wenigsten Fällen erreichen die Beschäftigten allerdings, ihren ehemaligen Arbeitsplatz wieder zu bekommen. Gründe für eine Klage sind daher eher, eine Abfindung zu kassieren oder einer Sperrfrist beim Arbeitslosengeld vorzubeugen.

Um vor dem Arbeitsgericht Recht zu bekommen bedarf es beispielsweise formeller Fehler bei der Kündigung. Diese führen dazu, dass eine Kündigung unwirksam ist. Häufig wird dann ein Vergleich geschlossen und der Arbeitnehmer erhält eine Abfindung. Dabei orientieren sich die Gerichte an der Faustformel: halbes bis ganzes Monatsgehalt pro Beschäftigungsjahr.

Betriebs-, krankheits- und verhaltensbedingte Kündigungen sind die drei häufigsten Gründe für Kündigungen. Bei einer betriebsbedingten Kündigung müssen dringende betriebliche Erfordernisse und eine korrekte Sozialauswahl vorliegen. Eine krankheitsbedingte Kündigung setzt regelmäßige Fehlzeiten sowie eine negative Gesundheitsprognose voraus. Wer seinen Arbeitgeber beklaut, dem kann fristlos gekündigt werden.

Generell ist es nicht so einfach einen Arbeitnehmer loszuwerden, insbesondere, wenn er unter dem Schutz des Kündigungsschutzgesetzes steht. Das Gesetz gilt in Betrieben mit mehr als zehn Beschäftigten, zudem muss das Arbeitsverhältnis länger als sechs Monate bestehen.

Die Kündigung muss in jedem Fall schriftlich erfolgen. Der Arbeitgeber muss die Kündigungsfristen einhalten, die im Arbeits-, im Tarifvertrag oder im Gesetz geregelt sind. Bei Schwangeren, Frauen im Mutterschutz oder bei Eltern in Elternzeit muss das Gewerbeaufsichtsamt einer Kündigung zustimmen, bei Schwerbehinderten ist es das Integrationsamt.

Vor dem zuständigen Arbeitsgericht herrscht kein Anwaltszwang, doch ist es sinnvoll, sich beim Experten Rat zu holen, sei es beim Anwalt oder der Gewerkschaft. Im Arbeitsgerichtsprozess trägt in der ersten Instanz jede Seite ihre Kosten selbst, egal ob sie gewinnt oder verliert.

Die Kündigungsschutzklage muss binnen drei Wochen nach Zugang der Kündigung beim Arbeitsgericht eingehen. Bei einer verhaltensbedingten Kündigung ist es angebracht, Klage zu erheben, denn hier droht dem Beschäftigten eine Sperre des Bezugs von Arbeitslosengeld für 12 Wochen, weil die Kündigung aus der Sicht der Agentur für Arbeit provoziert wurde.

Das gerichtliche Verfahren nach Erhebung einer Kündigungsschutzklage sieht vor, dass das Gericht zunächst versuchen muss in einem Gütetermin eine einvernehmliche Lösung zwischen den Parteien herbeizuführen. Einigen sich die Parteien im Gütetermin nicht, so geht der Rechtsstreit in das streitige Verfahren über. Das Gericht wird eingangs der Verhandlung in aller Regel noch einmal fragen, ob doch noch eine gütliche Einigung möglich ist. Wenn nicht, fällt es ein Urteil.

Notizen

Notizen

Notizen

Notizen

Notizen

Notizen